兰州大学"双一流"建设资金人文社科类图书出版经费资助

高层次应用型人才培养与
地方院校转型发展研究

车如山 等 著

Research on
the Training of High-level Applied Talents and
the Transition Development of
Local Institutions

中国社会科学出版社

图书在版编目（CIP）数据

高层次应用型人才培养与地方院校转型发展研究 / 车如山等著. —北京：中国社会科学出版社，2019.11

ISBN 978-7-5203-5493-6

Ⅰ.①高… Ⅱ.①车… Ⅲ.①地方高校—人才培养—研究—中国 Ⅳ.①G649.2

中国版本图书馆 CIP 数据核字（2019）第 232249 号

出 版 人	赵剑英
责任编辑	张　林
特约编辑	张冬梅
责任校对	石春梅
责任印制	戴　宽

出　　版	中国社会科学出版社
社　　址	北京鼓楼西大街甲 158 号
邮　　编	100720
网　　址	http://www.csspw.cn
发 行 部	010-84083685
门 市 部	010-84029450
经　　销	新华书店及其他书店

印刷装订	北京明恒达印务有限公司
版　　次	2019 年 11 月第 1 版
印　　次	2019 年 11 月第 1 次印刷

开　　本	710×1000　1/16
印　　张	21.75
插　　页	2
字　　数	273 千字
定　　价	118.00 元

凡购买中国社会科学出版社图书，如有质量问题请与本社营销中心联系调换
电话：010-84083683
版权所有　侵权必究

前　言

在科学技术不断更新发展和知识经济迅速崛起的时代，国家对高层次应用型创新人才的需求也在不断扩大。因此，我们必须站在国家战略的高度，务必抓好对高层次应用型创新人才的培养，切实在人力和智力资源上为实施科教兴国战略和人才强国战略提供保证。我国在高层次应用型创新人才培养方面虽然取得了一定的成绩，但仍存在一些悬而未决的问题。基于对我国高层次应用型创新人才发展现状和形式分析的基础上，本研究重点分析高层次应用型创新人才的概念内涵及培养高层次应用型创新人才存在的问题及原因，提出培养高层次应用型创新人才的困境，进一步明确高层次应用型创新人才培养的战略地位。同时，在借鉴印度理工学院和美国麻省理工学院发展经验的基础上，针对目前我国高层次应用型创新人才培养的现状及面临的问题，在高层次应用型创新人才培养方面，提出相应的解决对策。

随着社会科学技术的不断发展，科技和人才成为国际竞争的核心力量，我国的学位与研究生教育担负着培养创新人才、促进科技发展、建设现代化国家的重任，专业硕士研究生教育作为学位与研究生教育的一个重要类别，为社会培养高层次、应用型人才，满足了社会发展对应用型人才的需求，在提高国际竞争力、建设创新型国家中有着重要的战略地位。

2014年，我国经济发展步入"新常态"，经济结构升级和调整要求高等院校培养更多应用型创新人才。随后，我国政府陆续出台了一系列政策，鼓励具备条件的普通本科院校向应用型转变，由此建设"应用型大学"成为我国地方本科院校转型发展的目标导向，"转型"也成为现阶段高等教育领域讨论和研究的热点话题。地方本科院校转型发展，不仅仅基于自身的生存发展需求，更重要的是应从规避劣势、错位竞争中，凸显优势并实现可持续发展。

同时，在已有调查的基础上，将研究视域进一步扩大至甘肃省地方本科院校，结合甘肃省区域经济社会发展的现实需求，分别从政府、社会、院校自身三方利益主体的角度出发，对目前甘肃省地方本科院校在转型发展过程中存在的问题进行归纳分析。同时，根据目前甘肃省处于西部大开发攻坚阶段、打造丝绸之路经济带黄金段等战略背景下，在对区域产业结构转型升级进行必要了解的基础上，从更新办学理念、改革人才培养模式、优化学科专业体系、构建双师型师资队伍等多个层面提出针对性的对策建议，目的在于形成政府宏观指导、社会积极参与、院校主动作为的联动机制，从而促进甘肃省地方本科院校转型发展的顺利实施。

目 录

第一章 我国高层次应用型创新人才培养的困境与出路研究 ……………………………………………… (1)

 第一节 绪论 …………………………………………… (1)
  一 研究背景 ………………………………………… (1)
  二 研究意义 ………………………………………… (4)
  三 文献综述 ………………………………………… (5)
  四 研究思路与方法 ………………………………… (14)

 第二节 "应用型创新人才"之概念解析 …………… (15)
  一 "应用型创新人才"概念之缘起 ……………… (15)
  二 "应用型创新人才"概念之应然 ……………… (19)

 第三节 我国高层次应用型创新人才培养存在的困境及原因分析 ……………………………………… (22)
  一 我国高层次应用型创新人才培养存在的困境 ……… (22)
  二 我国高层次应用型创新人才培养困境的原因探析 ………………………………………………… (25)

 第四节 国外关于高层次应用型创新人才培养的经验及启示 ……………………………………………… (28)
  一 印度理工学院关于高层次应用型创新人才培养的理念及经验启示 …………………………… (28)

二　麻省理工学院关于高层次应用型创新人才培养的
　　　　理念及经验启示 …………………………………………（38）
第五节　推动我国高层次应用型创新人才培养的路径
　　　　分析 ……………………………………………………（43）
　　一　构筑多元的社会文化是基础 ………………………（44）
　　二　创设宽松民主的政治环境是重要保障 ……………（45）
　　三　推动科学精神与传统文化的融合 …………………（45）
　　四　推动高等教育内部的改革是关键 …………………（46）
　　五　建立产学研合作平台，开展应用型科研训练 ……（47）
　　六　建立多元化评价体系，完善高层次应用型创新
　　　　人才的评价体系 ……………………………………（48）
结　语 ……………………………………………………………（49）

第二章　我国专业硕士研究生教育发展的问题与对策
研究 ………………………………………………………（51）
第一节　绪论 ……………………………………………………（51）
　　一　问题的提出 …………………………………………（52）
　　二　研究意义 ……………………………………………（53）
　　三　相关理论 ……………………………………………（54）
　　四　文献综述 ……………………………………………（57）
　　五　研究思路与方法 ……………………………………（62）
　　六　研究内容 ……………………………………………（64）
　　七　研究假设与可能的创新 ……………………………（64）
第二节　专业硕士研究生教育发展的历史、现状与问题 ……（65）
　　一　专业硕士研究生教育发展历史 ……………………（66）
　　二　专业硕士研究生教育发展现状 ……………………（71）
　　三　专业硕士研究生教育发展存在的问题 ……………（79）

四　原因分析 …………………………………………………（84）
　第三节　国外专业硕士研究生教育 …………………………………（90）
　　一　印度理工学院的经验 ……………………………………（90）
　　二　匈牙利专业硕士研究生教育 ……………………………（96）
　　三　对我国的启示 …………………………………………（103）
　第四节　专业硕士研究生教育发展路径 ……………………………（105）
　　一　进一步完善硕士专业学位教育制度 …………………（105）
　　二　准确定位、制定具有鲜明特色的培养目标 …………（106）
　　三　优化课程、强调职业性 ………………………………（107）
　　四　改革教学方法、突出实践性与创新性 ………………（107）
　　五　优化师资队伍、实行"双导师"制 …………………（108）
　　六　完善质量保障与评价机制 ……………………………（109）
　　七　加强高校与社会用人部门的联系 ……………………（109）
　　八　做好专业学位与职业资格的对接 ……………………（110）
　　九　积极借鉴国外先进经验 ………………………………（111）
　结　语 …………………………………………………………………（111）

第三章　甘肃省地方本科院校转型发展研究 ……………………（115）
　第一节　绪论 …………………………………………………………（115）
　　一　问题的提出与研究意义 ………………………………（115）
　　二　相关概念界定 …………………………………………（122）
　　三　文献综述 ………………………………………………（126）
　　四　研究思路与方法 ………………………………………（132）
　第二节　地方本科院校转型的理论探析与政策依赖 ………………（133）
　　一　地方本科院校转型发展的理论探析 …………………（133）
　　二　地方本科院校转型发展的政策依赖 …………………（142）
　第三节　甘肃省地方本科院校转型发展案例研究 …………………（146）

一　兰州文理学院发展演变历程……………………………（147）
　　二　兰州文理学院转型定位分析……………………………（149）
　　三　兰州文理学院转型发展实践探索………………………（151）
　　四　兰州文理学院转型发展经验总结………………………（157）
第四节　甘肃省地方本科院校转型发展的对策与建议……（162）
　　一　甘肃省地方本科院校转型发展的特色…………………（162）
　　二　甘肃省地方本科院校转型发展面临的困境……………（167）
　　三　甘肃省地方本科院校转型发展的对策与建议…………（174）
结　　语……………………………………………………………（182）

第四章　院校发展研究…………………………………………（185）

第一节　略论应用型本科院校的定位………………………（185）
　　一　问题的提出………………………………………………（185）
　　二　应用型本科院校的定位…………………………………（186）

第二节　实行分类发展和建设高教强国……………………（193）
　　一　高校分类发展的依据……………………………………（193）
　　二　高校分类发展的路径选择………………………………（196）
　　三　高校分类发展的战略意义………………………………（198）

第三节　论应用型大学建设——基于潘懋元先生高等
　　　　　教育观的分析………………………………………（200）
　　一　应用型高等教育在我国的发展历程……………………（200）
　　二　建设应用型大学的定位分析……………………………（202）
　　三　建设应用型大学的动因分析……………………………（204）
　　四　从潘懋元高等教育观看建设应用型大学的意义………（207）
　　五　建设应用型大学的新导向………………………………（211）

第四节　高等院校的应用型人才培养………………………（213）
　　一　应用型院校在培养应用型人才方面具有优势…………（213）

二　应用型院校应专注于应用型人才的培养……………（215）
　　三　应用型人才的培养也是各类高校之使命……………（216）

第五节　应用型创新人才之概念解析……………………（218）
　　一　应用型创新人才概念之缘起…………………………（219）
　　二　应用型创新人才概念之应然…………………………（222）
　　三　理性审视：应用型创新人才之培养…………………（225）
　　四　面向未来：对应用型创新人才之思考………………（226）

第六节　特色型大学在高等教育中的地位与作用………（228）
　　一　什么是特色型大学……………………………………（228）
　　二　建设特色型大学的几个问题…………………………（229）
　　三　特色型大学的地位与作用……………………………（232）

第五章　地方高校特色学科生态化发展研究……………（236）
　第一节　绪论………………………………………………（237）
　　一　问题的提出及研究意义………………………………（237）
　　二　文献综述………………………………………………（242）
　　三　核心概念界定…………………………………………（248）
　　四　研究思路与研究方法…………………………………（254）

　第二节　地方高校特色学科生态化发展理论分析………（255）
　　一　地方高校特色学科生态化发展的理论基础…………（255）
　　二　地方高校特色学科生态系统及其特征分析…………（264）
　　三　地方高校特色学科生态化发展的应然表现…………（268）
　　四　地方高校特色学科生态化发展的意义………………（272）

　第三节　地方高校特色学科生态化发展案例研究………（274）
　　一　案例院校的选取………………………………………（274）
　　二　案例院校资料的获得…………………………………（274）
　　三　案例院校资料的分析…………………………………（276）

四　案例院校特色学科生态化发展的经验总结与
　　　　思考……………………………………………………（282）
第四节　地方高校特色学科生态化发展路径探索…………（289）
　　一　地方高校特色学科生态化发展面临的困境…………（289）
　　二　地方高校特色学科生态化发展的责任主体…………（295）
　　三　地方高校特色学科生态化发展的对策与建议………（297）

结　　语……………………………………………………………（309）

主要参考文献……………………………………………………（313）

后　　记……………………………………………………………（336）

第 一 章

我国高层次应用型创新人才培养的困境与出路研究

高层次应用型创新人才是实现国家经济飞速发展和提升我国整体竞争力的重点,我们必须认真做好我国高层次应用型创新人才的培养,切实为国家的经济发展、科技创新和社会的和谐持续进步提供人力和智力的保障。

第一节 绪论

一 研究背景

纵观世界教育史不难发现,各国对高层次人才培养的脚步从未停止过。尤其是在20世纪中叶以后,随着不断激增的专业知识和高度分化的高等教育,高等教育逐渐转向为培养学术人才或是专业人才做准备。与此同时,经济的全球化、社会的知识化和高等教育大众化都接踵而来,促使社会和个体对于高等教育的需要日趋多元化。如何打造一批适应社会各行各业的领军人物,引领和推动整个社会的发展,进而提升我国的国际地位,乃是高等教育面临的重要任务。2002年在党的十六大报告中就明确指出:目前,中国的经济和社会发展不仅需要培养"一大批拔尖创新型人才",还需要培养

"数以亿计的高素质劳动者和数以千万计的专门人才"①。温家宝在全国教育工作会议上讲话时指出:"要把职业教育纳入经济社会发展规划,促使职业教育在规模、专业设置上与经济社会发展需求相适应。要注重学生实际操作能力的教学和训练,培养更多的应用型、技能型人才。"② 除此之外,为了我国高等教育应用型人才培养工作的进一步提高,全国高等学校教学研究中心在承担全国教育科学"十五"国家规划课题——"新时期中国高等教育人才培养体系的创新与实践"研究工作的基础上,作为其子课题组织了全国部分高校参加的国家级课题立项——"新时期中国高等学校应用型人才培养体系的创新与实践"系列科研课题。无论在教育界还是在其他方面,一度成为舆论的焦点和热点话题的就是"钱学森之问",随后对高层次应用型创新人才的培养也逐渐成为学者们讨论和研究的焦点话题。2010年7月29日出台的《国家中长期教育改革和发展规划纲要(2010—2020年)》中指出:"适应国家和区域经济社会发展需要,建立动态调整机制,不断优化高等教育结构。优化学科专业、类型、层次结构,促进多学科交叉和融合。重点扩大应用型、复合型、技能型人才培养的规模。"③ 最近召开的中国共产党第十八次代表大会就明确表示:文化强国建设很重要,需要扎实地推进。胡锦涛强调,社会主义文化强国建设,提升民族的文化创意和创造的活力才是最关键的。这也再次表明了国家大力培养高层次应用型创新人才的决心,同时高层次应用型创新人才也被赋予了崭新的时代内涵。毋庸置疑,对高层次应用型创新人才培养问题的研究在今后一段时间内将被逐渐深化。

---

① 《党的十六大报告》,http://www.ce.cn/ztpd/xwzt/guonei/2003/sljsanzh/szqhbj/t20031009_1763196.html。
② 《温家宝总理在全国教育工作会议上讲话》,http://www.gov.cn/ldhd/2010-08/31/content_169228.htm。
③ 《国家中长期教育改革和发展规划纲要(2010—2020年)》,2010年7月29日。

选择高层次的应用型创新人才培养问题作为论文的选题主要是基于以下考虑。

第一，选择高层次应用型创新人才培养问题作为论文题目与笔者个人经历有关。在研究生学习和科研论文撰写期间，笔者积极关注应用型创新人才的培养问题，对国外应用型创新人才的培养也进行了相关的研究。例如，印度理工学院和美国麻省理工学院在人才培养、学校治理结构等方面的研究。

第二，为了我国经济社会和科学技术的快速发展，客观上需要我们去研究培养高层次的应用型创新人才。在这个以科学、技术和知识为主的经济时代里，要想实现产业结构的优化升级，只有具备一定创新精神和实践能力的人才能满足客观的要求。

第三，为了实现人的更好地发展。学生进入高校接受高等教育，他们的最终目的是找到好的工作。从学生的心理品质来说，有的学生长于抽象思维，有的学生长于动手操作。因此，当面对日趋丰富、多样化的学生群体，需要我们去探索不同的人才培养模式和培养方向。

第四，培养高层次的应用型创新人才是为满足大众化阶段高等教育的发展需要。我国的高等教育不再是精英教育，现在已经步入大众化教育阶段。处在大众化教育阶段的高等教育服务面扩大了，不仅要培养各种高端人才，同时也要为蓬勃发展的各行各业提供人才支撑和智力保证，人才培养目标和方向趋向多元化，客观要求高校实行分类发展，高等教育需要为各行各业培养人才。

第五，高等教育自身发展的诉求。我国新时期教育改革和发展需要高等教育探索多元化的人才培养类型。高层次应用型创新人才的培养肩负着为社会发展输送最前沿的建设者和改革者的重任。建设世界一流的大学离不开高层次的理论型人才的培养，但更离不开高层次的应用型创新人才的培养，只有有效地实现理论型人才与应用型创新人才的平衡发展，才能确保我国高等教育更加和谐高效发展。

"应用型创新人才"是近年来学术界讨论的热点话题，但并无较为统一或一致的概念界定，人们只是从其字面意思出发并作出了各自的解释，但时至今日，也没有达成一致的理解和认识。实际上，作为学界广泛讨论的"高频词汇"，高层次应用型创新人才一直是一种作为只可意会不可言传的模糊概念，不同的个体在对其理解上必然存在一定差异。

《国家中长期人才发展规划纲要（2010—2020年）》提出："服务发展、人才优先、以用为本、创新机制、高端引领、整体开发"的人才发展指导方针。[①] 随即应用型创新型人才、创新型科技人才培养的问题开始在教育界掀起新的讨论热潮，与之相关的学术讨论层出不穷。通过对有关文献梳理，我们发现，对"应用型创新人才"这一词语的内涵进行梳理和解析的学者很少。我们知道，社会科学对其概念的界定无法做到像自然科学那样精确，然而作为学术用语其必须有相对明确的意义阐释，这样才能确保其在学术共同体内部的沟通中获得一致理解，在实践中产生效果，否则这一词语的有效性便会遭到质疑。[②] 鉴于此，本研究试图对"应用型创新人才"的应然之解做一粗略考析，以求教于方家。

二 研究意义

（一）研究的理论意义

从理论上来看，本研究可以进一步充实创新人才的培养理论。自高校开展应用型创新人才培养这一实践活动以来，就有了与其相关的研究，但是从研究的内容和方向来看，研究大部分是集中

[①] 《国家中长期人才发展规划纲要（2010—2020年）》，2010年6月。
[②] 周作宇：《创新人才培养的话语分析》，《现代大学教育》2010年第4期。

在对创新人才培养和应用型人才的培养上。本选题将系统关注高层次应用型创新人才的培养，以期从整体上把握这一人才培养实践的内在规律，从而丰富我国高层次应用型创新人才培养的理论研究。此外，应用型创新人才的培养在一定意义上也充当着高校教育改革的先锋，在革新传统教育观念、开创新型人才培养模式方面显示了可贵的探索勇气。虽然它与理论型人才培养存在一定的区别，但与其也有很多的相似之处。因此做好这一研究也将在丰富我国应用型创新人才培养理论研究的同时，深化研究生教育改革的理论研究。

（二）研究的实践意义

本研究的实践意义是，在总结和提炼已有的相关经验的基础上，为推动我国的高层次应用型创新人才的培养提供借鉴和参考。高层次应用型创新人才培养这个问题并不是新问题，对这个话题的研究也有过。但是，从已有的研究结果上看，我们并没有取得预期的效果。那么我们就需要找出已有研究中存在的问题，根据问题找出相关的原因，这样才能对解决这一人才的培养提出有效的见解和策略。此外，对这一人才的培养进行较为细致的研究不仅可以为我国今后的经济和社会发展提供需要的人才，同时对优化高等教育的结构，提升高等教育的整体质量具有重要的价值，对改善我国经济发展状况，提升核心产业的竞争力以及国际地位都将发挥作用。

三 文献综述

（一）高层次应用型创新人才培养的理论研究

1. 文献资料简介

我们阅读了多本专著和期刊杂志，发现查阅的资料其中的内容主要是有关创新型人才的培养、应用型人才的培养、应用型本科人才的培养、应用型创新人才的培养问题等等,并通过 CNKI 全文期刊数据库、维普中文科技期刊、万方资源等对 1990 年以来关于应用型人才和应用型创新人才培养的问题的相关文献进行了检索和搜集。

通过对这些资料的初步整理和分析,可以看出文献研究的内容主要集中在以下几方面:①关于应用型创新人才内涵方面的研究;②关于应用型创新人才基本特征方面的研究;③关于应用型创新人才培养模式方面的研究;④关于应用型创新人才培养目标方面的研究。从研究资料可以发现,关于专科层次的或是本科层次的应用型人才的培养进行研究的比较多,关于研究生层次的应用型人才培养方面的研究则较少。所查阅的有关应用型创新人才培养的研究资料主要是从以下几个方面进行研究,因此我们将对查阅的文献资料中的一些比较有代表性和典型意义的结论进行整体的概述和总结。

2. 现有的研究成果

(1) 关于应用型创新人才相关概念内涵的研究

当前学术界对什么是"应用型创新人才"还没有形成一个较为统一、一致的理解和认识,相关研究的文献也较少,但是我们还是可以从现有的文献中找到进一步研究这一问题的参考资料。樊华等人在《应用型创新人才培养目标与途径》中指出,他们认为"应用型创新人才"是相对于研究型(理论型)的人才而言的,他们认为能够使科学技术转化为现实生产力的活的载体就是应用型创新人才。[①] 同样张学洪教授在《应用型创新人才培养的实证研究》中也认为应用型创新人才与理论型人才是相对而存在的。他认为,应用型创新人才主要是根据市场的需求,把发现、

---

① 樊华、周庆贵等:《应用型创新人才培养目标与途径》,《辽宁教育研究》2006 年 10 月 25 日。

发明、创造可以变成实践或接近实践的，主要负责转化应用、实际生产任务的。① 要把科学技术转化为现实的生产力的重要载体乃是应用型创新人才，不仅如此，他们能够在具体的生产实践中对科学技术进行创造性的应用。指出了应用型创新人才应该具备的重要素质和能力就是创新和应用。庞辉等人在《普通本科院校应用型创新人才培养方案的构建》一文中指出，普通高校培养的应用型创新人才是一种新型的复合人才，他们不仅具备了在生产实践中进行具体生产的实践能力，而且能够根据生产实践的具体情况进行技术上的改进和创新，他们能够在具体的实践中对科学技术进行创造性的应用，是能够把创新和应用二者进行有效结合的。

（2）关于应用型创新人才基本特征的研究

严新平等教授在他的文章中阐述了应用型创新人才的四个主要特征：①健全的人格；②多元的知识结构；③完善的能力结构；④过硬的实际操作能力。我们知道，只有注重应用和创新的人才能称得上是应用型创新人才，他们最基本的素质就是拥有较强的实践能力。② 陈婵等人在《把造就应用型创新人才摆上战略地位》一文中介绍了应用型创新人才应具备的四个方面的基本能力：①以问题为中心的知识整合能力；②以实践为导向的科技转化能力；③以协作方式的团队工作能力；④以沟通为目标的国际交往能力。能够把科学技术在生产实践中进行创造性的应用，并能够实现科学技术的转化的重要载体就是应用型创新人才。③ 范跃进在《面向创新型国家建设的应用型创新人才培养模式探索》一文中主要从知识的结构、非智力因素以及能力结构等方面对应用型创新人才的一些特征

---

① 张学洪：《应用型创新人才培养的实证研究》，《中国高校科技》2012 年 5 月 15 日。
② 严新平：《应用型创新人才培养与实践教学改革》，《教育评论》2009 年 2 月 28 日。
③ 陈婵等：《把造就应用型创新人才摆上战略地位》，《中国高等教育》2005 年 1 月 18 日。

进行了分析。这些观点充分地揭示了这一类型人才具备的素质特征，通过对应用型创新人才的基本特征的梳理，对我们更深入地了解这一类型的人才起到了很大的帮助和指导作用。

（3）关于应用型创新人才培养模式的研究

范跃进在《面向创新型国家建设的应用型创新人才培养模式探索》一文中，在对应用型创新人才的培养目标进行阐述的基础上，对这一类型人才的培养模式进行了比较详细的说明。他认为应用型创新人才的培养模式主要就是：①构建"知识面宽、综合性强、选择性大、课程模块化、短学程化、主辅结合"的知识培养体系；②构建以"明事理、有教养、会干事"为目标的综合素质拓展体系；③构建以实验教学平台、课外科技创新和社会实践培养计划为载体的实践与创新能力培养体系；④通过协调三种体系之间的关系实现应用型创新人才的培养目标。[①] 张兄武在《应用型创新人才培养模式探讨》一文中指出，对应用型创新人才的培养中应突出"应用性"，改变以前的封闭式的人才培养模式，建立起开放的以校企合作为平台的办学模式，把"应用"贯穿于人才培养的全过程，在整个人才的培养过程中，高度重视学生的主体地位，不仅重视学生科学素养的培养，更加重视学生人文素养的训练和学习，最终目的是通过一系列的实践训练活动，使学生能够更好地将学习到的理论知识运用到解决实际的问题中去，注重学生未来生活的诉求。[②] 张学洪在《应用型创新人才培养的实证研究》这篇文章中阐述了应用型创新人才的培养途径：①加强对学生的科研训练，形成"教师+研究生+本科生"的学术团队；②推动教学的改革与实践，形成"课程+讲座+竞赛"的科技创新平台；③推动卓越工程师教育培养计

[①] 范跃进：《面向创新型国家建设的应用型创新人才培养模式探索》，《中国大学教学》2006年9月30日。

[②] 张兄武：《应用型创新人才培养模式探讨》，《中国高等教育》2010年8月18日。

划的实施，构建起"学校+企业+导师"的人才培养模式；④注重基础设施的准备，构架起"经费+场地+政策"的重要保障体系。虽然已有的相关研究文献还比较少，但是这些研究对我们探析应用型创新人才培养的一般规律具有重要的指导意义。应用型创新人才作为生产第一线的人才，是集生产、服务、管理于一身的人。所以，对高层次应用型创新人才的培养应注重学生的应用能力和创新能力的培养，在教学的过程中要突出内容的实践性、科研的创新性和综合性的特点。

（4）关于应用型创新人才培养目标的研究

陈炜在《谈应用型创新人才培养》一文中提出了要把应用型创新人才培养成为一线的技术员作为培养目标。他认为对这一人才的培养目标不仅要让学生在自然科学、机电工程基础知识和人文社会科学上有较为深入的学习和掌握，而且要注重挖掘学生的创造潜力，加大对学生综合素质和实践能力的培养力度。徐庆军在《浅谈本科院校应用型创新人才的培养》一文中指出，在培养应用型创新人才时通识教育是基础，根据社会需求，把社会需求作为导向去培养人才，同时把学生的创新能力作为培养的重点问题。

（二）高层次应用型创新人才培养的实践研究

就目前所查文献，关于应用型创新人才培养的实践研究较少。孟大伟等人在《"定制式"培养应用型创新人才的探索与实践》一文中提出了这样的观点，他们认为能够作为应用型创新人才良好的培养模式的应该是"定制式"的培养模式。这种培养模式无论是在培养机制还是在培养方案上都具有一定的科学性和可操作性，它不仅与高等教育的总体目标和专业规范要求一致，而且能够满足各行各业对人才的需求，实现高等教育和各行各业对人才的需求的有效对接。这种人才培养模式的特点就是，在把握学校的优势和特色的基础上，遵循人才培养和成长的规律，与企业共同制订人才的培养方案。在文章中明确提出，作为基础课程和学科的基础课程要严格依照"教指委"的要求进行安排，通过运用"以主流的岗位工作需求为导向"的方法，安排了与企业需求相关的课程，在教学的过程中多运用案例进行；尤其重视对学生实践训练的指导，强调学生在实践的过程中必须走进相关的企业，学生在掌握了专业的理论基础知识的同时，必须学会运用这些知识，注重知识与实践的结合，通过这样的合作，把学生培养成符合企业需要的人才，学生在毕业后就可以直接到与学校签订订单的企业、公司进行工作了。

蒋毅坚教授在《地方工科院校应用型创新人才培养的研究与实践》这篇文章中指出，北京工业大学分别在2000、2003、2007年对本科生的教学计划进行了重新修改，该计划中的内容涉及了对这一类型人才培养的要求和方法，其中有关的实践教学的内容被单独罗列出来。而且还提出了对这一类型人才培养的主要措施：①建设第一课堂；②加强工程训练；③举办"工程大师论坛"；④设立创新学分；⑤鼓励科研探索；⑥组织科技竞赛；⑦打造教学科研团队；⑧营造创新文化氛围。这样的实践研究为我们今后开展对应用型创新人才培养的实践研究提供了一些基本的经验和思路。

陈志刚教授等人在《地方高校工程类应用型创新人才培养模式研究——以苏州科技学院"五化"模式为例》一文中提出了有关应用型创新人才培养的相关理念和方式，其中涉及办学的理念、培养的观念和教育的观念，倡导的办学理念是"服务地方、开放办学"，培养观念是"责任共担"，教育观念则是以"大工程观"为教育观念，学校在了解行业优势的基础上，建立起良好的合作关系，在培养思路方面文章中也提出了非常独到的见解，倡导要以"导入需求、嵌入课程、植入平台、介入培养、回归工程"为理念，提出了以"五化"为模式的工程类应用型创新人才的培养模式。这

"五化"具体包括:在培养体系上的一体化;在培养方式上的多样化;在培养平台上的多元化;师资队伍的工程化;培养机制的系统化。①

季桂起在《德州学院应用型创新人才培养体系的探索与实践》一文中提出,在课程的模块建设上提出了要强化核心课程的建设,提出了注重基础性的通识教育的课程教学结构,推动实践教学模式的改革和创新,在实践教学内容体系上,提出了"四层次、八模块",目的是加强实践教学的实用性,体现教学的多元化和有效性;② 要不断拓宽教学的途径,注重学校与企业、与地方的合作,积极推进校企合作,努力为创新型应用人才提供新的有效的培养方式;为了实现学生的全面发展,积极为学生的学习、实践提供优质的环境和良好的氛围,致力于实现学生的全方位的发展。

(三) 国外关于应用型创新人才培养模式的研究

对应用型创新人才的培养问题国外的研究较多,有些成功的经验和理念值得我们学习和借鉴。因此,我们需要对国外的有关应用型创新人才培养模式等问题进行有效的梳理,希望"他山之石,可以攻玉",以促进我国高层次应用型创新人才培养模式的改革。

1. CBE 模式。也称"能力本位教育"。它主要是以学生在从事职业生活中所需要的能力为培养内容,目的是帮助学生胜任所从事的职业。但是这种培养模式存在一定的弊端,它过分重视职业的需要,对学生的基本知识、基本理论技能的培养过少,这种培养模式不适合可持续发展人才的培养。

2. CBET 模式。是以能力为本位的教育和培训。关键环节是组织的专家确定的能力标准,建立国家资格委员会,在国家职业资格

---

① 陈志刚、杨新海等:《地方高校工程类应用型创新人才培养模式研究——以苏州科技学院"五化"模式为例》,《高等工程教育研究》2012 年 1 月 28 日。
② 季桂起:《德州学院应用型创新人才培养体系的探索与实践》,《中国大学教学》2011 年 6 月 15 日。

证书上坚持以能力为本位，最终实现人才培养模式的制度化，加强人才培养和制度的建设。

3. 双元制模式。是指人才的培养是靠学校和企业共同承担完成的。它的特点有：①同生产紧密结合；②企业的广泛参与；③互通式的各类教育形式。

4. STW 模式。School to Work，从字面意思的理解就是"从学校到工作"。主要是引导学生从专职学习的过程走向全职工作的过程。

5. TAFE 模式。这是一种主要通过政府、行业、学校的合作共同完成的一种人才培养模式，主要以产业为推动力。它是一种以学生为中心的综合性的人才培养模式但又具有一定的独立性。该模式以澳大利亚为代表。

6. 现代学徒模式。主要是一种对学生实施技能培训的模式。这种模式虽然与全日制的教学模式在形式上相类似，但是也有所不同。特点是：①在职培训；②学生不但可以获得一定的技能，而且可以取得一定的报酬；③培训与雇主紧密联系；④对于刚刚进入社会的年轻人，既是一种学习的机会，同时也是帮助其实现工作的机会；⑤对于那些没有机会进入正规学校学习的学生，提供了免费入学的机会。在经过一段时间学习后，可以获得一定的资格，是与国家职业资格证书联系在一起的。

应用型创新人才不是传统意义上的只懂技术的职业技术人员，而是"有教养的职业技术人才"。因此，对这一类型的人才的培养我们在注重专业素质和技能培训的同时，也要重视对学生进行人文科学和社会科学的教育。而国外在对应用型创新人才培养方面过度偏重职业技能的训练，忽视了相应的理论素养的提升。因此，探讨国外相关的应用创新型人才的培养模式，我们要进行合理的吸收和借鉴，要充分结合自身的特点和优势，不能盲目地照搬。

（四）研究述评

纵观现有的相关研究成果，国内高教界围绕应用型人才、应用型创新人才等问题在理论研究和实践探索上已经进行了一些基本研究。从文献分析的角度看，已有的相关研究既有宏观层面对培养应用型创新人才的必要性和合理定位的探讨，也有从人才的培养目标、培养模式这一微观的层面上对这一类型人才的培养进行研究和讨论的，既有整体研究应用型创新人才培养的路径的，也有针对某一类学科、专业或教学的微观研究、部分研究较多，这些对我们今后的实践探索和研究具有非常重要的意义。为了借鉴和学习其他国家有关应用型创新人才培养的成功经验，有些学者对这一问题进行了国别的研究。通过梳理已有的相关研究成果，希望能够为研究我国的高层次应用型创新人才的培养问题提供借鉴和思路，能够帮助我们更深入地理解这一人才的培养理念和培养方向，对深入开展研究提供了一定的保障作用。

从梳理出的文献中我们可以发现，无论是在理论层面上还是在实践层面上，对应用型创新人才的培养都存在一些问题，主要是：（1）对什么是高层次应用型创新人才，高层次应用型创新人才的概念到底为何还不是很清楚。在学术界还没有达成一致的共识，同时鲜有研究者在自己的研究中对这一概念进行界定。（2）在理论的层面上，对应用型创新人才的研究还不是很深入，仍然是处在一种蜻蜓点水的状态。此外就是现有的理论研究并未真正深入具体的实际生活中去。在经济全球化背景下，培养高层次应用型创新人才是一种必然的要求。因此，对高层次应用型创新人才的培养必须立足中国当下的实际，虽然要考虑到本国的具体实际，根据本国的需要进行培养，但是我们也不能就单单的局限于此，要将视野扩大到国际上。如果我们还是运用传统的教育模式去培养高层次高水平的应用型创新人才，与缘木求鱼又有何差别。（3）由于高层次应用型创新人才的培养属于我国高等教育改革的重要组成部分，又被喻为教育教学改革的窗口，然而，在文献梳理中，我们发现已有的研究主要集中在本科层次或一般意义上的应用型创新人才培养的探讨，很少有研究涉及高层次（研究生）应用型创新人才培养的研究。因此，本研究将对研究生层次应用型创新人才的培养进行一些探讨，并通过与国外高层次应用型创新人才培养的比较，找出我国高层次应用型创新人才培养方面存在的问题和困境，在结合我国国情和借鉴国外经验的基础上找出解决我国高层次应用型创新人才培养的现实对策，以期为我国的社会建设、经济发展输送大批高层次的应用型创新人才。

四 研究思路与方法

（一）研究思路

1. 结合现有的本科应用型创新人才的概念内涵，准确科学地界定高层次（研究生）应用型创新人才的含义，以此作为本研究的出发点。

2. 在追溯应用型创新人才发展的现状和实际的基础上，分析我国现有的应用型创新人才培养过程中出现的问题。

3. 通过运用多学科的视角去分析我国目前应用型创新人才培养过程中出现问题的原因。

4. 借鉴国外高层次应用型创新人才培养的理念和实践经验，进一步加强我国高层次应用型创新人才的培养。

5. 在把握现状和原因的基础上，吸收国外优秀的经验和理念，提出实现高层次应用型创新人才又好又快发展的具体策略，提升我国高层次应用型创新人才的培养力度和质量。

（二）研究方法

1. 文献法。对已经存在的文献进行梳理是我们开展新的研究的重要基础。本研究对有关应用型创新人才培养的模式、特征等方面的文献进行了收集、整理、分析，这些文献不仅有利于掌握本研究所需的有关材料和已有的研究成果，更重要的是为本研究提供了整体思路和分析视角。

2. 比较研究法。本研究在对印度理工学院和美国麻省理工学院培养应用型创新人才的相关理念和经验进行分析的基础上，理顺了国外在培养高层次应用型创新人才方面的整体脉络，进而提出有效的解决策略，实现对我国高层次应用型创新人才的高效培养。

第二节 "应用型创新人才"之概念解析

一 "应用型创新人才"概念之缘起

随着我国经济和社会的不断发展，以及产业结构的快速优化，社会对人才的培养提出了更多的要求。社会的发展和进步除了需要各种各样的学术型、研究型人才外，对那些拥有知识转化和技术开发能力的一线劳动技能型人才的需求也在不断扩大。党的"十六大"报告指出：目前，中国的经济和社会发展不仅需要培养"一大批拔尖创新人才"，还需要培养"数以亿计的高素质劳动者和数以千万计的专门人才"。20 世纪 90 年代，我们逐渐开始了对应用型人才培养的问题进行研究。近年来，关于"应用型创新人才"培养这个问题已经引起了广泛的关注。温家宝在全国教育工作会议上讲话时指出："要把职业教育纳入经济社会发展规划，促使职业教育在规模、专业设置上与经济社会发展需求相适应。要注重学生实际操作能力的教学和训练，培养更多的应用型、技能型人才。"此外，全国高等学校教学研究中心在承担全国教育科学"十五"国家规划课题——"新时期中国高等教育人才培养体系的创新与实践"研究工作的基础上，作为其子课题组织了全国部分高校参加的国家级课题——"新时期中国高等学校应用型人才培养体系的创新与实践"系列科研课题。① 2010年7月29日出台的《国家中长期教育改革和发展规划纲要（2010—2020年）》中就曾明确指出："适应国家和区域经济社会发展需要，建立动态调整机制，不断优化高等教育结构，优化学科专业、类型、层次结构，促进多学科交叉和融合，重点扩大应用型、复合型、技能型人才培养规模。"② "卓越工程师"培养计划的实施就是为了更好地满足当下新型工业化发展道路和产业结构的快速优化升级的需要。由此可见，"应用型创新人才"培养不仅可以有效地实现人的多样化发展的需要，同时也对整个国家的建设和发展具有重大的意义。"应用型创新人才"这一词语是在近几年才出现的，短短的时间里便成为社会各界讨论的焦点，到底是什么原因助推这一词语的出现并使其走红的呢？

（一）导火索：金融危机的刺激与高等教育大众化的发展

众所知悉，我国是世界上少有的教育大国，教育总量很大，但是我国并不是教育上的强国。调查显示，2001年我国普通大学的毕业生人数有115万人，到2004年我国普通大学的毕业生就有280万人。毕业生人数增加了，然而就业岗位却没有明显增加，致使大学毕业生出现了就业难的问题。根据一项数据调查可知，2001年时大部分大学毕业生基本就业，而到了2003年大学生就业率仅为55%，2004年又出现了递减，为50%。③ 随着大学扩招，大学毕业人数不断增多，所以大学毕业生的就业就显得越来越困难了。2008年全球金融危机的爆发，致使高校毕业生就业难上加难，高校所生产的"产品"与市场需求未对路，人才培养的规格与其经济社会发展、企业需求之间矛盾愈演愈烈。大学生就业中出现的一系列问题引发

---

① 《全国应用型本科教育第二次研讨会情况汇报》，http://www.pzhu.edu.cn/。
② 中共中央国务院：《国家中长期教育改革和发展规划纲要（2010—2020年）》。
③ 《高校毕业生为何就业难》，http://job.chsi.com.cn/jyzd/jyxx/200612/20061230/733293.html。

了高校对人才培养这一问题的深刻思考。高校如何打破"买方市场"，培养出适销对路的"产品"成为社会关注的焦点。应用型、创新型科技人才的培养在一定程度上缓解了这一矛盾，同时也从一个侧面解读了"钱学森之问"何以成为社会各界热议的焦点、"应用型创新人才"的培养问题何以迅速成为教育界讨论的新话题。

另外，我国的高等教育从精英教育走到了大众化教育阶段。处在大众化教育阶段的高等教育与之前的精英教育不同，不仅要为企业、社会提供高质量的精英人才，而且要考虑到大多数企业、行业的发展需要去培养适合的人才。人才的培养目标和方向更趋向多元化，客观要求高校实行分类发展，只有这样才能保证各类人才的有效培养。有人说，高教具有特权，他更加注重对社会精英人士、精英阶层能力等方面的培养。社会的发展越来越多元化，需求也逐渐多元化起来，客观上就要求大学要为这些多元化的需求培养多元化的人才。[①] 在《国家中长期教育改革和发展规划纲要（2010—2020年)》中就明确提出："我们要建立高校的分类体系，对高校进行分类管理。"我们要知道这一点，处在大众化阶段的高等教育所要培养的人才依然是社会上的精英，这种精英人才是一种多样化的创新型精英。教育部部长袁贵仁在 2010 年 5 月 2 日的第四届中外大学校长论坛上面这样说道："我们要注重提高高校人才的培养与国家人才需要契合度。"而"高层次应用型创新人才"的培养正是为了满足当下和未来社会经济科技发展的需要应运而生的。

2008 年全球金融危机的爆发与高等教育大众化发展的需求可以从一个侧面反映"应用型创新人才"为何一度成为学术界讨论的新话题。不过，我们认为，其所说的原因只是表面原因，或者说是导火索，而内部的根源问题和潜在力量是知识经济时代的到来以及社

---

① 马陆亭：《为什么要进行高等学校分类》，《中国高等教育》2010 年第 20 期。

会转型的急剧发生。

（二）深层原因：知识经济时代与社会转型的发生

随着知识经济时代的到来，国际上在政治、经济、科技、文化等方面的竞争越来越激烈了。特别是在经济和科技上的竞争更加白热化。"未来的繁荣在于科学和技术知识的运用、信息的管理和服务的提供上。未来我们依靠的更多的是脑力而非体力。"[①] 知识经济时代已逐步走向现实，知识经济时代传统的作业方式将会被知识工作和新的作业方式取代。未来的经济增长将主要依靠知识工作和技术工作的进步来实现新的发展，在这样的背景下，中国的社会和经济将面临着双重转型。

知识经济时代，经济发展也要有重大的转型，我们知道过去我国经济的发展走的是一种较为粗放型、市场较为封闭的、产业结构较为落后、资源利用率较低的经济发展模式。在知识经济时代到来时，我们要改变过去的经济发展模式，走向一种更为集约、更加开放、产业结构优化升级、资源利用率较高的新的经济发展模式。2006年广东省东莞市提出的未来时期发展目标就是走向这种集约、开放、高效率的发展方向。广东作为中国经济创新发展的前沿地带，对其他区域和省份的发展具有重要的引领作用。因此，我们要重视在经济时代，转变经济发展方式的重要性。经济发展方式的转变对人才的规格也提出了相应的要求，尤其是战斗在经济创新发展一线的劳动者和技能人才，他们不仅要具备上岗所需要的专业知识和技能，同时也需要具备一定的研发能力和批判精神。这样，我们才有可能实现人和经济社会发展上的双赢目标。知识经济时代下，单纯的学理性思辨已不能适应快速革新的经济发展的需要了，更多的是需要那些集知识、专业、

---

① Barely, S. The New World of Work [Z]. British-North American Committee, London, 1996.

技能、科研创新与思辨能力于一身的应用型人才来引领社会经济和科技等多方面的发展。因此，高层次应用型创新人才的出现是时代的诉求和历史的必然。

二 "应用型创新人才"概念之应然

在审视了"应用型创新人才"一词出现并走红的时代背景后，再对"应用型创新人才"的内涵进行解读和分析会更准确。我们可以采用逻辑学中的"种加属差"方法对应用型创新人才的概念和内涵进行相关解读。我们要理解、分析应用型创新人才的真正含义，就要找到应用型创新人才这一词语的上位概念。从这一词语我们可以知道，应用型创新人才的上位概念就是人才，那么人才的解释又是什么呢？通过查阅资料可知，人才应该是指一种具有一定的专门知识或专业技能，能够进行创造性的劳动并可以为社会的发展做出贡献的人，它是人力资源中能力和素质都很高的劳动者。[①] 根据上面的界定，我们知道要想判断一个人能否称得上是人才，最重要的就是要看这个人是否对社会的发展和进步做出了应有的贡献，是否关心社会的发展，是否具有高度的社会责任感。应用型创新人才就是我们所要说的人才，之所以这样说，是因为他们在社会的发展中贡献了自己的力量，凸显了自己的社会责任感。然而就单单凭借这一点解释，还不能完全界定应用型创新人才的真正内涵。为了更准确地定义应用型创新人才，我们需要做的就是对应用型创新人才的下位概念有所解释和了解。在这个词语中，应用型和创新是用来修饰和界定人才的。因此，只有找到应用型和创新这两个修饰词的应然解读，我们才能真正解读出应用型创新人才这一词语的应然之意，才能真正弄清应用型创新人才到底为何人才。

---

① 中共中央国务院：《国家中长期人才发展规划纲要（2010—2020 年）》，（2010—06—06）[2011—06—03]. http://www.gov.cn/jrzg/2010—06/06/content_ 1621777. htm。

应用型,其重点就在应用这两个字上。潘懋元先生对此这样认为,他说应用型人才:"应该是指有一定的理论规范来指导,主要是从事非学术研究性的工作,他们的任务就是把抽象的理论符号转变成能够进行具体化操作的构思或者是产品构型,主要是为了把知识应用到实践中去。"但是,应用型人才并非只"应用"知识和理论,不进行研究,正好与此相反,应用型人才要在知识应用方面发挥应有的作用,更要注重对理论的创新,特别是在其开展的应用型研究方面要给人们以更多的启发和思考。[1] 毫无疑问,这里我们所谈到的应用型创新人才并不是简单意义上理解的职业技能型人才,也不是简单的岗位从业者,这类人才除了具有精湛的技艺能力、懂得操作和运用知识外,还应该具备一定的市场意识和研究上的能力。应用型人才主要是一种相对于学术性的人才而言的,他必须考虑的是现实的问题,而不是一个理论上的问题。但是,现实问题的解决需要运用一定的理论进行指导,能够这样把理论与实际情景结合起来的人必须是具备一定理论素养的人。应用型人才是以客户满意度为目标的,所以,应用型的人才必须具备市场意识,具备以客户为中心的思考方式。从这个意义上来讲,应用型的人才也就意味着在各类人才中具备一定的理论素养与应用型思维,精湛的专业能力和研究意识的人才,同时能够很好地将理论与具体情境实现完美结合,达到解决实际问题的目的。

创新,首先是作为一种行为和活动存在的。它是一种概念化的过程,主要是以新思维、新发明和新描述为特征的。它有三层含义:更新,创造新的东西和改变。创新是促进国家进步和社会发展的不竭的动力,是人类特有的一种认识能力和实践能力,是人类主观能动性的高级表现形式。对于创新这一词语从认识论的角度看是

---

[1] 潘懋元、石慧霞:《应用型人才培养的历史探源》,《江苏高教》2009年第1期。

一种认识上的创新,从实践的角度来看贯穿于社会生活的方方面面。因此,我们理解的创新应是人类所独具的本能,其创新的潜力也是无限的。创新更是实现人类文明更新、社会发展的重要力量。有学者认为创新有三种形式:一是演绎创新;二是归纳创新;三是元创新。而这里我们所讲的应用型创新理应是元创新。因为,在对应用型人才进行培养过程中,主要是对其专业能力和实践能力的培养,在此基础上的创新不仅是指创造出新东西,更加侧重在实践中对社会发展和产业的优化升级做出的革命性贡献。就是要实现在研究的范式、前提性假设和核心思想方面的创新,进而形成元知识的增量。[①] 他能够为经济的发展、社会的进步、产业的优化升级做出重要的贡献。我认为这才是应用型创新人才一词中"创新"的应然之义。

根据上面的分析可知,高层次应用型创新人才作为大众化时代高等教育培养的重点所在,就是指在这个充满了个性色彩和改革的时代里,能够在各行各业的发展创新中发挥生力军的作用,进而为实现整个社会的转型和突破做出贡献的杰出人才,他们拥有多元交叉的知识结构、具有精湛的专业技术能力、强烈的社会责任感、一定的批判精神和较强的创新意识。应用型创新人才是新时代、新阶段高等教育人才培养的主攻方向,对社会的发展、经济增长方式的转变具有重要的价值。一个人所具备的聪明才智、学历、头衔光环并不能判定一个人是否为应用型创新人才,我们要想判定这个人到底是不是我们所说的高层次应用型创新人才,就要看他在现实的工作、实际生活中为社会的发展、经济的转型和新技术的研发所做出的贡献。著名科学家爱因斯坦这样说:"不要试图去成为一个成功的人,我们需要努力成为一个有价值的人。"应用型创新人才就应

---

① 邹吉忠:《大成智慧与元创:探寻破解钱学森问题之道》,《哲学动态》2010年第4期。

是这样的人，就应是对个人、社会、国家的发展和进步有价值的人。高层次的应用型创新人才与职业性人才的根本区别就在于知识技术的创新。

第三节 我国高层次应用型创新人才培养存在的困境及原因分析

一 我国高层次应用型创新人才培养存在的困境

（一）科技发展水平落后

美国著名学者罗伯特·坦普尔在他的文章《中国，发明的国度》中这样阐述："如果诺贝尔奖在中国的古代就设立了，那么各奖项的得主，就会毫无争议的都属于中国人。"但是，诺贝尔奖设立了以后，诺贝尔奖得主却不见中国人的身影了。17 世纪中叶以后，先进的科学技术在中国已不复存在了。我们知道，在公元 6 世纪到公元 17 世纪初这段时间里，中国所创造的科技成果，在世界上都是名列前茅的，创造的重大科技成果占世界重大科技成果的 54%，然而到了 19 世纪以后，中国的科技成果只占世界科技成果的 0.4%。[1] 现如今，我国的经济增长只有 39% 是通过科技的发展获得的，这样的结果，与其他大部分发达国家相比依然相差甚远。在我国的企业中，只有万分之三的企业才拥有自主知识产权的核心技术，所以对国外的核心技术依赖程度就非常高，但是像日本和美国的企业对国外的核心技术的依赖程度仅为 5%。在我国，科技成果转化率、专利技术等都远远低于发达国家。[2] 根据以上的分析我们可以知道，我国的科学技术在发展水平上，创新科技成果方面都

---

[1] 《李约瑟难题》，http://baike.baidu.com/view/106444.htm。
[2] 吴江：《尽快形成我国创新型科技人才优先发展的战略布局》，《中国行政管理》2011 年第 3 期，第 11—16 页。

是远远比不上发达国家的。

(二) 高层次应用型创新人才严重匮乏

通过相关的数据资料我们可以了解到，截止到 2008 年，在我国的各种人力资源中，科技型方面的人力资源有 4200 万人。研究开发方面的人员在当时也是位居世界前列的。[1] 但是，具有高端技术和创新能力的应用型人才确是很少。通过查询资料，我们可以了解到，在我国无论是高层次的科技型创新人才，还是高层次的自主创业型人才都是非常少的。除此之外，据国家科技部一项研究表明，我国每年有省部级以上的科技成果 3 万多项，但大面积推广产生规模效益的仅占 10%—15%。[2] 由此可知，我国其实并不缺少科技创新成果，而缺少的是能够将科技成果转化为现实生产力的人。2009 年瑞士洛桑发布的《世界竞争力报告》中就可以发现，我国的"合格工程师"的数量和整体质量，在参与排名的 55 个主要国家中仅仅排在第 48 位。刊登在《财富》杂志的最新数据显示，我国的"适合全球化要求"的年轻工程师只有 16 万人，这个数字还达不到美国的 1/3，然而印度的国际化工程师的比例占到 25%，而我国的所占比例还不到 8%。从这一点也说明了我国的高层次应用型创新人才严重匮乏。

(三) 大学之殇

我们知道，大学是研究高深学问的地方。然而，目前我国大学在发展过程中出现了一些问题，主要是轻视学术，行政权利凌驾于学术权力之上，学术研究被束之高阁。越来越多的教师不安心教学，教学活动演变成了教师的兼职，教师在教学上投入的时间和精力严重不足，有些教师在教学过程中敷衍了事，缺乏基本

---

[1] 吴江:《尽快形成我国创新型科技人才优先发展的战略布局》,《中国行政管理》2011 年第 3 期, 第 11—16 页。

[2] 宗庆后:《关于加快我国科技成果向现实生产力转化的建议》, 2010 年两会提案。

的责任心。有些教师不把教学当回事，视教学如儿戏的现象在媒体中被频频被揭露。这不仅会直接影响大学的声誉，更为重要的是这样的氛围也会对学生学习的积极性产生一定的影响。教师对教学缺乏足够的热情和责任心，以致学生对学习敷衍塞责，在考试过程中出现舞弊等现象。虽然我们现在看到中国高等教育呈现飞快、高速发展的态势，步入了高等教育大国的行列，但是从我国高等教育发展的质量和内涵情况我们就可以很清晰地知道，我国还是不属于高等教育强国。特别是当我们从高校人才培养的质量和与社会需要相契合的角度来看的时候，高校要培养的人是与社会的需要脱节的。当前社会发展需要的是高水平的创新型人才。据此种种，大学在担负着高层次应用型创新人才培养的时候，本身还是有很多问题需要解决的。

（四）学术的虚假繁荣

近年来，学术界迎来了"繁荣"的春天，各种学术专著、学术论文层出不穷，数量位居世界前列。虽然，目前中国的学术产出的数量名列前茅，但是高品质、高水平的论文著作少之又少。2007年记载的一项数据显示，自然科学六大领域中的33个重要的国际奖项得主中，美国获奖人数是871人，居首位，占总人数的46%；英国占14%；印度有23人获奖，占1.19%；而我国仅有14人获奖，占0.72%。[①] 此外，我国学术论文产出可谓世界之首，然而高影响力的学术论文屈指可数，在所有学科排名中，前20篇文章中，最有学术影响力的文章没有我国科学家的名字和论文；在之后的100篇论文中，只有3篇中国科学家的论文；在1000篇论文中，也只有到14篇中国科学家的文章。从上面所列出的数据，可以看到我国的学术界并非我们看到的那样繁荣。

---

① 吴江：《尽快形成我国创新型科技人才优先发展的战略布局》，《中国行政管理》2011年第3期，第11—16页。

二 我国高层次应用型创新人才培养困境的原因探析

（一）对社会各方的问责

1. 传统文化对高层次应用型创新人才培养的桎梏

传统文化有许多精髓值得我们继承和学习，然而，传统文化由于其自身的一些特点不利于新事物的产生和出现，亦即对当下的文明创新存在很大的阻碍作用。传统文化中的一些优良传统，像儒家思想中很多就是教你如何当官，如何成为一个官，这些思想中很多都带有极强的功利色彩。这样的思维方式和思维观念对现在人们的思维都会产生一定的影响。学者教书也变成了学者从政的一种跳板，这时学者的个性创造和科研创新必然在一定程度上受到限制。此外，儒家文化中的大一统思想，虽然强调集体意识，这在当时对社会的发展起到了一定的推动作用，然而，统一的思想强调集体意识，同时也抹杀了个性的独立和自由，对培养学生的独立思考能力和创新能力都是不利的。因此，在传统文化这种思维方式和方向的指引下，学生缺乏积极的学习态度和创新热情，培养高水平的应用型创新人才也就无从谈起了。因此，儒家文化作为传统文化的核心，深深地影响着我们的思考方式和思考方向。由于受到这种传统文化的束缚，培养高层次的应用型创新人才就更为困难了。

2. 创新精神的沦丧对高层次应用型创新人才培养的制约

创新精神一般是包括创新意识、质疑和批判的精神、探索和求实的精神、拼搏和坚韧的精神、冒险和牺牲等方面的精神。如果缺乏创新精神和创新意识，那么，科研创新、科研创作就会受到威胁。历览各界贤人，无不是从小就开始培养对科学研究的兴趣。中国在古代时期，并不缺乏高尖科技产品的研发，凭借这些科学研发中国完全可以获得诺贝尔奖。然而，到了现在，顶尖的科研创作在我国仍处于努力过程。丘成桐认为，目前中国很少有人获得诺贝尔奖的最主要原因是,"中国缺少的尖端人才主要是具备真正科学精神的人,学者们在做学问时存在不良动机,有些学者并不是为了学问而做学问,而是看中了学问背后所带来的利益,取得一点成绩的时候就自我满足了。"丘成桐表示:"最高尚的境界,就是中国有一群优秀年轻人真正为了人类求知欲望来做学问,探寻大自然的奥秘,能做到这个,很快就会有中国科学家拿到诺贝尔奖。"① 而若看重的是学问背后的利益,那么用这样的功利主义心态去做学问,在一定程度上对培养高层次的应用型创新人才产生不利影响。

3. 转型中的经济体制对高层次应用型创新人才培养的制约

我国的经济发展经历了从计划经济向市场经济的转变,而经济体制的转变,极大地促进了社会生产力在我国的发展并且推动了整个社会的进步,与此同时,这一转变也影响到了社会上其他方面的发展。最主要的表现就是人们的功利思想变得更强,一切向"钱"看的思想愈演愈烈。此外,市场经济所特有的竞争性和开放性,也对社会的发展带来了一定的影响。大学是社会的重要组成部分,经济体制的转型必然会影响到大学的发展,尤其是对大学在人才培养的规格和方向上具有重要的影响。市场需要什么类型的人才,大学就跟着走,大学的课程设置也随着市场的变化而发生不同的改变,一切以市场需要为出发点,从而严重限制了人才培养的质量。

(二)教学方法不适合高层次应用型创新人才的培养

高层次应用型创新人才的培养不仅需要有适合的课程,而且需要恰当的教学方法,只有这样,课程才能发挥其应有的作用。大学的教学方法直接影响大学的教学质量,唯独高校推行与之相适应的

---

① 《海内外专家共同把脉——中国为何还没有获得诺贝尔奖?》,http://news.xinhuanet.com/edu/2010-07-27c_12376706.htm。

教学方法才能真正利于培养出高层次的应用型创新人才。就目前来说，我国高校在教学方法上的现状是教师和学生对掌握和使用高效的教学方法的愿望不高，因此，推行新的教学方法举步维艰。教学方法是教学活动的最基本因素，是实现教学目标、人才培养的重要手段。大学教育从某种程度上来说是一种专门化的教育，这种专门化要求其必须具有与之相适应的教学手段和方法。大学中的一切教学活动、教学理念的发生都需要通过一定的教学方法来实现，适合的教学方法能够有效实现对人才的培养。就目前大学的教学方法来说，大多数课堂教学只注重教学内容的传授，忽略了对学生学习能力、探索精神和创新能力的培养，教学方法死板单一，传统的教学方法仍然占据大学教学的主流。在这种教学方法的影响下，致使学生缺乏探索精神和创新的勇气，从而影响大学高层次应用型创新人才的培养。

（三）现代教学制度存在的严重缺陷

纵观我国大学发展的历史，我国大学在发展过程中深受各种因素的影响，尤其是历史因素的影响，使得我国大学在发展过程中呈现出浓重的政治色彩，大学在发展过程中被政治权利层层包围，无法实现自由、自主的发展。高校中的学术权力是高校内在逻辑的基本要求，但高校中政治权力的存在也是有其必然的，然而，在我国大学由于深受各种历史因素的影响，政治权力的滥用和无度导致其异化，政治权力过分行使，从而抑制了学术权利，高校在发展过程中也失去了活力。此外，从大学与外部关系来看，主要是在大学的发展过程中政府对其管束过于严重。大学是知识创新、人才培养的主体，然而，从我国高校发展的现状来看，高校在发展过程中深受政府行政指令的影响，一切以政府的行政指挥决定办学的方向和目标，而无视指令是否科学、是否适合学校的特点，致使学校盲目跟从，从而失去办学自主和自由。这种教学体系对培养高层次、高水平的创新人才带来了困难和挑战。

第四节 国外关于高层次应用型创新人才培养的经验及启示

《国家中长期教育改革和发展规划纲要（2010—2020年）》中明确指出："要牢固确立人才培养在高校工作中的中心地位，着力培养信念执著、品德优良、知识丰富、本领过硬的高素质专门人才和拔尖创新人才。"加快培养高层次应用型创新人才将成为"十二五"时期我国高等教育工作的重点之一，印度理工学院有关的人才培养理念会为我国高层次应用型创新人才的培养提供有益的借鉴。

一 印度理工学院关于高层次应用型创新人才培养的理念及经验启示

（一）印度理工学院高层次应用型创新人才培养的理念

1. 注重创造性人才培养和实践教育

今天由于受功利化价值观的影响，高等教育的本体职能——育人已被边缘化了，虽然大学作为知识的生产者、批发商和零售商，[①]是必须要履行服务社会的职能，但是社会需要的是高校输出高质量、掌握高端技术的顶尖人才，而不应成为输送廉价劳动力的"服务站"。当时的印度理工学院正是认识到市场需求的特点，积极倡导培养精英和具有独立思考的创造性人才。虽然学校在教学过程中，也会教授给学生许多知识和解决问题的方法，但是当学生在做作业的时候就不允许使用教师在课堂中讲授的方法，而要根据教师

---

① 约翰·S. 布鲁贝克：《高等教育哲学》，王承绪等译，浙江教育出版社2001年版，第18页。

讲授的思路，自己进行独立思考，创设出具有自己独特思想的解题策略或方法。这对于学生独立思考能力和创新性思维的培养具有重要的价值，然而在中国的课堂教学中我们更多地看到的是传统的传授和讲授式的教学模式，从而忽视了对学生的独立学习和思考能力的培养。钱学森先生曾质疑中国为什么培养不出创造型人才，这一疑问被称为"钱学森之问"，为了回答这个问题，我们通过分析印度理工学院具有创造性的办学理念，来寻求路径。

印度理工学院很重视文化育人、文化创新、文化融合和文化引领的作用，高度重视学生的实践学习和实践教育。为了让每位学生能够亲近社会生活，学校在每个校区创建了实习基地，在这里每个学生可以充分体验处在生产第一线的感觉，这对于学生熟悉自己的专业和及时纠正在学习中产生的误解具有很好的效果。同时，也可以使学校清楚市场的需求，从而在培养人才时更有针对性和时效性。这样，学校、社会和市场间就形成了一个良性互动的链条，才能真正体现高等教育走在社会发展的前沿。这种教育模式与古代"斯巴达式"的人才培养方式类似。学院为了提供学生最好的实习培训教育，借鉴了当时美国麻省理工学院（MIT）的成功经验，在具体实施过程中，结合本校特色以及社会发展的实际需要做了很大的调整。例如，印度理工学院学生的毕业论文需要准备300个小时，而麻省理工的学生需要准备120个小时。[①] 可见，印度理工学院在实践学习上的时间远远超过麻省理工学院的实践学习时间，这也正契合了社会的实际需要。因此，印度理工学院所培养出来的人才不仅具有高深的理论知识，而且能够熟练掌握实践操作技能。这样的人才培养模式充分体现了产学研一体化的办学理念，这正是印度理工学院创造性的办学理念的体现。

---

① 桑迪潘、德布：《印度理工学院的精英们》，黄永明译，北京大学出版社2010年版。

2. 重视学校高度自治和学术自由

大学的职能经历了不同的发展阶段，从纽曼的知识传授，到洪堡的科学研究、科学创新，再到威斯康星的社会服务，以至21世纪的引领未来，大都是围绕着学术展开的，可见重视学理教育，重视学术自由，学术独立在大学建设、发展中的重要地位。然而，目前我国的一些大学却表现出功利化、庸俗化和工具化，大学的文化和根基——学术性被悬挂或遮蔽了。而印度理工学院在办学中独树一帜，不被现实的价值所左右，认为只有赋予学术充分的自由和空间，教学才能产生更具文化内涵的想象，从而使想象中所产生的激动气氛转化为知识，以这种意念被赋予的知识就具备了更大的潜力。在这种认识论的高等教育哲学思想的指导下，印度理工学院高度重视学术自由，主要体现在学校在办学中享有高度的自治权利，学校的校长由教育家和教授担任，不受外界任何权利的约束。印度理工学院虽然是由政府投资兴办的院校，但是在印度理工学院的发展过程中我们不会发现有任何官僚气息的存在。这是与印度理工学院高度重视学术自由、高度重视教育的传统分不开的。为了确保印度理工学院的发展，明确规定政府不得干预学校的自由发展。从其管理形式上看，政府其实是在实行一种"无为而治"的管理方式。这样，既可以确保国家教育教学方针的有效落实，又不至于限制学院的自由发展。而印度理工学院的真正管理者、治校者是真正的教育家，不同的教育家虽然各司其职，却又能进行通力合作。印度理工学院又有印度教育学院之称，学院中的每一个人都是以学术的自由发展为第一要义的，根本不存在超乎学术发展观念的存在。这样就可以遏制学校领导者和管理者的官僚意识的萌生，从而有效地保证学术的发展和自由。

印度理工学院在教师聘任、学生选拔以及课程设置等方面都享有高度的自由。充分体现因人施教、因材办学的理念。这样自由的选择机制，为每一位教师和学生提供了公平竞争的平台。这样的公平机制尤其是体现在学生的选拔上，印度理工学院在进行人才选拔时实行的是优中选优的政策，为了保证每位学生都有同等的机会进入学院进行学习，印度理工学院实行联合入学考试（JEE）的形式进行录取。这种考试形式虽然是学院自行组织实施的，但是在考试中却没有一点特权的存在。每年都会有数十万的学生参加该考试，但是最后却只有2%的学生获得进入该校学习的机会。[①] 可见，这项考试的严苛程度有多高，其被称为世界上最严苛的，但也是最公平的考试形式。此外，印度理工学院在选拔人才时，实行的是一份最公正、最客观的考卷。考试的题目一般都是教育家经过深思熟虑后自行创制的，每年的试卷中没有任何重复题目，甚至连重复思考的路径也没有。这些都充分保证了印度理工学院所选拔的都是优秀中的优秀，优秀生源正是印度理工学院取得成功的重要因素之一。印度理工学院先进的办学理念与现今我国提倡的教育家治校理念完全契合，这也正是印度理工学院赶超世界，领先我国高校的原因所在。

3. 重视广泛的交流与合作

现今世界积极倡导资源的优势互补、资源重组。虽然大学不是以盈利为目的的，但是一所大学要想更好地得到发展，就必须要借助这种资源理念来充实大学的内在实力，进而使大学与社会、企业、市场之间建立良性的对话机制，为学校的发展积累良好的人脉关系。印度理工学院在这方面就做得非常成功，尤其是其生源、教师队伍、毕业生就业的国际化。这都有助于印度理工学院良好人脉关系的积累。尤其是不同地域、不同文化背景的人们通过交流、合作，从而开创出独具本院特色的办学之路。

---

① 桑迪潘、德布：《印度理工学院的精英们》，黄永明译，北京大学出版社2010年版。

资源的优势互补和重组更需要学校与社会、学校与企业、学校与学校之间的合作。以保证为学校的开放式办学提供广泛的资源支持，这种办学理念意味着有价值的创意和办学可以从学校内部和外部同时获得，资源配置既可以从学校内部进行，也可以从学校外部进行。印度理工学院在有效使用本校资源的同时，注重从外部吸取办学资源和成果。尤其是对英国和美国等高校办学经验的吸取和借鉴，这也是实现其精英教育的重要保证。此外，企业的成功经验和优秀人才也是印度理工学院的重要资源。印度理工学院重视与企业的合作，它通过为企业提供人才和智力支持来吸纳企业的一线技师为学校的"软件园"基地提供服务，保证学生实践教育的实现。这不仅保证了学校精英人才培养目标的实现，同时也有效推动了学校与社会、学校与企业以及学校与学校之间的互动。

4. 重视隐性课程的建设

课程设置、课程建设是一所高校发展的重点所在，课程设置是否合理关乎学校发展的未来。在课程设置上，我们不仅要重视显性课程，又要重视隐性课程的作用。通过完整、有效的课程体系，促进人才培养质量的提升。印度理工学院在进行课程设置时就高度重视将显性课程与隐性课程的有效结合。在显性课程设置方面，印度理工学院与其他的学校不同，它不仅仅只迎合社会需要，传授学生一些特定的工程科目，成为符合上岗要求的工程师，而是在培养比工程师能做更多事情的人才。因此，学院还开设数学、科学以及人类学等科目。这样就可以充分挖掘学生的潜能，培养出更优秀的人才。除此之外，在课程实施过程中教师会给予学生充分的信任，鼓励其自主学习。这样不仅能调动学生的积极性，而且可以促使新的思想观念萌生。在这一学习过程中，印度理工学院高度重视学生的亲身体验学习。例如，为了让航空工程系的学生进行实践学习，印度理工学院甚至自建了一条飞机跑道。而隐性课程的设置更是学校的重点，尤其是在校园文化建设方面，印度理工学院致力于将学院中的一草一木、一花一树、一砖一墙都蕴含文化的气息，给人以启迪和陶冶。校标、校徽虽然作为一个学校标志，但是他对学生的影响却是潜移默化的，这样的文化和课程虽然表面上没有给学生知识，但是它却在情感上影响了学生。因此，我们必须高度重视校园文化建设。另外，印度理工学院的和谐环境以及印度人的高贵品质都是促使印度理工学院迅速崛起、跻身世界一流大学行列的重要因素。在一定程度上说，研究印度高等院校的发展理念，对我们国家建设高等教育强国具有很好的借鉴意义。

（二）印度理工学院高层次应用型创新人才培养的经验及启示

印度理工学院建立时间虽然没有美国和英国大学早，但是它所取得的成果和发展速度却是惊人的。它为美国硅谷输送了大批掌握高端技术的科研人才，为美国硅谷的发展增添了新鲜血液。这也促使美国硅谷成为世界高新技术研发的核心基地。而中国与印度的实际情况相似，但是中国高校的发展却没有取得如此骄人的成绩。因此，研究印度理工学院的办学经验，对我国建设高等教育强国具有重要的启发意义。

1. 建立产学研联合机制，发展应用型高等教育

发展应用型高等教育既符合我国经济发展和社会进步的要求，也是追赶国际高等教育发展、建设高等教育强国的需要。随着社会的不断发展，对应用型人才的需求迅速增加，这就要求大学不能仅仅培养有高深学问的精英人才，而且要培养工农业生产发展需要的应用型人才。而应用型人才的培养需要在实践中进行，因此，建立产学研相结合的人才培养模式势在必行。通过产学研的结合，让学生能够做到理论联系实际，边学边练，获取实践经验，从而形成扎实的应用能力。高校要紧密依托行业、企业，加强校企联合、合作办学，使其科研成果得到及时转化。

同时，大学要发展，就必须具备一定量的资源。资源的获得和配置要求不仅在学校内部进行，而且要在学校外部进行。这也是大学走向开放式办学、走向社会的必然选择。而企业作为社会的重要资源地，也应当成为学校的资源地。印度理工学院的经验告诉我们，高校应走应用型道路，应深入走向社会、走进企业并主动与企业合作，互相支持，共同办学，协力研发高新产品，促进高质量应用型人才的培养。走与企业共同办学的道路也是我国《国家中长期教育改革和发展规划纲要》的题中之意。因此，发展应用型高等教育是保证我国教育改革和发展目标实现的保证。

2. 实行教授治校，保证学术自由

印度政府对印度理工学院实行"无为而治"的管理模式，这是学术自由发展的重要保障，也是印度理工学院成功的重要因素。然而，我国高校的发展在很大程度上都受制于政府，学校的办学自主权相对较少，学校的行政职能不断被强化，甚至级别观念日趋明显，以致使学术的发展受到了影响，从而使大学丢失了自己本来的职责——育人。这样大学就失去了发展方向，找不准定位，也就很难建设成世界一流大学了。《国家中长期教育改革和发展规划纲要（2010—2020年）》中明确指出：应积极推进政校分开，管办分离，逐步取消高校行政级别。[①] 因此，我国高校要取得突破，跻身世界一流行列，必须放宽原有的管理体制和领导体制，实现教育家治校、教授治校、专家治校，以有效保证学术的自由发展。

从根本上说，大学作为人才培养和真理探究的学术组织，需要有思想火花自由碰撞空间，并积极鼓励批评乃至质疑。教授治校、学术自治是世界一流大学的一般做法，几乎达成共识。但是，我国高校仍然沿袭行政管理体制，学校缺乏自主办学权，教师缺乏学术

---

① 《国家中长期教育改革和发展规划纲要（2010—2020年）》。

自主权。行政化倾向吸附了学校自治、学术自由发展空间，成为制约创新人才培养的最大阻力。因此，必须弱化政府在学校中的行政管理。但仅有社会和政府提供外部自由空间还不足以使教师享有学术自由，要实现真正意义上的学术自由，还必须建立教授治校的内在制度，这并非是简单的提倡教授担任行政职务，而是要淡化行政化思想，强调教授在学术事务中的主体地位和主导作用，增强教授治理学校的责任意识。

3. 因地制宜，改革招生制度

高等学校的发展不仅要注重速度，更要关注质量的提升。为了确保我国高等教育在规模扩张的同时，质量得到稳步提升，我们不仅要向教育教学过程要质量，也要把好生源入口关。在招生录取时，要因地制宜，宽严相济，让更多的学子有机会进入高校学习，同时加强学生毕业关的监督与管理，保证向社会输送更多优秀的复合型、应用型人才。

招生作为高等学校人才培养的起点，在一定程度上直接影响着人才培养的过程与质量。招生的目的是为大学招进适合人才培养目标的学生，为此就要制定灵活的招生原则，以适应各个不同的大学。从大学的共性来看，是知识创新的地方，因此，首先必须选择那些具备相应文化知识素养的人。其次，所选择的学生应该具有正确的道德观、价值观。最后，身心健康状况成为招生的重要条件之一，人的个性发展对于人才培养具有重要意义，学校育才目标如果能与学生个性发展相吻合，就能做到快出人才、出好人才。从大学的个性看，有许多类型，他们具有各自的办学宗旨和培养目标，因而不同的学校又有其不尽相同的招生要求。国家教育主管部门应针对不同类型高校，实施分类指导，区别对待，做到因地制宜。

4. 加强应用型课程建设，强化实践教育

印度理工学院高度重视实践教育，这也是其受到世界欢迎的关键所在。我国高校目前在发展中很少关注学生的实践教育，这与我国的教育传统是分不开的。而我国高校要获得发展，得到广泛认可，就必须培养具备实践操作能力的复合型人才，而目前仅仅重视理论的学习是很难做到的，必须关注学生的实践教育，这就需要高校为学生的实践学习提供良好的设备和师资力量，注重将课程与就业相结合。这些资源的获得我们也可以从学校外部获取，只要高校能与社会、企业间建立良好的合作关系，我们完全可以实现。

我们的课程建设要着重加强学生的实践能力，在提高学生一定的理论修养的同时，强化学生的知识应用，提高学生的综合素质，课程设置要突出应用性，注重理论与实践相结合。教学内容要根据市场需要，反映本学科应用领域的最新成果和前沿要求。要根据国民经济发展的需要，以就业为导向，构建学术、技术和职业相结合的人才培养模式，因材施教，强化实践实训教学，提高学生的应用能力；重视应用研究，依托行业实现产学研的结合，培养具有适应生产、建设、管理及服务需要的应用型人才。

通过以实验、实训为主要教学形式的课程设置与教学环节，将理论与实践相结合，在实验、实训中，锻炼学生的动手能力。将实验、实训与教师的科研开发工作相结合，在实验、实训的基础上，成立相应的研究机构，既可为教师的科学研究工作服务，也可为学生提供实际锻炼的机会，从而有效地提高大学的人才培养质量和规格，并能进一步提升教师的专业水平。在实训项目的选择上，应考虑不同学校的特点，因地制宜。不能将所有的实践教学环节都放在实训基地，根据实际情况，采取校内学习与校外训练相结合的方法，加强与行业的多种形式的、灵活的、全方位的立体式合作，既吸收、利用企业先进的技术、设备，也要考虑为企业创造相应的环境。进行教、学、研的合作教育，将学生创新能力的培养渗透在基本教学环节中去。

此外，印度理工学院在治理结构建设方面，高度重视学术的自由、独立发展，学院发展的一切相关事务均以学术、科研的发展为重心。在治理结构建设中，印度理工学院注重吸收教授的力量，教授参与到学院的治理中，有效地打破了教学与治理之间的壁垒，让大学回归到了大学本来的面目。大学成立之初就是学者云集之地，印度理工学院在治理结构建设中注重吸纳教授的参与，这对大学形成民主的氛围、学术自由发展的空间有很大的益处。按照印度理工学院治理结构的建设内容，印度理工学院的管理权力主要集中在管理委员会，而管理委员会的大多数组成人员并不直接参与学校的管理，他们不常来学校，其职能行使实际上主要限定在"协商与沟通"的层面上。这样，真正管理学院的权利自然就集中在教授身上了，教授对大学事务实行民主管理，在一定程度上分离了学术权力与行政权力，有效地保证了学术的独立、自由发展。布鲁贝克曾指出，在以往的时代，关于社会的重大决策都是掌握在牧师、朝臣和官吏的手中。今天，所有这些都必须让位给全体学者，因为"在认识事物、认识真理与谬误方面，世界上还没有什么社团比大学学者社团犯的错误更少"。大学的治理关系到大学的发展、学生的发展、社会的发展。因此，大学的治理更加需要吸收学者的参与，只有这样才能使治理结构建设更趋完善。

虽然印度理工学院在发展中也存在一些问题，但是其办学理念对我国的高校建设和发展却有重要的借鉴意义。印度理工学院的发展不仅推动了印度本国科技和经济的发展壮大，而且对世界科技发展和进步都做出了重要贡献。因此，研究和学习印度理工学院的办学经验，对我国培养高层次应用型创新人才、建设高等教育强国、实现世界一流大学建设的目标具有重要的实际价值，也可以为我国高校的发展提供办学理念和办学思想方面的参考。印度理工学院的成功与其科学有效的治理结构和办学理念关系甚大，通过对印度理工学院治理结构、办学理念等相关内容的梳理和分析,希望"他山之石,可以攻玉",以此为我国高层次应用型创新人才的培养提供有益思考。

二 麻省理工学院关于高层次应用型创新人才培养的理念及经验启示

麻省理工学院是美国乃至世界上著名的研究型大学,作为美国科学研究的中心,是美国乃至世界的科学家、工程师和企业家的摇篮。对美国科学和技术的提高、社会发展产生了显著的影响。麻省理工学院之所以能够对美国乃至整个世界的进步和发展产生重大影响,主要得益于其创新的人才培养模式和人才培养理念。

(一)麻省理工学院关于高层次应用型创新人才培养的理念

1. 推行科学与实践并举的办学理念

重视科学研究与实践训练并举是美国麻省理工学院人才培养的一个显著特点,1865年麻省理工学院成立,当时就任麻省理工学院院长的威廉·罗杰斯曾经指出,美国麻省理工学院应该成为"科学和实践并举"的学校,还建立起了美国第一个物理、化学和采矿选矿实验室,对爱德华·C. 皮克林创立了物理教学实验室给予了很高的评价:"相信在科学知识传授方面,首先进行了重要的改革,对于这次改革,国内外都没有先例可循。"[①] 其次是第二次世界大战的爆发,在一定程度上促进了学校人才培养理念的成熟。美国人会说,原子弹结束了战争,雷达赢得了战争。然而雷达研制的主力就是麻省理工学院。因此,实践也证明美国麻省理工学院的人才培养理念是成功的。第二次世界大战结束后,麻省理工学院仍紧紧跟随实际变化需要进行科学研究,坚持推行科学与实践并重的举措,这

[①] 邸承远等:《世界著名学府麻省理工学院》,湖南教育出版社1988年版,第7—8页。

也成了麻省理工学院始终都处在科学前端的重要因素。此外，麻省理工学院的校训是"Mind and Hand"，透过麻省理工学院的校训我们也可以知道，其意在说明坚持动脑与动手相结合的重要性，这句话不仅成为麻省理工学院的校训，而且成为麻省理工学院人才培养、教育的核心理念。在这一理念的推动下，麻省理工学院在教学过程中创立了各种实践基地，坚持鼓励学生运用所学的科学知识去解决实践中的问题，激发学生在社会实践生活中主动创新知识，从而形成了基础科学与应用科学、教学与社会生产生活有机结合的工程教育理念。在实践中进行学习、科学研究这一卓越理念的推动下，麻省理工学院培养的学生成为了世界争抢的宠儿，同时也铸就了麻省理工学院享誉世界的盛名。

2. 培养社会的适用人才，肩负国家的使命和责任

国家的兴盛、社会的繁荣与否，其实与一个国家的工业发展状况息息相关，而工业发展如何是与技术的进步和人才的质量密切关联。因此，我们需要培养适用的技术人才以满足社会对各种人才的需要。而麻省理工学院为了更好地实现教学与社会、教学与工业发展的融合，早在1948年就建立了"工业联络计划"，并于1961年建立了"MIT合作者计划"，这些举措都是MIT保持与工业界联系的重要举措。在工程教育思想的指引下，MIT建立的"合同计划办公室"不仅得到了工业界的大力支持，同时也为本校的师生提供了锻炼和创新的机会。此外为了推动科学、教育与工业的渗透和融合，麻省理工学院为此加强了理科教育与科研的创新。在工程教育理念的指导下，MIT培养的人才是具有创新能力和意识的高端技术专业人才而不是简单的技艺工人。这是一种肩负着国家使命和责任的人才。哈佛大学的前任校长博克是这样说的："在一个工业社会中，科学和技术才可以说是更高知识的基础，学生应该努力从有用的知识中获取激励和收益的，当前科学研究的课程是麻省理工学院

提供的，包括了一些通用知识和专门知识，而这些课程的学习能够为学生今后在从事商业等活动中打好基础，除此之外，这些课程也是为即将成为老师的人们，提供学习的课程的。"①

MIT 的建立是时代的需要，尤其是在第二次世界大战爆发后，MIT 承担了大部分军事需要的产品，尤其是雷达和其他军事用品的研发更为重要，这些军事研发在当时战争中起到了巨大的作用。此外，麻省理工学院还为战争培养了许多军事人才，为美国在战争期间取得胜利做出了重要的贡献。根据麻省理工学院的数据显示，"在部队中服役的麻省理工学院的校友就有8776人，这是当时麻省理工学院在世校友人数的四分之一，在这其中就有98位陆军将军和52位海军上将。在战争中牺牲的校友就有148人。"② 据此可知，当时的麻省理工学院在战争期间为美国做出的贡献。这与麻省理工学院对学生的培养理念是有很大关系的，"它强调说当国家陷入危机的时刻，学生们应该运用自己所学的去回报国家，应该勇敢的承担起维护国家的重大使命和任务。"③

3. 多学科教育和自我教育相融合培养人才

麻省理工学院之所以能够培养出世界顶尖的领导人才和各界需要的精英人才，是与其先进的教育思想、教育理念和勇于创新的精神相关联，除此之外，麻省理工学院先进的教学方法、教学思维也是非常重要的。麻省理工学院一开始就意识到高端的管理者和其他行业的专门人才只有通过多学科的教育去培养，如果按照传统的死记硬背的方法，培养的人只能是"手艺工匠"。因此，麻省理工学院注重学科的融合和渗透，注重运用多学科的思维方式和方法去探

---

① 德里克·博克：《走出象牙塔——现代大学的社会责任》，徐小洲、陈军等译，浙江教育出版社2001年版，第75页。

② 同上。

③ The STS Forum: MIT's Responsibility in a Dangerous World [EB/OL]. http://mitworld.mit.edu/video/93.

讨教学上的各种问题，这一教学理念和思维也成就了麻省理工学院的未来。除了这一点以外，麻省理工学院突出了对学生的自我教育，因为他们相信，学生通过自我教育，对培养学生的创造能力和创新意识是具有非常重要的意义，学生只有拥有很好的创造力才能很好地适应社会的变化和需要。否则，这些学生到了社会上就只能是从事简单的技艺生产。麻省理工学院之所以相信通过学生的自我教育可以培养学生的创造力，是因为他们认为知识的学习不仅可以在课堂内学到，课外探讨、课外生活依然是学生获得知识、培养他们创造力的重要途径。因此，麻省理工学院倡导通过课内学习和课外生活相结合的教育理念去培养高层次的应用型创新人才。

（二）麻省理工学院高层次应用型创新人才培养的经验及启示

麻省理工学院成立之初是一所技术工程性学院，并最终发展成为世界著名的综合型大学，中国的大部分高校也正在经历这一发展历程。麻省理工学院的每一次变革、每一次转型都是以教育理念、教学思维的转变为根本，也正是如此才推动了麻省理工学院的成功。麻省理工学院的教育理念和思维对我们国家的大学发展和改革是有一定的借鉴意义。

1. 提供学生实践的机会，注重科学研究与实践的结合

麻省理工学院非常注重对学生的实践训练和培养，为了更好地为学生提供实践训练基地和场所，麻省理工学院不仅为学生们开设了各种科目的实验课，而且麻省理工学院高度重视与企业、工厂等联系，这不仅为企业带来了新的技术和力量，而且为学生实践活动提供了坚实的实践基地，不仅为学生进行独立思考和解决问题提供了机会，而且学生通过各种丰富实践活动的开展，丰富了自己的知识和经验，也磨炼了自己的品质和意志。

然而，就目前我国大学的发展状况来看，大部分高校更加偏重学生的理论教育，忽视了学生的实践学习和训练。虽然有些学校会

为学生提供简单的实习机会，但这些实习与实践训练相去甚远，这不仅影响了学生的动手能力和创造力的培养，同时也不利于社会的发展。因此，为了更好地适应社会的需求、培养适合的人才，高等学校应注重学生实践训练和教育，为他们提供实践空间和基地，鼓励学生运用理论知识和技能在实践中解决问题，通过实践的训练来巩固学生所学，这不仅帮助学生记忆所学内容，而且可以检验学生所学内容的真伪。

2. 重视培养学生的社会责任感，关注社会的发展

麻省理工学院高度重视对学生社会责任感和使命的培养，在麻省理工学院流行这样一句话：当祖国需要你的时候，你要拿着你所学的知识去报答祖国。麻省理工学院在建校的时候就高度重视学生国家使命和责任感的培养，麻省理工学院致力于把学生培养成能担负起各自责任和使命的国家需要的人才。

我们的高校同样重视对学生爱国主义的教育，倡导学生要树立正确的人生观、价值观和世界观。但是从实践的效果来看却不尽如人意。之所以出现这样的结果，是因为我们的爱国教育、人生观教育是独立于学生课程教育之外的，其相关内容并没有融入学生的课程学习、专业学习中去。因此，为了更好地实现对学生爱国主义教育，培养学生高度的社会责任感，我们的大学应该注重从学生实际需要出发，将爱国主义教育、人生观教育等内容融入学生的课程教育中去，让学生在课程学习、专业学习中有所感受。

3. 重视课内学习与课外学习的融合

麻省理工学院从建校之初就以一种标准大学的要求去探索各种高质量人才培养的方式方法，他们意识到了通过多学科的教育思维去培养高层次应用型创新人才的重要性。此外，麻省理工学院认为学生不仅要在课堂内通过教师的引领去学习知识、解决问题，同时学生自己、学生与学生之间的课外交流和课外实践等更是学生提升

自身创造力的重要途径。而且麻省理工学院注重对学生课外生活、学习和实践的引导，倡导学生要把在课堂上学习到的东西真正地与课外的实践结合起来。

我们的大学教育更加关注的是学生在课堂内的学习，然而在课堂上的教学又更加偏重传统的教学思维和方法，甚少有运用多学科的思维和方法去开展教育的。而我们要想改变学生的学习质量和大学的整体教育质量，就要想办法把不适应新时代要求的教学方法和教学模式去掉，寻找适合学校需要、学生需要的新的教学方法。此外，我国大学应该更加重视对学生自我教育的引领，要注重引导学生自己开展课外学习和探索，把多学科的教育理念和学生的自我教育结合，这是有效提高学校教育质量和提升学生创造能力的重要措施。

美国麻省理工学院的成功离不开它自身倡导的先进的教育观念和思维。因此，研究麻省理工学院的教育理念和教学思维，对实现我国技术型人才的转变具有非常重要的意义。麻省理工学院作为美国著名的大学，其所处的环境和国情与我们国家是不同的，在借鉴麻省理工学院的成功经验时，我们要根据我们国家的具体情况和我们大学的具体实际去有选择的借鉴，在麻省理工学院的办学中可以起到推动作用的教育理念，并不一定到了我们国家就适合我们的大学，因此，在借鉴国外大学有关高层次应用型创新人才培养的成功经验中我们并不倡导"拿来主义"，我们要根据自身的实际有所创新，只有这样，我们的大学才能不断涌现出社会需要的高层次应用型创新人才。

第五节 推动我国高层次应用型创新人才培养的路径分析

在科学技术突飞猛进和知识经济迅猛发展的今天，国家对高层次应用型创新人才的需求也在不断地扩大，加大力度培养高层次应用型创新人才至关重要。因此，我们必须站在国家战略的高度上，切实把大力培养高层次应用型创新人才作为高校教育的中心任务抓实抓好，进而为实施科教兴国战略和人才强国战略奠定坚实的基础。我国的高层次应用型创新人才教育在发展力度上还比较薄弱，发展得还不够成熟，仍存在一定的症结，致使我国高层次应用型创新人才培养还未达到预期的培养目标。高层次应用型创新人才的培养是与整个社会方方面面的发展息息相关的，像文化传统、政治、经济等，因此，全社会各方面力量都要承担起各自的责任，通过大家齐心合力才能有所收获。通过以下各方面的举措来实现我国高校高层次应用型创新人才的培养目标和期望。

一 构筑多元的社会文化是基础

文化在一个国家、民族和人的发展过程中具有重要的力量，各个国家的核心竞争点就在文化，文化在社会的发展过程中不仅可以产生强大的凝聚力，而且文化在社会的发展和进步中可以生发巨大的创造力。所以，文化作为高层次应用型创新人才培养的重要基础，必须引起我们的重视。美国获得诺贝尔奖的人数最多。因此，有研究人员认为，美国人之所以能够频频获得诺贝尔奖，是与美国开放的、包容的文化环境有直接关系，然而，我国的传统文化基本强调的是统一，并不倡导文化的多元和多样化，一定程度上影响了现在人们的观念。要打破一元化的消极影响，我们需要付出长久的努力，尤其是在构筑大学文化时，更加需要我们付出精心的设计和坚持。首先，为我国高层次应用型创新人才的培养提供适宜的文化环境和文化土壤。其次，培育鼓励创新、包容失败的包容性文化，必须从制度和文化精神塑造方面来推动个人实现创新发展。要切实推动文化的交流和融合，进而为高层次应用型创新人才的培养培育深厚的文化土壤，为高校的发展增添更多的活力。

二 创设宽松民主的政治环境是重要保障

高层次应用型创新人才的培养并不是天生的，是在适合的环境中逐渐培育起来的。高层次应用型创新人才培养的重要环境氛围和基地是自由和谐民主的政治环境。印度理工学院培养的毕业生成为美国硅谷乃至世界各国的宠儿，之所以能取得如此骄人的成绩，主要得益于其宽松自由的办学环境。从印度理工学院的成功我们可以清晰地知道，在和谐、宽松、民主的政治环境下，人的个性、思想才会比较张扬、率真，和谐民主的政治环境最有利于个人精神振奋、充满活力并富有创造力和想象力，只有在和谐、宽松的环境下，个人才能充分展现自己的才能和想象。要想让大批高层次应用型创新人才不断冒出来，对于大学来说，应该努力建设教育土壤和学术土壤，提高大学办学的民主化和自主化。南方科技大学的成立，目的就是要打破政治的束缚，实现办学的法治化，真正实现"教授治校"和"学术自由"，建设成为一所高水平、高质量的创新型人才培养院校。

三 推动科学精神与传统文化的融合

科学精神是充满人文情怀的，因此，我们需要把科学精神与人文精神融合。推动科学精神与传统文化的融合可以更好地培育个人的创新精神。张信刚这样说道："中华文化里面是没有妨碍创新的基因的。"高层次应用型创新人才的培养同样需要科学精神和传统文化的融合，只有这样，才能更好地实现高层次应用型创新人才的培养。中华文化自古以来就包含着鼓励创新的丰富内涵，如火药、造纸术、活字印刷术、指南针、长城、大运河等无不蕴藏着丰富的创新，不断创新的古代文化，曾是推动中华文明走在世界前端的动力。反观当下,我们的传统文化并未对创新事业产生多大影响力,致使科技创新能力还在一个较低的水平上徘徊,因此,只有推动科学精神与传统文化的融合,才能更好地实现高层次应用型创新人才的培养,这就要求教育工作者,在强化专业知识学习和训练的同时,切实注重传统文化的学习和继承,在科学教育中贯彻传统文化的精髓,提升对传统文化的价值认同。除了在教育中注重科学精神和传统文化的融合,社会各界都应大力宣传科学精神,提升自身的科学素养和文化内涵。只有这样,我们才有可能培育出能够把自己的个人理想和国家命运结合起来的高层次应用型创新人才。

四 推动高等教育内部的改革是关键

(一) 树立学术自由的办学理念

大学理念对大学走向成功,实现自身的办学目标具有重要的价值。而大学理念作为大学成功办学的重要因素,它不能偏离大学的办学目标。这样的办学理念才是大学真正需要的,才能真正在大学的办学过程中发挥它的作用。大学理念是大学办学思想的体现,一所大学只有真正地注重自身学术的发展,重视学生学术能力的提升,才能真正保证高质量的人才培养。然而,从目前我国大学发展的现状可以看到,有些大学过度重视行政权力的行使,致使学术权力的遮蔽,而我们知道,高校要培养出高层次应用型创新人才,必须树立起学术自由的基本理念,只有树立起这样的理念,才能保证大学中的学者们可以实现思想的自由碰撞,激发其创新意识和能力。

(二) 推进大学治理结构的改革

大学只有树立起独立、自由的精神,才能实现其探索和创新上的自由。印度理工学院的办学是成功的,与其说是高深的科研和教学铸造的,毋宁说它是和谐有效的治理结构的结晶。大学治理结构其实是理论问题与实践问题的结合。江亦哲教授在《从大学理念与治理看北大改革》一文中这样说:"大学理念必须在一定的大学治理结构下才可能真正得以实现。"据此所言,我们可以知道,推进大学的治理结构改革是非常重要的。因此,大学的一切建设都应是为探究高深学问服务的,大学治理结构的建设更应如此。大学的治理结构应努力为高层次应用型创新人才的培养创设良好的环境,只有这样,高层次应用型创新人才才会不断涌现。

(三)重视通识课程的教育

培养高层次应用型创新人才是各个国家普遍重视的一个问题,同时也关乎整个世界高等教育的发展。高层次应用型创新人才的基本特征是思维上的创造性、认知结构、个性品质、能力上的独特性等,而通识教育倡导的理念正是这些品质的集中体现,通识课程中强调的人格教育为高层次应用型创新人才的培养提供了道德上的保障,通识课程强调的知识整合、能力、方法的训练都为创新思维的发展提供了保障,而通识课程中强调的"以人为本"也为创新人才的个性发展奠定基础。所以说,我们要加大对学生进行通识课程的教育力度,帮助学生提升自身的能力。此外,要加强课程内容的国际化,培养学生的思考能力和探索精神,注重教学内容的更新,加强学科交叉以及实践训练。

五 建立产学研合作平台,开展应用型科研训练

高层次应用型创新人才是更加强调其社会的适应能力以及岗位上高质量的服务意识,更加关注地方经济、文化的建设,主要表现为一种学用、学做、学创结合型的人才,高层次应用型创新人才需要具备多种素质,其中最为重要的素质就是解决问题、实际操作的素质和能力。而产学研合作是一种以学用、学做为内核,关注学生

的实际操作、训练、解决问题的和谐发展，强调知识学习的广涉博采以及融会贯通，注重学生实际能力的训练和提高。

高层次应用型创新人才重在解决实际问题过程中提高自身的创新能力和创新意识，通过建立产学研合作平台不仅是推进人才培养协同创新的主要据点，对提升高等教育质量来说有重要的意义。我们要培养的人才主要是面向地方、面向企业、面向行业的，高校在确定自身的独特优势和特色时，要更加重视与各类与本校相关的企业行业建立起良性互动的协作关系，这样就可以提前为本校学生提供各种实战经验和知识，从而提高人才培养的质量。与此同时，各类企业必须认识到，与高校建立合作不仅为高校学生提供了实战平台，更为本企业的产品研发和创新提供了机遇。因此，对于高校来说产学研的合作平台有利于高质量的人才培养，对各类企业来说是很好的创新机遇。因此，在培养高层次应用型创新人才时要更加注重校企合作，建立产学研合作平台。

六　建立多元化评价体系，完善高层次应用型创新人才的评价体系

目前，我国高校对学生实行的评价体系，是经过多次调整的，相比于以前的学生评价体系，目前的评价体系已很完备，但时代在变化，我们的评价体系不免会残留一些落后的因素，尤其是在高等教育走向大众化背景下，高校如何定位自身人才培养的方向和目标就显得格外重要了。伴随着经济发展方式的转型，市场上对人才的要求越来越多元化，而我国目前的人才评价体系中一些落后的因素在一定程度上制约了人才的培养和发展。因此，高校要尽快针对自身的评价体系进行评估，拿掉不适合当下人才培养的因素，重新定位和思考适合本校人才成长的评价理念和体系势在必行。

加德纳的多元化智能理论在各种教育实践、教育改革中被广泛

运用，它是一种新型的人才评价标准，即多元化人才评价标准。加德纳的多元智能理论认为："谁聪明，谁不聪明的问题并不存在于这个世界上，世界上存在的是你在哪一方面聪明，怎么聪明的问题。"①我们可以知道，突出评价内容、评价主体、评价方式、评价标准等乃是加德纳多元智能理论的重点所在，从评价的主体方面来看，高校的评价主体不应仅仅是老师，而被评人，学生也应该参与到整个评价的过程中去，在评价过程中充分体现其主体的地位。从评价内容方面来看，对于高层次应用型创新人才来说，评价的内容不应仅仅围绕知识和分数，应更加关注学生的非智力因素方面的发展。从评价的方式来看，主要应体现评价方式的多样化，要把量化评价和质的评价结合起来使用。从评价标准方面来看，应充分考虑学校特点、培养特色以及个人的个性品质等，应从纵向、横向两方面来衡量评价的具体标准。多元智能理论是一种"以人为本"的评价理念，更加关注人，在高校中广泛应用多元化人才评价不仅有利于学校的发展，更有利于学生身心的和谐与发展。

结　语

当今社会是一个以经济发展为主体的知识经济时代，知识经济时代的主要特征是科技和创新。因此，我们应该更加重视培养高层次应用型创新人才。我们未来迎接知识经济的挑战和建设创新型国家都需要依靠高层次应用型创新人才。这些高层次应用型创新人才都是通过我们的教育培养出来的，教育在人才培养过程中具有重要的意义。研究生教育作为国家教育体系中的最高层次，担负着培养高层次人才的重要任务。因此，培养高层次应用型创新人才，加强

---

① 戴家干：《从考试到评价：提高评价效用的现实选择——基于第四代评价实践的分析》，《新华文摘》2010 年第 10 期。

应用型创新人才的科研创新和实践训练，是顺应当下社会发展趋势，提升我国的国际地位和国际竞争力的必然选择。

　　高层次、高水平的应用型创新人才在未来社会的发展过程中将会起到非常重要的作用。我们国家在对这一类型人才的培养经验还存在一些不足的方面。因为我们对这一问题的研究起步、认识得较晚，所以我们在对这一类型的人才培养上还有很多的不足，因此，我们在研究这一人才的培养过程中，要注重借鉴和吸收国外优秀大学的成功经验，同时结合我国的具体国情和校情进行合理的选择。印度理工学院和美国麻省理工学院对高层次应用型创新人才培养都有一些各自的成功经验，虽然两个高校所处的社会环境有很大的差别，但是他们在成功培养高层次应用型创新人才方面依然有一些相同的地方，这些成功经验是可以为我国高校所借鉴和吸收的。

第 二 章

我国专业硕士研究生教育发展的问题与对策研究

专业学位是具有职业背景的学位，培养的是兼具扎实的理论知识和较强动手能力的高层次、应用型专门人才。专业硕士研究生教育的发展表明了它符合我国社会主义现代化建设和高等教育发展的实际情况，是社会主义经济快速发展下的必然产物。经过二十多年的发展，取得了一定的经验，有其自身的发展规律，然而由于起步晚、发展快，不可避免地会存在如社会认识偏颇、培养模式缺乏创新等诸多问题。只有系统地看问题，并能够积极地发现问题解决问题才能持续促进我国专业硕士研究生教育健康发展。本章以专业硕士研究生教育发展的核心要素为研究线索，对我国专业硕士研究生教育发展存在的问题及应对策略进行探索研究。

第一节 绪论

我国正处于社会转型的关键时期，应用型人才的缺乏成为影响和制约我国社会经济发展、提升国际竞争力的重要因素。而传统的研究生教育所培养的单一的学术型人才已经不能满足国家建设的需要，国家迫切需要具有创新意识和创新能力的专业性人才。专业硕士研究生教育就是在这种背景下应运而生的。

但是由于起步晚，发展速度快，不可避免地会存在诸多问题，这些问题的存在，成为影响和制约我国专业硕士研究生教育健康发展的主要原因。因此，只有积极地发现问题、分析问题，并主动地解决问题，才能促进我国专业硕士研究生教育持续健康地发展。

一 问题的提出

提高高等教育质量、建设创新型国家，为我国专业硕士研究生教育发展提供了现实背景。社会经济快速发展，产业结构不断优化升级，用人部门对人才需求标准越来越高，传统的高等教育所培养的人才类型不再能够满足现今社会对高层次、应用型人才的需求。社会迫切需要兼具扎实的理论知识和较强动手能力的新型人才，而专业硕士研究生教育所培养出来的这种复合型、应用型人才正是当前我国社会发展迫切需要的人才类型。从2009年起，教育部决定将大部分专业硕士研究生转为全日制培养，2011年硕士研究生教育从以培养学术型人才为主，向以培养应用型人才为主转变。把发展专业硕士研究生教育作为发展战略，明确提出加快发展专业硕士研究生教育的要求。发展专业硕士研究生教育不仅能够促进我国经济持续健康快速的发展、建设创新型国家提供重要的智力源泉，也是增强国际竞争力、完善科技创新体系的不二法门。

作为高等教育重要组成部分，专业硕士研究生教育要适应并服务于社会发展，这是教育领域尤其是高等教育领域改革的重大命题，同时也是我国专业硕士研究生教育领域自身改革发展的重要命题。社会经济的发展不仅仅需要大量学术型、研究型人才，还需要大批从事技术开发与应用的高层次和应用型人才。目前，由于我国大多数高校还在坚守着精英教育的办学模式，专业硕士研究生教育所培养的毕业生眼高手低，缺乏特色，实践操作能力较差，对毕业生存在不同程度的偏见，人才供给与社会需求存在一定的脱节，造成毕业生就业压力增大、教育资源极大浪费。因此，创新应用型人才的培养将会是专业硕士研究生教育自身发展与改革的首要任务。2010年9月18日，国务院学位委员会下发了"关于印发《硕士、博士专业学位研究生教育发展总体方案》、《硕士、博士专业学位设置与授权审核办法》的通知"，其中提到"贯彻落实《国家中长期教育改革和发展规划纲要（2010—2020年）》，积极促进学位与研究生教育结构的调整和优化，大力培养适应社会主义现代化建设需要的高层次、应用型专门人才，是当前和今后我国学位与研究生教育改革和发展的重要内容"[①]。

二 研究意义

（一）理论意义

一直以来，国内对于专业硕士研究生教育发展的相关理论研究处于匮乏状态，且大多的研究都主要集中在宏观层面，研究的内容主要集中在培养模式的创新上。研究视角单一，研究方法落后，研究的结论缺乏较强的可操作性。

本文从传统的问题对策的思路出发，从分析现象入手，在原有的理论研究的基础上，详细梳理出我国专业硕士研究生教育发展的历史脉络，通过归纳、分析最新的文献和数据资料，得出了我国专业硕士研究生教育发展的理论路径。从实际出发，不盲从，结合社会发展实际情况，理性分析当前我国专业硕士研究生教育发展存在的主要问题，并联系欧亚国家专业硕士研究生教育发展情况，客观分析出我国专业硕士研究生教育发展的光明前景。从理论上丰富和完善了我国专业硕士研究生教育发展的相关理论研究，为建设具有

---

① 《关于印发〈硕士、博士专业学位研究生教育发展总体方案〉〈硕士、博士专业学位设置与授权审核办法〉的通知》，http：//ge. lzu. edu. cn/zyxw/wjzc/201104/1415. htm。

中国特色的、符合社会发展实际情况的专业硕士研究生教育提供理论依据和实践参考。

(二) 实践意义

将专业硕士研究生教育发展中存在的问题与对策作为研究的主要内容有着重要的实践意义。

首先，研究结论可以为教育行政部门和高校决策提供实践依据，帮助和促进我国能够尽快达到符合社会发展实际情况的和符合地方高校实际发展的现实的、独具地方特色的专业硕士研究生教育。进一步探索符合我国社会发展实际情况的专业硕士研究生教育体系。

其次，专业硕士研究生教育是我国高等教育的重要组成部分，专业硕士研究生教育的健康发展不仅可以促进高等教育的发展，进一步实现社会服务的职能，在丰富我国人才结构类型和改变以往人们对专硕的偏见具有重要的实践参考价值。

最后，专业硕士研究生教育作为培养高层次、应用型人才的重要阵地，应用型人才的缺乏将成为影响和制约我国社会经济发展、提升国际竞争力的重要瓶颈。而传统研究生教育所培养的学术型人才已经不能满足社会建设的需要，国家迫切需要具有创新意识和创新能力的专业性人才的出现。此时，专业硕士研究生教育的健康发展显得尤为重要。另外，专业硕士研究生教育自身理论与实际不断地发展与完善，也为学位与研究生教育在实践中不断改革与发展提供实践保障。

三 相关理论

(一) 理论基础

1. 舒尔茨人力社会资本理论

"人力资本是为提高人的能力而投入的一种资本，是西方经济学中的一个基本概念。人力资本理论的基本观点可以归纳为以下几点：（1）有技能的人的资源是一切资源中最为重要的资源；（2）人力资本投资的效益大于物力资本投资的效益；（3）教育投资是人力资本投资的主要部分；（4）人力资本理论是经济学中的重大问题。"① 舒尔茨认为，人的知识水平和劳动能力的提高对于促进生产力起到了重要作用，通过对教育资本的追加提高了受教育者的劳动能力和知识水平，促进了社会经济的发展。《中国大百科全书·经济学》中也指出，教育的投资与经济发展成正比，教育是促进经济发展的关键因素之一。而这一观点正好符合了专业硕士研究生教育发展的最终目的即促进我国社会经济的快速发展。专业硕士研究生教育作为高等教育层次中的较高阶段，提高了劳动者的素质，为经济发展培养了大批急需的应用型、复合型人才，这些人才在生产过程中将在教育中所学习的科学知识转化为社会生产力，促进了社会经济的发展。教育作为一种"投资与消费"方式，通过教育的"投入"与"产出"之比，即专业硕士研究生教育在人才培养过程中劳动消耗与所得成果之比来衡量教育是否促进社会经济的可持续发展，可见答案是显而易见的，专业硕士研究生教育的发展促进了我国社会经济的建设与发展。

2. 杜威的实用主义理论

杜威的实用教育理论在论述教育的目的时指出："教育应当为社会进步服务，应当为民族制度的完善服务，认为教育是社会进步及社会改革的基本方法。"② 杜威的教育理论在一定程度上契合了我国当前社会发展的现实情况。随着知识经济的快速发展，培养应用型高层次专门人才是当今高等教育制度改革的主要方向。专业硕士研究生教育正是在这种大背景下产生的，这种新型教育是我国高等

---

① 西奥多·W. 舒尔茨：《人力资本投资——教育和研究的作用》，商务印书馆1990年版。
② 吴式颖：《外国教育史教程》，人民教育出版社1999年版。

教育适应新社会生活的需要的一种努力。而杜威批判传统教学中的"三中心"观点，即教师、教科书和教室。认为传统的教授方式不能够解决实际问题。"做中学"是杜威对传统教学方式的一种批评，利用反省，通过经验获得知识，学会在情境中去思维和学习。在当前人们热烈探讨如何改革专业硕士研究生的培养模式时候，杜威的"三中心思想"和"科学思维方法"给我们提供了很好的理论借鉴。社会产业结构的不断优化升级，社会部门对人才的创新能力的要求不断提高。专业硕士研究生教育作为具有职业属性的教育，培养的就是具有创新精神和实践能力的人。改革传统教学模式，在"做中学"，在实践中学习，积极对实际问题进行反思，创新解决问题的方法与思路，不失为当前我国专业硕士研究生教育改革发展的重中之重。

（二）专业硕士研究生教育的内涵

在国际上一般将专业学位（professional degree）称为职业学位，是一种与行业专业技术职务的聘任形成有机联系的特殊类型的学位。在我国，把专业学位定义为具有职业背景的学位，主要培养特定行业职业的高层次专门人才，即是面向社会特定用人部门培养的具有较强职业技能和领导能力的"专家"型人才。根据国内外学者对专业学位研究生的相关定义得出，专业学位研究生是指"大学本科毕业后（或以同等学力）在高等学校或科学研究机构进行以导师为指导的且以职业为背景的受教育者，并且其学习的课程具有的明显的实践性"。将专业学位研究生教育定义为：围绕培养专业学位研究生而进行的一切教育教学的理念变革、制度设计、课程教学内容及方法的革新与改革、过程管理和经费保障等活动。

专业硕士研究生教育作为我国专业学位研究生教育的主体，在促进社会经济发展中具有重要的战略性作用。它是相对于学术型硕士研究生教育的一种研究生教育形式，其与学术型硕士研究生教育在招考形式、培养目标、培养模式等方面都有着显著的不同。面向社会用人部门，培养的是既具有扎实的理论专业基础知识又具有较强的动手能力和实践经验的应用型、复合型人才。职业性是基本属性。最初专业硕士研究生教育的招生对象主要是社会在职人员，目的是满足在职人员自身发展的需要，而招收全日制本科毕业生攻读硕士专业学位将会成为我国专业硕士研究生教育人才培养的主体。

（三）专业硕士研究生教育的主要特征

专业硕士研究生教育除了具有研究生教育所具有的专业性、研究性、实践性与创新性的特征之外，还具有其自身的本质属性，即职业性。主要原因是由于最初在《专业学位设置审批暂行办法》（以下简称《办法》）中将专业学位定位在了职业属性上，指出其是具有"职业背景的一种学位"。专业硕士研究生教育主要是培养以职业为导向的具有扎实的专业理论知识和较强实践能力的高层次、应用型人才，在培养过程中注重将理论知识与实际运用相结合，培养目标与社会行业需要相结合，以培养学生的实践能力为基础，努力在新技术、新工艺等方面培养出符合社会行业需求标准的职业性人才。专业硕士研究生教育是一种具有职业背景的研究生教育。硕士专业学位在社会如法律、医学等领域已经成为职业资格准入制度的必备条件之一，具有硕士专业学位逐渐成为职业岗位任职资格优先考虑的条件。因此，专业硕士研究生教育的职业性成为其区别于研究生教育的主要特性。

四 文献综述

（一）已有的相关研究

专业硕士研究生教育已经成为我国学位与研究生教育的重要组成部分，而学者对相关领域和问题的研究也随着其进一步的发展呈现出欣欣向荣的态势。依托兰州大学图书馆、中国 CNKI 学术总库、维普数据库、人大报刊资料和万方数据库等网络资源，以及《研究生教育研究》《学位与研究生教育》《中国高等教育》等核心期刊文献的查阅，对从 1991 年到 2013 年所发表的内容与专业硕士研究生教育相关的期刊论文进行了详细的整理、归纳和总结，而后发现，对我国专业硕士研究生教育研究的主要内容包括以下几个方面：

1. 对专业学位的发展历史及其本质属性的研究

对本质属性的探讨主要集中在实践性、职业性、创新性和综合性四个方面。概括为：具有职业背景的，适应社会特定的行业和职业发展需要的应用型、高层次专门人才。黄宝印、别敦荣都对专业学位的发展及其本质属性做了探讨。例如，黄宝印的"我国专业学位教育发展的回顾与思考（上、下）"，别敦荣的"专业学位概念释义及其定位"。

2. 关于培养模式的研究

这方面的研究较多，主要集中在专业硕士研究生的培养模式很难走出传统学术型研究生培养模式的阴影，"理论性"重于"实践性"，特色不鲜明，学位优势不突出。概括为："产学研"相结合模式；"二一二"模式即两个基础：建立"双师型"导师制度和校企联合的办学模式；一个核心：学分制改革；两项保障：建立完善的奖助体系和就业指导体系；"五位一体"培养模式：即"构建'研究生教育创新基地'"；对专业硕士研究生实行订单培养；专业课采用"项目教学"模式；科研领域、校所全面合作；研究生就业五位一体的培养模式。别敦荣、黄宝印、董泽芳、程斯辉、薛天祥、安双红和顾建民等都对此做了相关论述。

国外研究较多的国家主要集中在美国、英国，对澳大利亚、加拿大的研究也有涉及。美国的专业硕士研究生的培养模式更注重实践性，在招生方式与培养目标上更注重灵活性与应用性，注重校企合作培养和学生的实践能力的养成，如 Jeffrey S. Russell 的 The First Professional Degree：A Historic Opportunity；Judith，S. Glanzer：The master's professional degree：Tradition，Diversity，Innovation。论文阐述了美国专业学位、专业硕士研究生学位的传统、多样化和创新，美国教育结构等，包括教学、课程设置、招生以及专业学位的质量保障等方面内容。

3. 关于培养质量评估与保障的研究

国内学者对于这方面的研究多是介绍西方教育发达国家的先进经验。如李彦武的《美国专业科学硕士教育质量保障体系初探》、郭长义的《美国专业学位研究生教育及其启示》、别敦荣的《我国专业学位研究生教育质量保障体系的反思与创新》等，从美国的质量保障体系为切入点，进一步论述了其对发展我国专业硕士研究生教育的有益经验。对专业硕士研究生的毕业论文选题的质量与评价标准也是学者关注较多的方面。如张笑燕的《全日制专业硕士研究生学位论文的过程管理与质量控制》、张林林的《论全日制工程硕士学位论文质量的保障策略》等。别敦荣的《我国专业学位研究生教育质量保障体系研究》、王磊的《我国专业学位研究生教育存在问题分析与质量保障体系构建探讨》。

4. 对发展现状、问题及其社会关系的研究

大都从宏观的角度出发，主要观点是"应用型人才培养目标过于一致化；人才培养毕业竞争力较弱；专业硕士研究生规模偏低；硕士专业学位类型所涉及的行业领域较少；全日制专业硕士研究生在读学生数远远低于在职专业硕士研究生；人才培养模式偏学术化，与社会经济发展需要存在脱节。这些都严重影响了我国学位与研究生教育的健康可持续发展"。关于这方面的研究，代表有欧百钢的《我国兽医专业学位研究生教育的现状、问题与对策》一文，

以兽医专业学位研究生教育为例,从规模、结构与布局等角度全面论述了兽医专业学位研究生教育发展现状以及存在问题,并给出了相应的建议。还有别敦荣、王根顺、黄宝印、周远清和董泽芳都对这方面有过详细的论述。申长雨的《抓好专业学位研究生教育努力为区域经济社会发展提供人才支撑》,以郑州大学为例,阐述了专业硕士研究生教育发展在促进社会进步、科技发展方面的重要作用。

5. 对招生与就业的研究

重点从改革传统专业学位硕士招生考试中的考试内容、报考条件、面试趋于流程化和题目单一等招生制度转向对全日制专业硕士研究生招生考试方面,从非全日制转向全日制硕士研究生的招考问题。讨论集中在招生目标定位不明、考试内容理论化、面试成绩忽略实践知识的重要性方面。杨旭辉在"学士学位授权单位首次专业硕士招生综述"中从政策层面、高校层面、考生层面指出了当前我国专业硕士招生中存在的一系列问题。并指出可以在保证专业硕士培养质量的基础上适当扩大专业硕士研究生的招生规模。张国栋的《工程硕士研究生选拔方式的调查研究》一文,采用实证研究的方式,利用问卷调查法,从非全日制和全日制专业硕士两个方面论述当前工程硕士研究生选拔的现状,从考试科目的设置,导师了解程度、选拔人才的有效性、面试小组的组成及功能做了论证,并提出了政策建议。

(二) 对已有研究的评价

纵观学者对专业硕士研究生教育的研究可以看出,相关理论研究偏少,总体上文献数量较少,研究多是从宏观的角度出发,微观层面研究的少,且现有的研究大都滞后于社会经济实践发展的脚步,与实际结合不够紧密。研究内容主要集中在培养模式改革、质量保障以及论文评级指标方面,研究内容较为单一,交叉研究很少。总的来说，我国对专业硕士研究生教育的研究已经小有成果，总结了一些经验，但是还存在诸多不足，归纳起来主要有以下几点：

1. 研究重视程度不够

主要表现：第一，相关研究对问题的见解与看法，缺乏深度与广度；第二，发表的论文多集中在少数几类期刊上，而国内有较大影响力的期刊少见此类论文的出现；第三，现有的研究大多基本停留在对现有政策的解读上，一般都是比较宽泛的论述，缺乏具有可操作性的对策与建议；第四，当前我国对于专业硕士研究生教育的重视程度是不高的，尤其是一批重点的"985"和"211"工程院校。在各大学的建设方案中缺少了对专业学位教育的建设情况的阐述。

2. 多用归纳演绎，缺少实证研究

通过对大量的文献进行梳理、归纳和总结发现，对于专业硕士研究生教育的研究所采用的方法大都是质性研究，即多是文字论述，很少有数据论证。因此，缺乏论述中最直接表述方式的数字，单单靠文字的转换和字句的更改，很难有好的论文出现。而国外对于专业硕士研究生教育的发展研究多是定量研究，且多是从劳动力市场的需求，将劳动力市场需求视为分析专业硕士研究生教育发展的规模、结构的重要变量。

3. 研究对象不明确，多偏重宏观

我国专业硕士研究生教育由于其自身的特殊性，具有全日制和非全日制两种专业硕士培养类型。因此研究专业硕士研究生教育时应该明确地区分研究的对象是哪一种，不同类型的专业学位其在培养目标、培养方案、毕业论文评价标准等方面都是不同的，对研究内容一概而论，很容易让读者误解。另外，研究的内容多偏重于中东部地区，对于我国西部地区的研究则很少。

4. 研究缺乏系统性和深入性

现有的对于专业硕士研究生相关内容的研究还不够深入和系统，例如，专业硕士研究生培养模式的构建及其与相关学科之间该如何区分没有给出详细的研究成果；对于教育发展趋势的研究还存在不同程度的缺乏，而已有相关研究大都是理论上的，缺乏实际操作性；对于社会对应用型人才需求趋势的预测及实验论证很少，对于专业硕士研究生持续扩招与社会实际的人才需求之间的矛盾研究缺乏。另外，我国高等教育普遍存在教育与社会实际脱节的现象，专业硕士研究生教育作为其重要组成部分，也应当给予重视。

五 研究思路与方法

（一）研究思路

论文写作遵循了提出问题、分析问题、解决问题的思路。首先，梳理了我国专业硕士研究生教育发展的历史，总结其与经济发展的内部必然联系性。在此基础上总结出我国专业硕士研究生教育发展中存在的主要问题。其次，选取欧洲与亚洲经济发展程度与中国相似的匈牙利以及印度在应用型高层次专门人才培养方面的经验，以为建设具有中国特色的专业硕士研究生教育提供教育借鉴。最后是展望部分。试图从解决我国当前专业硕士研究生教育存在的问题出发，找出解决问题的对策。并指出专业硕士研究生教育将代替学术型硕士研究生教育，成为社会主义现代化建设的主流型人才。在可预见的未来，必将成为未来我国社会主义经济发展的重要人力与智力来源。

（二）研究方法

1. 历史法

历史法是指从事物发生、发展和消亡的过程中探索其本质和规律的方法①。以二十多年来我国专业硕士研究生教育发展作为研究对象，探寻我国专业硕士研究生教育发展存在问题的历史根源，通过历史研究法，找出我国专业硕士研究生教育发展的内在规律，通过对我国专业硕士研究生教育发展与我国经济建设内在联系的分析研究，对我国专业硕士研究生教育的进一步发展趋势做出预测。

2. 文献法

文献法是指对教育文献这种特殊的资料进行搜集、整理和分析的方法②。通过对1991年以来，我国关于专业硕士研究生教育相关文献进行搜集和整理，发现我国专业硕士研究生教育的发展在促进我国经济发展方面有着举足轻重的作用，逐渐成为我国学位与研究生教育的重要组成部分。通过对相关文献的内容进行分析得出专业硕士研究生教育在未来我国社会经济建设与发展重要性方面的不可替代性。

3. 比较法

比较法又称比较研究法，是教育研究中最基本的方法之一，"是人们分析和认识事物的一种科学工具和方法。也可以说，是把两个或两类事物加以对照，从而确定它们的相同点和不同点的逻辑方法。"③ 选取经济发展水平相似的亚洲和欧洲典型国家，研究其办学理念、招生就业、管理等方面成功办学经验，通过比较，发现彼此的相同点和不同点，从而为找出我国专业硕士研究生教育发展的途径奠定实践基础。

---

① 钟以俊：《教育科学研究方法》，安徽师范大学出版社2001年版，第154页。
② 杨小微：《教育研究的理论与方法》，北京师范大学出版社2008年版，第364页。
③ 陈时见、袁利平：《比较教育学科视角下比较的生成逻辑》，《比较教育研究》2010年第5期。

六 研究内容

（一）详细阐述专业硕士研究生教育的概念、本质属性及其基本特征。

（二）系统地梳理出我国专业硕士研究生教育的发展历史脉络和发展规律。梳理二十多年来我国专业硕士研究生教育发展历程，主要分为四个阶段，即萌芽阶段、初步发展阶段、快速发展阶段和初具规模阶段。厘清历史脉络有助于探寻其内部发展规律及其与经济发展的内在联系性。

（三）找出我国专业硕士研究生教育发展存在的问题及历史原因。描述我国专业硕士研究生教育的发展现状，从数量规模、学科层次结构、区域结构等方面进行详细阐述。结合当前我国专业硕士研究生教育发展的实际情况，找出制约我国专业硕士研究生教育发展的主要问题，分析产生问题的历史原因。试图从根本上找出解决问题的方法。

（四）探索出具有中国特色的、符合本国发展实际情况的专业硕士研究生教育途径。通过学习借鉴匈牙利和印度在应用型人才培养上的成功经验，结合我国实际国情，找出能够持续促进我国专业硕士研究生教育健康发展的途径。并对其发展前景做出预期展望，指出专业硕士研究生教育将是促进我国社会经济发展，建设高等教育强国，实现伟大中国梦的重要途径。

七 研究假设与可能的创新

（一）研究假设

1. 在过去二十多年的发展历程中，专业硕士研究生教育的发展规律是什么？

2. 传统学术型研究生培养模式对专业硕士研究生教育的发展

产生了哪些影响？存在哪些问题？

3. 如何有效借鉴国外先进办学经验，应该如何选取？如何借鉴？

4. 解决我国专业硕士研究生教育发展问题的基本途径是什么？

（二）研究创新点

本研究可能的创新在于：根据我国专业学位发展的历史，初步梳理了发展阶段；基本总结出当前我国专业学位研究生教育存在的问题；尝试探索了我国学界鲜有涉及的匈牙利和印度相关情况进行比较，具有一定的创新性。

同时，从经济学、社会学、教育学及人类学的视角入手，多角度去观察和思考我国专业硕士研究生教育发展中存在的各种问题。例如，从经济学角度来说，经济发展离不开复合型、应用型人才，复合型、应用型人才是社会经济发展的重要智力源泉；从社会学角度来说，专业硕士研究生教育的发展是推动经济增长和社会变革的关键因素，而经济的持续发展又推动了生产力的持续向前发展，又进一步推动了社会变革；从人类学角度来说，把应用型人才作为综合发展的主导因素，注重学生自身在教育发展中的主体性地位，对专业硕士研究生教育的发展问题做出了人类学的规定与解释，并提出解决问题的对策。

第二节　专业硕士研究生教育发展的历史、现状与问题

大力发展专业硕士研究生教育有其历史必然性，我国由于长期形成的研究生培养都是重理论、轻实践，形成了人才结构单一的现状。因此，梳理专业硕士研究生教育的发展历史脉络，找出其内在的发展规律，以及各要素之间的联系，积极主动地发现问题，有助

于维持专业硕士研究生教育的持续向上发展。按照历史时间的顺序详细列出社会经济的发展对专业硕士研究生教育的客观影响的标志性事件，近二十多年来我国专业硕士研究生教育发展历程可划分为四个阶段：萌芽阶段、初步发展阶段、快速发展阶段和初具规模阶段。

一 专业硕士研究生教育发展历史

（一）萌芽阶段（1980—1990 年）

1980 年 2 月 12 日第五届全国人民代表大会常务委员会第三次会议审议通过了《中华人民共和国学位条例》（以下简称《学位条例》），为我国研究生教育的发展奠定了制度基础，开启了规模化、制度化培养研究生层次的高水平专门人才的新时代。这一时期的硕士研究生教育主要是以培养研究型和教学型人才为主。但是在 1981 年，"时任国家教委主任的蒋南翔同志在国务院学位委员会学科评议组第一次会议闭幕式上，指出我国施行学位制度培养硕士生、博士生是我国培养高级专门人才的一个重要渠道，但不是唯一的渠道"[1]。正是社会主义现代化的快速发展，对高层次应用型人才培养类型的多样化提出了新的要求。国家很快开展起人才培养类型多样化试点工作，开始面向实际应用部门培养高级专门人才。

1984 年，教育部研究生司发出了《转发清华大学、西安交通大学等 11 所高等院校〈关于培养工程类型硕士研究生的建议〉的通知》，通知中提出了改革现行研究生培养方式和管理办法，即招收工程类硕士研究生。1986 年，国务院学位委员会、国家教育委员会和卫生部联合颁发了《培养医学博士（临床医学）研究生试行办法》，提出了要培养高层次临床医学专业专门人才。1988 年，国

---

[1] 黄宝印：《我国专业学位发展的回顾与思考（上）》，《学位与研究生教育》2007 年第 6 期。

家教育委员会研究生司、国务院学位委员会办公室和中国人民银行教育局联合发出了《关于下达〈货币银行学、国际金融两个专业硕士研究生（应用型）参考性培养方案〉的通知》①，通知中指出，要培养出能够胜任本部门中级业务经营与管理工作，具备从事高级经营、管理工作能力的人才。以上一系列通知的发布为专业学位的培养目标的设定奠定了理论基础。

同年《关于下达〈刑法、民法、国际经济法三个专业硕士研究生（应用类）参考性培养方案〉的通知》②的发布，进一步为硕士专业学位培养高层次、复合型专门人才和具有职业背景的学位奠定了实践基础。通知指出"为了满足工矿企业、医疗和社会实际工作部门对高层次专门人才的需求，在继续培养学术型（教学、科研型）硕士学位研究生的同时，要积极培养应用型硕士学位研究生"③。1989年原国家教育委员会高教司下发《关于加强培养工程类型工学硕士研究生工作的通知》，指出当前我国教学型和科研型人才紧缺的状况已经得到了缓解，但是厂矿企业、工程建设等单位高级人才数量仍然不足，如不尽快解决，必将阻碍国民经济的发展。

总的来说，我国专业硕士研究生教育应当主动适应社会发展对应用型人才的不断需求，在为社会培养教学型、科研型人才的同时，应当调整研究生教育的类型和结构，丰富和完善研究生培养目标、培养模式，面向社会实际应用部门培养高层次应用型专门人才。

（二）初步发展阶段（1990—1997年）

这一阶段我国正式设立了专业学位制度，并对设置目的、培养

---

① 陶学文：《我国专业学位研究生培养模式及其创新研究》，华中科技大学，2011年。
② 王健：《法律教育硕士的意义》，《华东政法学院学报》2005年第3期，第15页。
③ 黄宝印：《我国专业学位发展的回顾与思考（上）》，《学位与研究生教育》2007年第6期，第4页。

和管理等相关方面作出了制度化的规定，为专业硕士研究生教育的快速发展阶段奠定了基础。

1988年国务院学位委员会第八次会议专门讨论了设置专业学位的问题，并且首次提出了职业学位教育的概念。"1989年批准设立了'培养中国式MBA研究小组'。1990年国务院学位委员会第九次会议讨论了《关于设置专业学位调研工作的情况报告》、《关于设置医学专业学位的设想》、《关于设置和试办工商管理硕士学位的几点意见》和《关于开展建筑学专业学位研究工作的意见》"①。会上，用"专业学位"替代"职业学位"，英文翻译为"professional degree"。"并指出专业学位是为培养在专门技术上做出成果的高层次专门人才而设立，并在专门技术上受过高水平训练，这次会议审议通过了《关于设置和试办工商管理硕士学位的几点意见》，并在1991年设置了第一个专业硕士学位（MBA）。"② 开启了我国专业硕士研究生教育的先河。

1996年4月29日至30日，在北京召开的国务院学位委员会第十四次会议审议通过了《办法》，指出"专业学位作为具有职业背景的一种学位，目的是培养特定职业高层次专门人才；分为学士、硕士和博士三级，但一般只设置硕士一级；专业学位与我国现行各级学位相对应的处于同一层次；学位的名称表示为'××（职业领域）硕士（学士、博士）专业学位'"③。《办法》的实施对我国专业学位研究生教育的发展起到了制度化和规范化的促进和保障作用。在这期间大学招收的专业学位类型主要以全日制的方式培养，专业学位的类型主要有建筑学专业学士、硕士，工商管理硕士和法

---

① 林楠：《高等教育的局限：对我国高职本科发展专业学士学位的理性思考》，浙江师范大学，2009年。
② 陈静：《我国专业学位研究生教育发展问题研究》，博士学位论文，西南大学，2013年。
③ 教育部：《专业学位设置审批暂行办法》，http：//www.moe.cn/publicfiles/business/htmlfiles/moe/moe_ 823/200410/3445.html。

律硕士。

(三) 快速发展阶段 (1997—2010 年)

目前,我国专业硕士研究生教育已经进入一个快速发展的阶段。这一阶段专业学位的类别、培养规模、授权点和招生单位在数量上都快速增长,专业学位研究生教育在社会的影响力显著增强。

1997 年 4 月,审议通过了《工程硕士专业学位设置方案》,我国开始招收在职人员攻读硕士专业学位,而招生类别也扩展为法律硕士、工程硕士、建筑学硕士和工商管理硕士,打开了我国专业学位研究生教育的新局面。2001 年 11 月 10 日,教育部和国务院学位委员会在北京召开了首次全国专业学位教育工作会议。

会上袁贵仁副部长强调:"努力调整学位与研究生教育的类型结构,积极发展专业学位教育;以适应市场需要为导向,深化专业学位教育制度的改革;加强质量监督,确保专业学位教育的质量,保证专业学位教育的健康发展。"[①] 此后还下发了《关于加强和改进专业学位教育工作的若干意见》(以下简称《意见》),文件指出"为全面贯彻和落实党中央、国务院确定的科教兴国战略,适应国家经济建设和社会发展的需要,必须不断改革和完善我国学位与研究生教育制度,促进专业学位研究生教育的健康发展,为社会主义现代化建设培养大批应用型高层次专门人才"[②]。专业硕士研究生教育是在适应我国社会主义国家建设和经济发展的大背景下建立起来的,适合我国国情和我国高等教育实际情况,经过二十多年的发展已经成为我国学位与研究生教育的重要组成部分,是我国培养高层次应用型人才的主要渠道。《意见》

---

① 蔡婷婷:《全国专业学位教育工作会议在京召开》,《学位与研究生教育》2001 年第 12 期,第 4 页。

② 教育部:《关于加强和改进专业学位教育工作的若干意见》,http://www.moe.gov.cn/publicfiles/business/htmlfiles/moe/moe_823/200803/3077.html。

的制定，明确了专业学位研究生教育的重要地位和重要作用，确定了专业学位研究生教育发展的指导思想，有力地促进了专业学位研究生教育的快速发展。

从 1999 年到 2010 年，我国先后设置了 32 种硕士专业学位，2009 年下发的《关于做好全日制硕士专业学位研究生培养工作的若干意见》，翻开了我国专业硕士研究生教育发展新的一页，开辟了我国专业硕士研究生教育的新篇章。

（四）初具规模阶段（2010 年至今）

这一阶段的标志性事件是全日制专业硕士研究生招生工作的开始与运行，开启了我国专业学位研究生教育的新时代。我国专业学位研究生教育的发展从数量上的增长到保证质量的关键时期。2010 年国务院学位委员会发布了《关于印发金融硕士等 19 种专业学位设置方案的通知》，该方案印发了金融硕士等 19 种硕士专业学位的设置方案，详细规定了招生等具体要求。2010 年我国新增硕士专业学位授权点 258 个。2011 年报考专业硕士的人数达到 165.5 万人，比上年增加了 14.5 万人，以武汉大学为例，2011 年武汉大学招收约 2000 名硕士，2012 年招收专业硕士研究生约 2400 名，同比增长了 20%。2011 年 2 月国务院学位委员会第 28 次会议审议通过了我国第 39 种专业硕士——审计硕士。我国共设置了 39 种专业硕士学位，在 2012 年的基础上，2013 年我国专业硕士研究生的招生比例较上期增加了 5%，调减学术学位硕士招生计划，增加专业学位。预计到 2015 年，我国专业硕士研究生数量将与学术型硕士研究生数量实现 1∶1 的比例。

当前我国正处于社会主义工业化建设和市场经济转型的重要战略机遇期，如何更好发展专业硕士研究生教育，适应经济社会发展对专门人才的需求是当前教育发展所要关注的主要问题。

二 专业硕士研究生教育发展现状

（一）基本情况

依照舒尔茨人力社会资本理论中所提出的"有技能的人的资源是一切资源中最为重要的资源；教育投资是人力资本投资的主要部分"两种观点①，专业硕士所培养的具有较强技能的应用型人才，不同于传统人才类型，是一切资源中最为重要的资源，同时作为创新型国家建设主要智力源泉，专业硕士研究生教育在整个社会经济发展和科技进步中起到了重要作用。专业学位的设置顺应了社会经济发展前进的方向，也是我国社会主义经济体制改革和研究生学位制度自身改革的一项重要内容，它的设置丰富和完善了我国人才结构和类型。2013年7月，教育部下发了《促学术与专业硕士协调发展》的文件，指出研究生培养类型结构应以学术学位为主转变为学术学位与专业学位协调发展。② 专业硕士研究生教育已经成为我国高等教育的重要组成部分。

截至2013年年底，我国目前拥有硕士专业学位类型39种③，

---

① 西奥多·W.舒尔茨：《人力资本投资——教育和研究的作用》，商务印书馆1990年版。
② 中国新闻网：《促学术与专业硕士教育协调发展》，http://yz.chsi.com.cn/kyzx/zyss/201307/20130715/442354993.html。
③ 39种硕士专业学位主要有：工商管理硕士（MBA）1990；建筑学硕士（M.ARCH）；法律硕士（JM）1995；教育硕士（ED.M）1996；工程硕士（ME）1997；临床医学硕士（M.M）1998；兽医硕士（VMM）1999；农业推广硕士（MAE）1999；公共管理硕士（MPA）1999；口腔医学硕士（S.M.M）2000；公共卫生硕士（MPH）2001；军事硕士2002；会计硕士（MPACC）2004；体育硕士（MSPE）2005；艺术硕士（MFA）2005；风景园林硕士（MLA）；汉语国际教育硕士2007；翻译硕士（MTI）2007；社会工作硕士（MSW）2008。2010年，我国又连续设置了19种硕士专业学位，分别是：应用统计硕士（M.A.S）、税务硕士（MT）、国际商务硕士（MIB）、保险硕士（MI）、资产评估硕士（MV）、警务硕士（MP）、应用心理硕士（MAP）、新闻与传播硕士（MJC）、出版硕士（MP）、文物与博物馆硕士、城市规划硕士（MUP）、林业硕士（MF）、护理硕士（MNS）、药学硕士（M.PHARM）、图书情报硕士（MLIS）、金融硕士（MF）、中药学硕士（MCMM）、工程管理硕士（MEM）、旅游管理硕士（MTA）。2011年设置了第39种专业硕士学位：审计硕士（MAUD）。

硕士专业学位种类趋于完善，为社会各行业培养了大批高层次、应用型人才，基本满足了社会各行业由于发展的需要对应用型人才的迫切需求。据相关数据显示，"我国目前拥有专业学位的培养单位509家，其中普通高校占495家，占到总数的97.2%。其中，硕士专业学位授权点2679个，授权单位509个，具有专业学位授予权的院校达到476所"[①]。"2009年专业硕士报名人数约为4万人，到2012年，这一数字呈现出明显变化，达到43.7万人"[②]，预计到2015年，我国专业硕士与学术硕士在数量上将实现1∶1。该表中清楚地列出了自1991年我国设置第一个专业学位以来，专业硕士研究生教育在学位种类设置上的一系列措施，表明了为专业硕士研究生教育在顺应社会经济发展对人才需求类型的一系列变化。发展至今，基本建成了符合中国国情的、具有中国特色的专业学位结构体系。2010年国务院学位委员会第27次会议审议通过了《硕士、博士专业学位研究生教育发展总体方案》和《硕士、博士专业学位设置与授权审核办法》。并指出"我国已经初步建成了具有中国特色的专业学位研究生教育制度，培养了一大批高层次应用型人才"[③]。

发展专业学位硕士研究生教育的重要性和紧迫性逐渐显现，2009年下发的《教育部关于做好全日制硕士专业学位研究生培养工作的若干意见》（教研〔2009〕1号），指出"为更好地适应国家经济建设和社会发展对高层次应用型人才的迫切需要，积极发展具有中国特色的专业学位教育，我部决定自2009年起，扩大招收以应届本科毕业生为主的全日制硕士专业学位范围"[④]。开启了我国

---

① 以上数据来自研究生专业学位总体设计研究课题组《开创我国专业学位研究生教育发展的新时代——研究生专业学位总体设计研究报告》，中国人民大学出版社2010年版。
② 《专业硕士今年报考人数为何持续升温？》，http：//www.htkaoyan.com/web/21548_1.。
③ 《关于印发〈硕士、博士专业学位研究生教育发展总体方案〉〈硕士、博士专业学位设置与授权审核办法〉的通知》，http：//ge.lzu.edu.cn/zyxw/wjzc/201104/1415.htm.
④ 《教育部关于做好全日制硕士专业学位研究生培养工作的若干意见》，http：//www.moe.gov.cn/publicfiles/business/htmlfiles/moe/moe_307/200903/9714.html.

全日制专业学位招生新篇章。据统计在 2010 年的一年时间，我国专业学位的种类从 19 种增加到 38 种，仅一年时间就设置了 19 种硕士专业学位，足见其发展的重要性与紧迫性。

为适应我国经济社会发展对审计专门人才的迫切需求，完善审计人才培养体系，创新审计人才培养模式，提高审计人才培养质量，2011 年 2 月 13 日国务院学位委员会第 28 次会议又审议通过了设置审计硕士的决议。硕士专业学位涵盖了各个学科领域，为社会各部门输送了大批专门人才。专业硕士研究生教育的快速发展，在很大程度上了缓解了我国因传统高等教育所培养的研究型人才与社会所急需的应用型人才类型相脱节的矛盾。

(二) 专业硕士研究生教育发展情况——以兰州大学专业硕士研究生教育发展情况为例

选取兰州大学作为本次研究对象主要原因在于兰州大学位于甘肃省兰州市，地处中国西北地区，是西部重点高校，甘肃省经济发展与东西部相比较而言，相对较为落后。研究兰州大学专业硕士研究生教育的发展情况，并以兰州大学专业硕士研究生教育发展情况为西部比较对象与整个东部地区专业硕士研究生教育情况进行对比，有较强的典型性和代表性。

为了积极主动适应国家和西部地区经济发展的需要，优化和调整研究生教育结构类型，提高人才培养质量，兰州大学在致力于发展学术型硕士研究生教育的同时，大力发展专业硕士研究生教育。目前兰州大学共有 16 个硕士专业学位授权类别，硕士招生领域 44 个，覆盖经济学、法学、文学、工学、农学、医学、管理学 7 个学科门类，目前，兰州大学的硕士专业学位已经较为完善，初步形成了专业硕士研究生教育体系。"2009 年兰州大学专业硕士研究生在校人数共计 1258 人，获得口腔医学硕士、汉语国际教育硕士、高级管理人员工商管理硕士等 4 个硕士专业授予点。2010 年，国务院学位委员会审核通过了兰州大学申请的金融、应用统计、社会工作、翻译等 8 个硕士专业学位授予类别，2013 年增列硕士专业学位授权点 5 个，截止到 2013 年 11 月，在职攻读硕士学位 1538 人。"[1]

1. 培养目标

专业学位的设置，不仅完善了我国高等教育体系，符合高等教育发展的国际化发展方向，而且积极主动地适应国家经济建设和社会发展的需要。专业学位的培养目标是"根据特定职业的需要培养从事实际工作的应用型、复合型高层次人才，培养工作的突出特点是学术性与职业性的紧密结合"[2]，"为企业（行业）培养应用型、复合型高层次人才"[3]，坚持四项基本原则，坚持改革开放，具有扎实的专业理论知识和较强的动手能力，面对现实问题，有较高的分析和解决问题的能力。如兰州大学金融硕士专业学位研究生的培养目标是培养具有扎实的经济、金融学理论基础，富有创新和进取精神，较强的从事金融实际工作能力的高层次、应用型金融专门人才；应用统计硕士专业学位硕士研究生培养目标是为政府部门、大中型企业、咨询和研究机构培养高层次、应用型统计人才。

与学术型硕士研究生相比较，专业硕士研究生教育在培养目标的制定上，不仅仅重视基础理论知识的学习，同时更看重对实际问题的解决能力。

2. 入学方式

兰州大学专业学位研究生教育主要分为学历教育与非学历教育两种类型。学历教育即全日制专业学位研究生教育，而非学历教育即非全日制专业学位研究生教育。其中兰州大学专业硕士研究生教

---

[1] 以上数据来自：兰州大学研究生院，网址：http://ge.lzu.edu.cn/。
[2] 吕福源：《"贯彻三个代表重要思想　加快发展专业学位教育"》，http://www.moe.gov.cn/public_files/business/htmlfiles/moe/moe_176/200412/4843.html。
[3] 《关于修订（制定）〈非全日制专业学位研究生培养方案〉的通知》，http://ge.lzu.edu.cn/ncurredu/zzgdss/201011/324.htm。

育包括学历教育中的专业硕士研究生教育和非学历教育中的在职硕士研究生[①]教育和高级管理人员工商管理硕士教育。[②] 其中学历教育中专业硕士研究生教育招生采取全国统一考试的形式进行，考试时间为每年的元旦之后一个星期左右。招生专业主要有金融、会计、翻译、社会工作、新闻与传播、工程、农业推广等 16 个类别。学历教育招生对象主要是应届大学本科毕业生，考试内容相对比较简单，考试科目有公共科目、英语、专业课三门。非学历教育中的专业硕士研究生招生对象主要是有至少 1 年工作经验的在职人员。在职专业硕士研究生招生主要是通过在每年 10 月举行的全国联考来进行，考试内容相对简单；高级管理人员工商管理硕士则是通过全国统一考试来入学。考试形式采用闭卷，由招生单位自主命题，阅卷。非学历教育硕士研究生在毕业时，没有学位证书，只有毕业证书。毕业以后直接回到原单位继续工作。

专业硕士研究生还可以通过调剂入学，入学的具体要求根据所报考专业来进行选择。招生对象可以是学术型和专业型硕士研究生，若条件符合可以进行学术型硕士研究生向专业硕士研究生进行调剂，专业硕士研究生在本专业或者相关专业领域内也可以进行调剂。调剂对象即可以是全日制应届本科毕业生，也可以是在职人员。但是在职人员申请条件与全日制专业硕士相比较条件宽限的多。

3. 培养方案

培养方案的制定，有利于加强专业硕士研究生的培养工作，保证培养质量。兰州大学专业硕士研究生的培养方案，分为学历教育和非学历教育两种。其中学历教育以全日制专业硕士研究生为主，

---

① 在职研究生是指报考研究生的考生在录取前后有工作单位，并且录取后在学期间不与工作单位解除劳动合同关系、且毕业后又直接回到原工作单位的学生。对于这一类研究生，我们称之为在职研究生。

② 以上内容来自兰州大学研究生院，网址：http://ge.lzu.edu.cn/enroll/professional/201111/1988.htm。

非学历教育培养方案以在职和高级管理人员工商管理硕士为主。表2.1详细列出了兰州大学地质工程领域全日制工程专业硕士研究生与在职工程硕士研究生的培养方案对比图。分别从培养目标、主要研究方向、培养方式与学习年限、课程设置与必修环节、学位论文的评定及要求五个方面进行了详细的罗列对比。

表2.1　兰州大学地质领域全日制与在职工程专业硕士培养方案比较①

	地质工程领域 全日制工程专业硕士研究生培养方案	地质工程领域 在职工程硕士研究生培养方案
培养目标	为地质工程领域（包括"地质资源与地质工程"一级学科下属的地质工程、地球探测与信息技术、矿产普查与勘探三个二级学科）培养应用型、复合型高层次工程技术人才和工程管理人才。要求地质工程领域工程硕士专业学位研究生达到： 1. 较好地掌握马克思主义、毛泽东思想、邓小平理论和"三个代表"重要思想，树立科学发展观；拥护党的基本路线和方针、政策，热爱祖国、遵纪守法、具有良好的职业道德和创业精神，具有科学严谨和求真务实的学习态度和工作作风，身心健康。 2. 掌握地质工程领域坚实的专业基础知识和系统的专业技能，了解所从事研究方向的国内外科技发展的最新动态，掌握解决地质工程有关问题的先进技术方法和现代化技术手段，具有独立担负工程技术或工程管理的能力，有较强的创新意识和一定的创新能力，能熟练运用计算机技术解决地质工程领域中的有关问题。 3. 掌握一门外语，能够阅读与地质工程领域有关的外文资料。	地质工程领域为适应国民经济建设和社会发展的需要，为地质调查、工程勘察、矿产资源的普查勘探与开发相关的工矿企业和工程建设部门培养应用型、复合型高层次工程技术人才和工程管理人才。工程硕士研究生应较好地掌握马克思主义、毛泽东思想和建设具有中国特色社会主义理论，拥护党的基本路线和方针、政策，热爱祖国，遵纪守法，具有良好的职业道德和创业精神，积极为我国经济建设和社会发展服务。工程硕士研究生应具有较高的综合素质。 学位获得者应掌握地质工程领域坚实的基础理论和宽广的专业知识及管理知识，了解地质工程领域工程技术的国内外现状和发展趋势，掌握解决地质工程有关问题的先进技术方法和现代化技术手段；具有创新意识和独立承担工程技术或工程管理工作的能力；较为熟练地掌握一门外语，比较熟练地阅读与地质工程领域有关的专业文献和撰写论文的外文摘要；能熟练运用计算机技术解决地质工程领域中的有关问题。

---

① 以上内容均来自兰州大学研究生院，网址：http://ge.lzu.edu.cn/zyxw/Index.htm。

续表

主要研究方向	1. 岩土体稳定性评价与改造 2. 地质灾害评价与防治 3. 地质勘探与信息技术 4. 地质调查与矿产资源勘查 5. 水文与水资源工程 6. 文物保护工程 7. 工程勘察、施工与管理	1. 系统工程地质 2. 交通工程 3. 地质灾害防治工程 4. 地体评价改造工程 5. 能源与矿业工程 6. 文物保护
学习年限与培养方式	1. 全日制脱产培养 2. 基本学习年限2年	1. 采取"进校不离岗"的培养方式，课程学习方式为半脱产和部分时间集中学习，在校学习时间累计不少于6个月 2. 学习年限一般为3年，可根据具体情况适当延长一年至二年
必修环节与课程设置	总学分不低于32学分；公共课总学分不低于7学分；计入总学分；基础理论课计入总学分；专业课计入总学分；选修课计入总学分；必修环节计入总学分；补修课程不计入总学分	总学分不少于32学分，其中学位课不少于22学分，非学位课不少于6学分，必修环节2学分
学位论文评定及要求	1. 学位论文的选题应来自地质工程领域实践，并与学生的本职工作联系紧密 2. 论文内容应注重在解决地质工程领域实际问题上有较高的理论水平和应用价值 3. 论文的工作程序至少应包括开题、中期检查、预答辩、答辩等过程。其中，论文自开题后的实际工作时间不应少于一年 4. 论文指导实行"双导师"制，选题、开题、答辩均需校、企导师共同参与并签署书面意见	1. 论文选题应直接来源于生产实际或者具有明确的生产背景和应用价值，也可结合单位研究课题或工程项目。论文题目要有一定的技术难度、先进性和工作量。学位论文由校内具有工程实践经验的导师与企业选派的具有高级专业技术职务的导师联合指导。学位论文工作应在导师指导下由攻读学位者本人独立完成，完成论文的实际时间不少于1年 2. 论文选题应由评议小组进行评议，并填写"兰州大学工程硕士生学位论文选题报告评议表"

续表

学位论文评定及要求	5. 论文应有两位专家评阅，其中一位校外专家。答辩委员会由5—7位专家组成，其中至少有一位非高校的专家 6. 完成课程学习，必修课修满20学分，选修课修满12学分，通过学位论文答辩的工程硕士研究生，符合授予学位条件者，经培养单位学位评定机构审核批准授予工程硕士学位	3. 论文形式：工程设计；研究论文；技术改造；工程管理 4. 学位论文应有两位专家评阅（学校1名，企业部门1名），答辩委员会应由5—7位专家组成（导师不能担任答辩委员会主席） 5. 攻读工程硕士专业学位研究生必须完成培养方案中所规定的所有课程（含必修环节）学习，成绩合格，方可申请学位论文答辩

全日制专业硕士培养方案与在职培养方案在总体上差别不大（图2.1）。但是地质工程领域全日制工程专业硕士培养方案规定的更加详细、细致。全日制教育在招生对象、培养目标、人才规格、课程体系、学分要求等方面，都与在职研究生进行了严格的区分，区分度明显，具有较强的针对性。

在学习年限与培养方式上，全日制采用的全日制脱产式培养，而在职硕士研究生主要是采用"进校不离岗"的半脱产方式进行。在课程设置与必修环节总学分都是32学分，但是全日制的必修课、选修课的学分都作了严格的规定。

兰州大学在专业硕士研究生毕业论文的选题上都要求来自本专业领域的社会实践，且与学生的本职工作紧密相连。具有较强的可操作性。学术论文是反映学生在学期间学习成果的最终体现，具有一定的技术和难度，不仅仅要求学生会用科学的研究方法去寻找解决问题的途径，更重要的是解决这些问题途径真正具有多高的可操作性。

三 专业硕士研究生教育发展存在的问题

依据以往学者对我国专业硕士研究生教育发展相关研究成果，以及在对相关研究数据、文献资料进行分析总结的基础上，得出以下几点制约我国专业硕士研究生教育发展的主要问题。

（一）规模小、种类少，发展不平衡

第一，生源数量相对短缺，比例失衡。以临床医学专业硕士招生为例，按照《临床医学专业学位试行办法》的规定，临床医学硕士专业学位的授予主要包括：临床医学研究生、具有研究生学历者和在职临床医师。由于设置临床医学硕士专业学位的时间晚，政策在真正实施过程中导致了脱节现象，主要表现在实施规范化培训的医院由于不能保证质量，在职住院医师在试点单位申请学位的时候由于规范化培训的质量低，都会被试点单位拒之门外。而全日制专业硕士研究生的招生规模较小，导致临床医学硕士数量不足。国家政策虽然在政策上积极扶持专业学位研究生教育的发展，但是各类高校普遍存在计划招生数和实际招生数不符的事实，实际招生数赶不上计划招生数，虽然每年招生数在持续上升，但是上升幅度小，生源群体偏小是普遍现象。

专业硕士研究生数量比例失衡主要表现在中东部发达城市多、西部地区少。这主要与我国区域经济不均衡有关。经济的发展水平反映了一国的发达程度，经济的发达程度直接决定了对人才的需求度，由于西部地区经济发展水平较慢，赶不上东部城市，从而也导致了高校在培养专门人才的时候，有意识地缩小了培养的规模和数量，减少人才和教育资源的浪费。

第二，学位授予单位地理失衡。东部地区历来是我国高等教育比较发到的地区，而我国的西部地区由于地理、文化、经济等各方面的原因，导致了我国的高等教育发展一直处于发展迟缓的一种状态。这种差异导致了高校分布在数量上出现了差异，主要表现就是中东部高校多，西部高校相对较少的态势。在西部大开发的大背景下，我国要加大政策扶持力度，发展西部地区教育，尤其是对经济发展有重要促进作用的专业学位研究生教育。经济的发展，关键还是人才。加大西部教育发展力度，为西部地区经济发展和城市建设提供持续的智力支撑和人力资源。

第三，学科种类结构失衡。学科结构是研究生教育的一个重要组成部分，是评价教育资源配置是否合理的最直接、最集中的指标之一。学科结构均衡化对于促进专业学位研究生教育的发展具有重要意义。按照1997年颁布的《授予博士、硕士学位和培养研究生的学科专业目录》和2011年颁布的《学位授予和人才培养学科目录》中的规定，研究生教育包括13个学科门类，包括哲学、经济学、法学、教育学、文学、历史学、理学工学、农学、医学、军事学、管理学、艺术学。专业学位共39种学位类别。在13类学科门类中，工学、理学和农学占到60%以上，其次是管理学和医学，人文社会科学所占一级学科的比例较少。

（二）培养目标缺乏创新

纵观各大高校对专业硕士研究生培养目标的描述情况，大同小异，缺乏特色，跟风现象严重。部分院校在制定硕士专业学位培养目标时，盲目照抄照搬重点院校的做法，不结合自身实际情况，导致制定出来的培养目标与社会脱节，不符合实际情况，真正实施起来难上加难。专业硕士研究生教育是为社会特定部门培养高级专门人才的具有职业性的高等教育。企业需要的是务实性的人才，但是毕业生在毕业时能力达不到用人单位的要求。主要原因是培养单位的培养目标大都是"纸上功夫"，在真正的实际操作中，沿袭学术型培养模式，盲目跟风，培养的毕业生缺乏创新性。一方面，培养单位在自身办学条件上的限制，只能沿袭学术型学位的培养模式；另一方面，由于很多人选择读专业硕士学位是为了缓解就业压力，通过学历的提升来增加自己的就业机会。因此，在校期间大都是混日子，只想拿文凭，很少想怎样提高自身的能力和素质。

（三）课程设置不灵活

专业硕士培养应当注重实际能力的养成，取代传统学术型研究生在课程设置过程中的知识系统性灌输。由于专业硕士培养的专门人才面向的是社会实际用人部门，不同于注重培养学术型研究生的教学与科研能力。因此在课程设置这一块要避免知识的强化灌输，走学术型研究生培养的老路。避免出现课程设置模块化现象。改革课程设置形式，将开放式教学和案例教学灵活运用到实际课程教授当中去，让学生能够充分地将所学习的理论知识应用在实际问题当中。改革原有的学术型研究生课程设置方案，注重理论与实际的结合。

（四）教学方式方法落后

传统教学方式大都采用老师授课、学生听课的教学方式，这种方式在一定程度上限制了学生的主观能动性和学习积极性的发挥。学生的动手能力和创新能力在无形中被削弱了。学术型研究生教育的实践环节的学习大都流于形式，真正实际操作的少之又少。对于专业硕士研究生来说，实际动手操作的能力是非常重要的，沿袭传统的学术型研究生培养方式，只能进一步阻碍专业硕士研究生教育的健康发展。应当注重实践教学在教学方式方法采用过程中的重要性。应当结合本专业特点与实际情况，按照培养目标的具体要求来进行实践与实习环节。分阶段进行，不局限于学期与学年时间的限制。采用分阶段实践与集中实践相结合的方式进行。

（五）师资不能很好满足培养需要

在研究生的培养过程中，导师制是整个培养环节的核心要素，随着专业硕士研究生教育的特色越发明显，导师制成为制约专业硕士研究生教育健康发展的又一瓶颈。传统的导师多是教学科研型导师，他们更多地注重学生理论知识水平的积累与学术成果的多少，即偏重于理论研究，长期下来，导师也更擅长于理论知识的教授。而专业硕士研究生在导师选择的时候大都选择的都是偏重理论研究生的导师，实践能力强的导师由于专业硕士研究生教育起步晚还在进一步学习与摸索当中。应用型导师的缺乏与当前我国高等院校导师制度之间形成了矛盾。然而，"双导师"制并未从实际上解决问题，从校外聘请的导师，多流于形式，对学生指导有限，主要还是靠校内导师来指导，而校内导师的指导过于学术化，偏离了专业硕士研究生教育实际的培养目标。

缺乏优秀教材与案例和师资也是一个值得关注的问题。专业硕士研究生教育重在培养学生的创新性与实践性，在实行联合培养的过程中大都采用千篇一律的培养方式，老师在实施教学的过程中没有权威教材提供理论基础学习指南，而教师在施教的过程中由于受到自身传统教学思想的影响，也即是采用培养学术型硕士研究生那一套教学和培养方式，很难真正发挥出专业硕士研究生自身学习的优势，导致培养质量一降再降。

（六）管理与质量评价体系尚需完善

随着我国社会经济的发展，专业硕士研究生教育已经发展到了关键时期，招生数目的逐年扩大，让管理与质量保障方面面临诸多挑战。然而我国专业硕士研究生教育的管理与质量保障体制还不健全，存在着诸多突出问题，有待进一步完善。主要表现在以下三个方面。首先是在历史发展过程中形成了在职和全日制两套管理体系，一定程度上造成了不可调和的局面。例如在招生和各自发展规划中各自制定实施政策，严重影响了专业硕士研究生教育的发展。其次是在职专业硕士研究生教育的管理体系与教育部学位与研究生教育发展中心和各省级学位办之间职责分工不明确。最后是各专业学位指导委员会的委员大都是专家学者，行业代表较少，不能及时反映行业组织需要和行业诉求。

我国一方面在大力招收全日制专业硕士研究生的同时，另一方面却不断暴露出诸多问题。规模迅速扩大，但是质量却不高。选拔过程与学术型招考程序过于雷同，培养模式不能体现出行业对应用型人才的需求标准。专业硕士研究生教育面临着内部保障机制不健全，外部监督机制未系统化的困境。从外部保障机制上看，我国对各专业学位的质量要求缺乏明确、全面的政策规定。政府及相关单位对专业学位教育缺乏标准化、系统化和制度化的监督协同机制，在质量评估与保障上，尽管各专业学位指导委员会发挥了作用，但是由于其委员会性质的限制，对于教育质量的保障很难发挥更大的作用。而国务院学位委员会与教育部学位与研究生教育发展中心，在专业学位招生、考试上发挥了一定的作用，但是对专业硕士研究生教育的质量保障影响很弱；从内部保障机制上看，由于缺乏对专业学位教育的系统性认识，导致各培养环节之间缺乏系统性和规范性。主要表现在培养目标定位不明确；培养模式特色不明显；自我监督制度不完善。在培养单位的办学过程中，"重申报，轻建设"现象严重，导致专业硕士研究生教育投入低、条件差，教学质量得不到保障等一系列问题。很多高校在质量监督和管理方面的力量都较薄弱，工作机制有待进一步完善。内外部沟通不畅，缺乏一套完整的、科学有效的质量保障体系成为制约我国专业硕士研究生教育进一步发展的重要因素。

（七）缺乏政策法规制度保障

1996 年国务院学位委员会审议通过的《办法》，为我国专业硕士研究生教育发展奠定了基础，亦为我国专业硕士研究生教育的进一步发展提供了制度保障。但是在制度和政策层面上仍然面临诸多问题。

首先，法律地位不明确。《中华人民共和国高等教育法》和《中华人民共和国学位条例》中明确规定了"国家实行学位制度"，"学位分为学士、硕士、博士"三级，但是都没有明确指出专业学位与学术型学位，也没有对专业学位的含义加以概括和界定。在这种情况下开展专业硕士研究生教育，在一定程度上会导致专业学位教育学术化的倾向。另外，虽然《办法》中规定将专业学位作为相应职业岗位任职资格优先考虑的条件之一，但是普遍的社会现象是社会对硕士专业学位的认可度不高，甚至存在一定程度的偏见。

其次，专业学位学科目录还需要优化和完善。自1990年以来，我国专业学位学科专业设置程序都是走"组织专家论证，与实际部门协调，个别试点，逐步推广"的步骤来进行，一直都没有一个规范的专业学位专业目录。

再次，与组织人事制度之间的矛盾。由于历史发展的原因，在职和非全日制专业硕士研究生教育一直占据专业学位研究生教育的主体地位。学历教育与非学历教育之间形成了历史隔阂，造成学历和学位双重管理。以往的专业学位大都针对在职人员，主要获得的是学位证书，但是用人单位不看学位只看学历，导致了一部分学生在毕业后获得了不公平待遇。阻碍了专业硕士研究生教育的发展。

最后，专业学位与职业资格制度之间衔接不够紧密。专业学位设置最初的目的就是为社会特定行业培养应用型、高层次专门人才。但是只有少数职业与从业资格相对应，大部分都没有与职业资格挂钩。专业学位与从业资格之间的不连接，在很大程度上制约了专业硕士研究生教育在行业中的发展力和影响力，成为制约我国专业硕士研究生教育的重要制度性障碍。

四 原因分析

总的来说，制约我国专业硕士研究生教育发展的主要问题有：

(1) 规模小、种类少，发展不平衡；（2) 培养目标缺乏创新；(3) 课程设置不灵活；(4) 教学方式方法落后；(5) 师资不能很好满足培养需要；(6) 管理与质量评价体系尚需完善；(7) 缺乏政策法规制度保障。归纳起来，可以从东西部经济发展水平差异、重要性认识不足，一味盲从所导致的缺乏创新等关键原因。

(一) 区域经济发展水平有差异

区域经济的发展一方面为我国高等教育事业的发展提供经济基础和方向引导，另一方面也为高等教育的发展提供发展动力和支持。专业硕士研究生教育作为高等教育的一部分，同样具有高等教育的所有基本属性。因此，区域经济的发展对专业硕士研究生教育的发展有着举足轻重的作用。

专业硕士研究生教育作为区域经济系统的一部分，对区域经济的发展起到了重要的影响作用。一方面，专业硕士研究生教育的发展推动和加快了区域经济的发展速度，提高了劳动生产率和区域科技水平；另一方面，专业硕士研究生教育结构影响和制约着区域经济结构的发展。专业硕士研究生教育的结构超前于区域经济结构，通过培养专门化、应用型人才对其起到引导作用，若滞后于区域经济结构的发展，将对阻碍区域经济结构中新兴产业的发展。实现区域经济结构合理化，提高经济效益，必须要依靠科技进步和科学技术水平的提高来实现，而最根本的实现途径就是依靠专业硕士研究生教育的快速发展。专业学位设置最初的服务对象就是社会实际部门，其特有的不同于学术型的人才培养模式为社会培养了大批急需的人才。

我国高等教育的发展一直以来都受到区域经济发展水平差异的限制，表现在专业硕士研究生教育领域也是如此。主要的就是中部和东部地区专业硕士研究生教育发展速度较西部地区发展快。区域经济的差异严重制约着专业学位研究生教育的发展步伐，区域经济的发展水平差异制约着专业硕士研究生教育的发展规模和速度；影响着专业硕士研究生教育结构的调整与变化。专业硕士研究生教育应当与我国区域经济的协调发展，相得益彰，此是我国经济发展的必然要求和未来发展方向。

(二) 重要性认识不够

随着社会经济的快速发展，社会产业部门及行业分工日渐精细化，从业标准、知识和技术含量越来越高，传统的高等教育所培养的人才类型不再能够满足社会发展的需要，专业硕士研究生教育正是在这样的背景下应运而生。它所培养的人才符合社会发展对应用型人才的需求，解决了传统高等教育培养的人才类型与社会经济快速发展对应用型人才迫切需求的矛盾。专业学位的设置对于调整和优化研究生教育的学科结构和改变传统单一的人才培养模式有着重要作用。高等院校作为实施教育的主要机构应当充分认识到发展专业硕士研究生教育的重要性和紧迫性。

另外，发展专业硕士研究生教育对于提高我国核心竞争力，建设高等教育强国也有着重要的推动作用。经济全球化和国际竞争的日益激烈，世界上发达国家都非常重视专业硕士研究生教育在促进本国经济发展中的战略位置。一国综合国力的竞争，归根结底表现为人才的竞争。应当丰富和完善我国硕士专业学位的类型，加强同社会行业部门职业的衔接性，推动企业的发展创新，进一步拉动社会经济健康发展。因此，要想提高我国的核心竞争力，最重要的是要重视专业硕士研究生教育的发展。

我国正处于发展专业硕士研究生教育的大好机遇期。在国外，其发展水平早已经超过了中国。发展专业硕士研究生教育是大势所趋，顺应了国际教育发展的主流方向。社会各界用人部门和高校应当充分认识到发展专业硕士研究生教育的重要性，应当正确认识专业硕士研究生教育这一全新的教育体制，进一步改革和完善专业硕士研究生教育的培养模式，建设符合我国实际情况的，具有中国特色的专业硕士研究生教育，促进专业硕士研究生教育的进一步健康发展。

（三）盲目持续增招

根据《国家中长期教育发展改革规划纲要（2010—2020）》，对教育事业发展主目标的制定标准，到 2020 年我国的研究生在校生要达到 200 万人，"2020 年，研究生教育将实现学术型研究生与应用型研究生并重"[①] 的局面。目前我国研究生招生持续在年均 10% 左右的增长水平，按照 2011 年的统计数据，到 2020 年止，仅硕士研究生的招生规模就将会远远超过 200 万人[②]。

"我国硕士研究生教育将从培养学术型硕士研究生为主向培养应用型硕士研究生为主转变，硕士专业学位类别将增加一倍左右。"[③] 专业硕士研究生教育的发展前景光明。但是，一味增加院校招生计划，盲目增招会引发很多诸如质量保障与评价等方面的一系列问题。除此之外，由于高校持续扩招，但高校的培养模式与学术型并无很大区别，其毕业生就业竞争力甚至比不上本科生和学术型研究生。由于办学资金缺乏，学校为学生提供实习实训机会和实训项目较少，导致学生的实践和创新能力较低，社会竞争力较弱，专硕面临着毕业等于失业的困境。

（四）"学而优则仕"观念的影响

"学而优则仕"是长久以来人们选择进学校，接受教育的主要目的。人们在社会中处于什么样的地位很大程度上取决于你的职业

---

① 《2020 年研究生教育实现学术型人才和应用型人才培养并重》，中国研究生招生信息网，http://yz.chsi.com.cn/kyzx/kydt/201011/20101101/137878343.html。
② 《2013 年全国研究生招生数据调查报告》，中国研究生教育在线，http://kaoyan.eol.cn/html/ky/2013yzsjbz/diaocha1.shtml#kaoyan1_1。
③ 《2020 年研究生教育实现学术型人才和应用型人才培养并重》，中国研究生招生信息网，http://yz.chsi.com.cn/kyzx/kydt/201011/20101101/137878343.html。

地位，而你的职业所处的地位直接是由你的受教育程度来决定的。人们往往想通过获得更高的教育质量来提升自己在社会中的竞争优势和高层次的职业优势。专业硕士研究生教育在招生方面较之学术型门槛要低得多，这成为如今，社会上多数人选择就读的主要原因。通过读书获得高学历，不但可以完善自身，而且在就业上可以获得较高的职业地位和社会认可，由此增加自己在社会竞争中的砝码。每年的研究生招考季，问到的最多的问题就是"为什么要选择考研究生？"而得到的最终回答往往就是"高学历意味着高收入"。专业硕士研究生作为研究生教育体系的重要组成部分和新生事物，招生最初的目的就是单位在职人员职位晋升或者是加薪而设置的。因此，在"圈养式"的研究生教育体制下，很难一心专研学术，读书的最终目的只是为了"拿学历、混文凭"。研究生学习不同于本科，在学习方面全靠自己钻研，对学生的自学能力要求更高。因此，在这样的环境下，对于思考诸如"如何在学术上有所造诣"的问题就很少了。目前，对于研究生学位含金量较低已经成为共识。很多毕业生因为能力低，达不到用人单位的要求，在新环境中难以适应竞争激烈的社会用人淘汰制度，进一步造成了专业硕士研究生教育所培养的学生能力低的不良印象。为专业硕士研究生教育的进一步发展制造了障碍。

（五）传统培养模式的惯性

专业硕士研究生教育是一种新的高等教育体系，与学术型有着明显的差异，而又不同于职业教育。因此，专业硕士研究生教育应当有着自己特点。然而，在学术型研究生培养模式的影响下，专业硕士研究生教育特色不明显，始终走在传统研究生培养模式的阴影之下。纵观各个高校专业硕士研究生培养目标的制定，如出一辙，大同小异，我国还没有形成一套符合专业学位硕士学位特点的培养模式。"所谓人才培养模式是在一定的现代教育理论、教育思想的指导下，按照特定的培养目标和人才规格，以相对稳定的教学内容和课程体系，管理制度和评估方式，实施的人才教育的总和。如果以简化的公式来表示，即目标+过程与方式（教学内容和课程+管理和评估制度+教学方式和方法）。"① 但是目前，在短短两年的学习生涯中，专业硕士要花费一年多时间学习理论，而课程设置模块化，多而且集中，这不仅仅要学生花费大量的时间来学习，同时老师还要花大量的精力来备课，走上了重理论、轻实践的老路。另外，教学方式又以课堂教学为主，学生听，老师说是最常见的现象。忽视了本质目的，即培养学生的实践和创新能力，作为一种新型的教育体系，质量的高低，在很大程度上取决于老师。

（六）就业难的现实

由于受到传统在职硕士研究生教育观念的影响，社会各行业及部分高校对专业硕士研究生教育的认识上的不足，这不仅仅会严重阻碍专业硕士研究生教育的健康发展，而且大大降低了那些选择就读专业硕士研究生教育的学生的满意度，因此所产生的一系列问题随之而来。首先，表现在就业方面。由于传统偏见，人们对于专业硕士研究生教育的认识出现了误差，认为其实混学历的教育方式，花钱买学历是大多数的认识。因此对教育质量和毕业生各方面的能力也存在着诸多的质疑。社会用人单位对毕业生的能力等各方面的综合素质存在着怀疑态度。认为专业硕士研究生与学术型硕士研究生相比在学习能力与创新能力上都比不上前者，各种因素综合起来毕业生面临就业困境。其次，表现在专业硕士研究生对现状的满意度普遍较低。这主要来自考生自身的错误认识。很多选择报考专硕的研究生认为专硕只是将以前的"单证"变成了"双证"，其实和以前的专硕没有什么区别，拿到这样的毕业证，其就业前景肯定是

---

① 黄载曦：《对专业硕士人才培养模式的思考》，《中共成都市委党校学报》2012年第5期，第90—93页。

不容乐观的。一般社会上都认为专硕比学硕的水平要低很多。另外还有学生认为这是学校为了增加收入，而变相采取的一种收费措施。以增加专硕的名额来吸引更多的考生交钱上研究生。另外，"曲线救国"，专硕和学硕在上学期间一般没有什么差别，都是一样的上课，一样的毕业。学生学习的积极性大大下降，可想而知短短两年更是可以说"混混"就过去了，毕业时学习不到什么有用的知识技能。

第三节　国外专业硕士研究生教育

西方国家专业硕士研究生教育发展较早，经过较长时间的发展，已经积累了丰富的人才培养和管理实践经验。"他山之石，可以攻玉"，在我国专业硕士研究生教育发展的历史关键时期，了解和掌握西方国家在人才培养方面的经验，可以为发展我国专业硕士研究生教育提供可资借鉴的理论与实践参考。本研究选取了与中国国情相似的印度和匈牙利作为借鉴对象，需要指出的是，在印度和匈牙利没有类似中国的专业硕士这一称呼，但是其在高层次、应用型专门人才的培养方面取得了很大的成功，值得我们学习。

一　印度理工学院的经验

（一）印度理工学院概况

印度和中国都是世界文明古国，拥有灿烂的历史和古老的文明，在近代都深受殖民主义者的侵害。现在中印两国同为崛起中的发展中大国，同处在社会经济转型关键期，相似的国情使得两国的高等教育产业面临着许多同样的问题。因此，研究印度高等教育培养专门人才的先进经验对建设具有中国特色的、符合本国实际情况的专业硕士研究生教育具有重要的指导意义。

印度高等教育"从广义上讲,涵盖了在 12 年的正规教育之后接受的所有教育"。① 由于历史的原因,印度的高等教育最早移植于英国的伦敦大学,在独立后进行了一系列的高等教育改革,取得了一些成果。印度的大学分为大学和学院两种。具体见表 2.2②。

表 2.2　　　　　　　　　印度高等教育层次和结构类型

		大学			学院	
纵向	按经费来源	国立大学（10 所）	邦立大学		公立学院（中央或邦拨款）	私立学院（多）（政府补助）
	学校类型	附属性大学	单一制大学	联合大学	大学学院	附属学院
横向		高等普通教育			高等专业教育	
	人文科学	社会科学	自然科学	教育科学	工程学	医学	农业教育

其中高等专业教育是印度高等教育的重要组成部分。职业性是印度高等专业教育的本质属性。印度实施高等专业教育的机构主要是各级各类技术教育学院。在印度"技术教育学院能够提供本科生、硕士研究生和博士研究生的教育"③。其中工程技术教育是印度政府寄希望于教育兴国的主要支撑。印度政府希望借由工程技术类人才的大力培养来实现国家强盛。印度理工学院正是在这样的背景下成立的。

印度已经是世界高等专业教育发展大国,是科技类人才储备强国,拥有世界一流的工程技术类培养机构。下面就以印度理工学院为例介绍印度在培养高科技强军过程中的先进经验。印度理工学院

---

① ［美］菲利普·G. 阿特巴赫:《亚洲的大学——历史与未来》,中国海洋大学出版社 2006 年版。
② 该表来自刘明伟《"印度高等教育的发展、现状、改革及启示"期刊论文》,《民办教育研究》2005 年第 4 期。
③ 安双红:《印度科技人才的培养机制探析》,《比较教育研究》2010 年第 5 期,第 73—76 页。

(Indian Institute of Technology，IITs），被誉为世界上"极具影响力和竞争力"的高等学府，是印度最顶尖的工程类人才培养机构。"在印度总共有 7 所分校，分别是卡拉格普尔分校，孟买分校，马德拉斯分校，坎普尔分校，德里分校，古瓦哈蒂分校和罗克分校"①。印度理工学院创建于 1946 年，自成立至今，为促进印度本国社会经济的发展，也为其他国家的发展输送了大批高层次工程类人才，印度理工学院注重创造性人才的培养，注重培养学生的创新和实践能力，学术自由，高度自治，重视广泛的交流与合作。

（二）印度理工学院专业硕士研究生教育

印度理工学院成功的办学经验为发展我国专业硕士研究生教育，转变人才培养理念与模式，建设具有中国特色的专业硕士研究生教育具有重要的借鉴意义与参考价值。

1. 独具特色的办学理念

印度理工学院在创立之初，依照美国麻省理工学院为样板，亦参照了西德等先进国家的办学经验，并根据印度国家自身的特点，建成了独具特色的高等工程技术教育体系。正是印度理工学院在适合本国国情的基础上，寻找到了适合自身特点的办学理念，才使其成为办学成功的典范。首先是其注重创造性人才的培养。印度人最初建立印度理工学院的目的是希望通过信息工程教育培养高科技信息人才，让印度走上强国之路。在知识经济全球化时代大背景下，信息技术作为一个全新的知识领域，不仅仅要求从业者依靠脑力来工作，具有创新意识和创造才能是体现其能否成功的关键。曾经有人总结过从印度理工学院毕业的学生中，在企业中成为领导者和管理者的并不是成绩拔尖的学生，或者是 G 点 10 分的，而那些成功人士的 G 点往往是分布在 5.5—7.5 这个范围以内。这不是偶然的。

---

① 黄治国：《试论印度理工学院的办学理念及启示》，《理论月刊》2009 年第 4 期，第 148 页。

印度理工学院注重将课程学习和课程之外的学习紧密联系起来，然后学生能够学习到更多课程之外的知识，突破陈规，勇于创新，注重培养学生的创新精神和实践能力，努力缔造一个全面发展的人。其次注重营造一种自由的学习氛围。众所周知，印度理工学院在学术研究上是世界一流的。因此，学生彼此之间的学术竞争激烈，可谓无硝烟的战争。印度理工学院的学生都有很强的竞争意识，正是这种自由的学术思想聚集之地，才能更加激励学者们专注于学术研究，印度理工学院是一个"单纯地进行英才教育的圣地"[1]，不被现实左右，赋予学术研究充分的自由与空间，让想象在自由的空气中转化成知识，赋予想象以最大的潜力。在印度理工学院的管理上主要是教育家办学，校长由教授和教育家担任，不受外界的束缚，学院中每个人都是以学术发展为主，不存在超乎其之上的观念。再次是注重院校与社会外界广泛的交流与合作。印度理工学院是享誉全球的理工类人才培养圣地，它是发展中国家进行的最成功的高等教育实验基地。迄今为止，它为印度本土以及包括国际上各行各业培养了大批工程类高科技人才，成为全球英才教育培养的典范。同样作为一所实施高等教育的机构，有效进行资源整合，实现优势互补是实施高等教育的初衷，印度理工也不例外。对内来充实大学的实力，对外加强大学与社会、企业与市场之间的良性互动，为学校开放式办学提供广泛的支持。另外，印度理工学院具有规模庞大、实力雄厚的校友群，这些都为印度理工学院在有效进行内部资源整合的同时进一步加强了外部资源供给。而印度理工学院在自身整合优化的基础之上，也与企业进行合作，注重加强自身与企业的联系，一边通过向企业提供人才支持，一边要求企业高级技术人员为印度理工学院的学生进行实践教育与指导。印度理工学院正是在这

---

[1] ［印度］桑迪潘·德布：《印度理工学院的精英们》，北京大学出版社2010年版。

种内外资源良性整合的同时实现精英人才的培养目标，以进一步强化与社会、企业与市场的广泛交流与合作。

2. 体制学制上的大胆创新

印度的高等教育类型主要有两大类，即 Affiliating university 和 Unitary university①。Affiliating university 主要是接纳本地高等院校作为附属机构，并制订附属学院的教学计划、制定教材，为附属学院的学生组织考试并颁发证书，大学本身主要是进行研究生教育。附属学院有的单纯只是进行考试的场所。Unitary university 本身不接收附属学院，自身组织进行本科生和研究生的教学。在这种情况下，印度高等技术教育的管理体制和教学质量一直是处于低水平状态。印度理工学院自建设之初，就希望能够建成一种同传统的高等教育机构完全不同的高等技术教育管理体制。因此印度理工学院在管理体制上形成了自己的特色。

首先，管理体制上的大胆创新。印度理工学院是由政府负责筹建，并且出台了一系列的政策文件大力支持印度理工学院的发展。充分保证了学院的特权和自由度。印度总统担任学院的 Visitor，这样可以确保学院的办学方向，并及时对学院的办学方针做出适应性调整。另外，总统会定期地任命高级委员会对学院的各项工作进行检查，以确保工作的时效性和公开透明。而每个理工学院都有自己的评议会和理事会。主要任务是管理本校的行政和学术，确保独立性和自主性。在各学院之上还有一个 Board of Governors，进行总的监督与控制。主要成员包括 Visitor；各学院校长；各学院所在联邦政府任命的成员，通常由企业家或者是科技教育家担任；印度技术教育委员会任命的 4 位在自然科学、教育学和工程学方面有实践经验的人；由各院评议会从本校任命的 2 名教授。印度理工学院这种

---

① 安双红：《印度高科技人才的摇篮——谈印度理工学院的体制创新》，《中国高等教育》2000 年第 22 期，第 39—40 页。

不同于以往的管理体制，将大学管理层的工作失误率降到了最低，保证了印度理工学院工作的长期稳定性。而印度理工学院自身浓厚的学术氛围和教师们积极的教学科研热情，是印度理工学院能够长期稳定的因素之一。印度理工学院努力为学生营造充分自由的学习空间，各理工学院24小时都不关门，积极为学生提供学术研究的环境和学习氛围。

其次，印度理工学院①学术体制上大胆创新。印度理工学院对专业人才的培养创新上主要体现在本科生阶段。本科生教育强调对基本知识的掌握，有些类似于中国的通才教育模式。而变学年制为学期制，进入学分制也是其主要的创新之一。各学科处于同等重要的地位，本系学生可以选修外系或者是研究生课程。这一点对我国专业硕士研究生教育的创新有很大启示，我国专业硕士研究生教育的课程设置大都与学术型硕士研究生课程相似，在选修课上大体上没有大的区别，另外专业硕士研究生有很多是跨专业学习，学习时间较短，导致专业硕士研究生在短时间内很难学习到扎实的专业理论知识。若能够采用学分制，让专业硕士研究生选修本专业以外的本科生课程，强化理论基础，不失为提高教学质量的好方法。

另外，本科生教育中有一批在教学科研方面经验丰富的高水平教师队伍，教师可以根据自己和学院的实际情况制订教学计划。在研究生的教学上，强调研究生跨学科学习，较本科生来说有更大的规模，而且重视科研。除此之外，本科生的入学是通过考试选拔，择优录取，被世界认为是最具竞争力和最公平的考试形式。

3. 严格的考试选拔制度

印度理工学院的选拔考试被誉为"最难迈的门槛"②。但是这

---

① 叶赋桂：《印度理工学院的崛起》，《清华大学教育研究》2003年第24期，第102—108页。

② 许文静：《印度理工学院入学考试探析》，《教育与考试》2011年第1期，第27—30页。

样的考试同时也是"世界上最严苛的,同时也是最公平的"①。印度理工学院建院伊始,就强调了其培养的是实践性强的应用型高级专门人才和创新人才。与中国相同,印度理工学院的建立也是符合了国家社会经济发展总方向。与我国专业硕士研究生入学考试相比,其独具特色的选拔考试形式为改进我国专业硕士研究生教育质量有着重要的参考意义。

印度理工学院联合入学考试(IIT-JEE 或 JEE)是印度理工学院各分院一年一度选拔新生的唯一形式,考试以残酷性著名,比例约为1:55②(也有1:83之说)。考试报名对象只能是在正规学校里完成或者是即将完成高中科目的学生。通常报考者先会经过第一轮资格筛选,比例大概在15:1,通过第一轮的筛选之后,便会获得这张宝贵的参加全国联考的入场券,而最后能够真正进入到印度理工学院学习的人数比例大概是5:1。2006年,印度又进行了一系列的联考改革,将主、客观并存的试题统一改为客观题,并对参加考试的对象提高了选拔标准,即必须达到高中毕业考试总成绩的60%。并对少数民族以及残疾人群进行了降低总分5%的要求。通过严酷的筛选之后,笔试通过者还要经历5天的面试,最后根据面试和笔试成绩的综合结果来确定所属的院系和班级。

二 匈牙利专业硕士研究生教育

(一)匈牙利高等教育概况

匈牙利是中欧地区的一个内陆国家,布达佩斯是匈牙利的首都,同时也是匈牙利最大的城市。匈牙利的官方语言是匈牙利语,这是在欧洲使用最广泛的非印欧语系。目前匈牙利的政体是民主议会制共和国,是世界上公认的发达国家。匈牙利在长期的历史发展

---

① [印度]桑迪潘·德布:《印度理工学院的精英们》,北京大学出版社2010年版。
② 陈依依:《印度理工学院办学特点研究》,湖南师范大学,2009年。

第二章 我国专业硕士研究生教育发展的问题与对策研究 / 97

进程中形成由社会主义自由经济转变成的开放型经济体制,以及高等教育的层次与结构都与中国有着诸多的相似之处。因此,选取匈牙利高等教育作为此次研究对象有着较高的可操作性。

匈牙利的教育最早开始时间可以追溯到中世纪早期,但直到16世纪末,在匈牙利西部大学的建立才标志着匈牙利高等教育的重生。依据1993年匈牙利颁布的《高等教育法》中对高等教育的阐述可以得知,"匈牙利的高等教育主要是指从中学毕业获得相应的资格证书后,通过相应的水平考试,考核的标准要基于中学毕业科目考试的成绩之上"①。漫长的发展历史,使匈牙利的高等教育体系逐渐趋于完善。下图是匈牙利高等教育体系结构示意图。

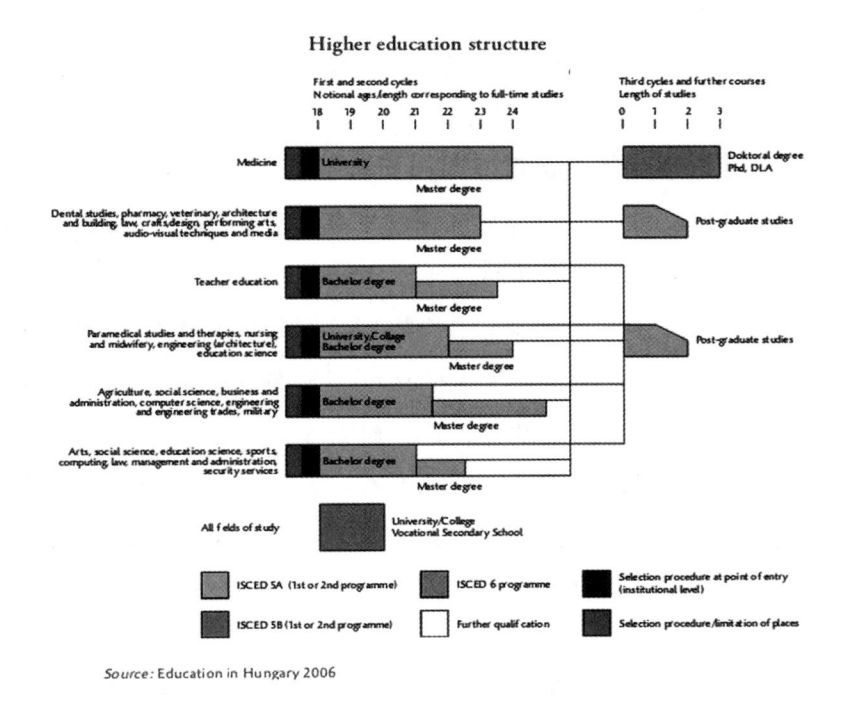

图3.1 匈牙利高等教育体系结构示意图

---

① Ministry of Education and Culture of the Republic of Hungary. Act LXXIX of 1993 on Public Education, 13.

从图 3.1 中可以清楚地看到，匈牙利的高等教育分为大学和学院（学院教育包括两年的职业培训非高等教育）两类，高等教育的实施主要是按照 ISCED①（国际教育标准分类）来进行的。学科涉及医学、建筑学、教育学、工商管理、计算机科学等 29 个学科门类。在众多的学科中，只有医学学科设置的有博士学位，培养的主要是医生。大学主要是培养学术研究型人才，以学习基础理论课程为主，同时也为下一阶段的研究学习做准备。而学院的办学目标主要是培养具有较强实践性与应用型人才，教学过程中注重培养学生的实践与动手操作能力，为学生毕业后能够顺利进入社会劳动力市场做好准备，面向的是社会用人单位。大学和学院不给毕业生颁发学位证书，在学生毕业时只颁发毕业文凭。学生在接受了 12 年的义务教育之后，通过考试方可进入高等院校学习，经过 4—6 年的学习，就可以获得大学或者是硕士毕业文凭。

匈牙利高等教育最高管理部门文化教育部（Ministry of Education and Culture）认为，"匈牙利大学毕业文凭的水平与西方国家的硕士学位相当；学院的性质与办学水平和德国的高专相当，其毕业文凭的水平与西方国家的学士学位相当。据匈牙利文教部有关人士称，上述做法已经得到很多国家的认可。"② 匈牙利专业硕士研究生教育主要集中在三年大学教育以后，经过录取考试，进入 2 年硕士学习阶段。在通常情况下经过基础教育，在三年大学毕业以后毕业生会选择进入社会工作，但是更多的企业认为三年的学习较多的偏向于理论化的综合学习，专业性较弱，因此，对于学习了 5 年的毕

---

① ISCED：International Standard Classification of Education，即国际教育标准分类。于 1976 年联合国教科文组织依据 1958 年第十届大会的"关于国际教育统计标准的建议"制定的。制定的目的是使各个会员国之间以及各个会员国内部在进行关于教育统计资料的收集和整理时有一个国际通用的适当工具，以便于国际间各种教育资料的编制与比较。

② Ministry of Education and Culture. Education in Hungary Past, Present Future—an Overview [R]. Hungary：2008，40.

业生由衷地喜欢。

任何大学在持续的办学过程中,要想始终顺应社会发展的方向,就要不断地进行改革与创新。在匈牙利高等教育一系列改革过程中,欧洲博洛尼亚进程(Bologna Process)① 起到了至关重要的作用。至今,匈牙利高等教育在学位互认、学制改革与质量保障等方面已经取得较为丰富的成果。另外,匈牙利高等教育的发展注重高校与企业之间的联系,匈牙利的高校都与社会企业有着不同程度的联系。但是这些企业资助的对象也是有选择的,他们会选择与自己的公司所需人才对口的大学,且比较偏向于综合类大学。匈牙利应用性教育和企业尤其是跨国大型企业的联系在促进匈牙利社会经济发展和解决毕业生就业问题中起到了很大的作用。"企业通过其选择人才的趋向和形式,对高等教育的各个方面,从录取条件到课程设置,从教学形式到学生进入劳动力市场都有影响"②,在匈牙利除了学院主要是培养应用型人才,在大学中,大学的录取方式、培养目标、教学和课程的设置都产生了很大的影响,大学培养人才的主要目的是适应社会用人单位对人才的需求。

加强高校与企业之间的联系,是任何一个国家在促进高校持续健康发展的必备战略,匈牙利在高等院校与宏观经济发展和经济改革关系等方面都为中国的高等教育改革方向提供了指引。匈牙利高校与社会用人市场之间的联系由来已久,匈牙利高等教育的培养目

---

① 博洛尼亚进程(Bologna Process):是在1999年提出的欧洲的高等教育改革计划,由于是在意大利博洛尼亚提出的,所以又称为博洛尼亚进程。该计划的发起者及其他参与国希望,到2010年,所有参与国之间,大学毕业生的毕业证书和成绩将获得其他签约国的承认,任何一个参与国国家的大学毕业生,可以随意在其他欧洲参与国家申请更高一层次的学习或者就业,以此来实现欧洲高等教育及科技的一体化,建成欧洲高等教育区,为实现欧洲一体化建设做出努力。

② Kassie Freeman:《高等教育和跨国企业联系——建立一个互通的渠道:从匈牙利得出的对中国的启发比较》,《比较教育研究》(《2002年全球化与教育改革专刊》),2002年,第80—82页。

标从培养学术能力高的学生向注重培养学生的动手和实践能力,以及能否将所学的知识很好地向解决社会生产问题方面转变。为了满足社会用人单位对毕业生的需求,高校与社会企业之间的联系逐渐加强,通过与企业合作,以及对课程和教学形式的改革,匈牙利的高等教育走出了自己的、独具特点的应用型人才培养之路。因此,选取匈牙利专业硕士研究生教育发展的成功经验,对于发展我国专业硕士研究生教育有很好的借鉴作用。

(二) 匈牙利专业硕士研究生教育简介——以匈牙利李斯特音乐学院为例

李斯特音乐学院(Franz Liszt Academy of Music)是位于匈牙利首都布达佩斯的"世界上唯一一所由李斯特创办的音乐学院"①。该机构创办于1875年,其前身是匈牙利皇家音乐学院。李斯特音乐学院对世界音乐乐坛的发展有着重大作用。迄今为止,已经为社会培养了一批又一批世界著名的音乐家、艺术家,为世界文化遗产的继承与发扬起到了巨大作用。其中,硕士研究生入学以后将会跟随一个教授学习2年时间,期间学校会为学生提供各种参加演出的机会,学习课程分为理论学习与实践培训两部分。李斯特音乐学院之所以成功,主要原因是在办学思想、"质量比数量更重要"的硕士研究生招生原则等方面独具特色。其在应用型高层次专门人才培养方面的成功办学经验为发展我国专业硕士研究生教育,改革专业硕士研究生培养模式提供了很好的借鉴与参考。

1. 明确的办学思想

李斯特在办学之初,就已经将"有真正音乐天赋的天才培养成为音乐大师"② 作为它的办学指导思想,即是通常李斯特音乐学院

---

① 《匈牙利李斯特音乐学院主页网站》,http://zeneakademia.hu/en/the-academy/the-university。

② 《匈牙利李斯特音乐学院主页网站》,http://zeneakademia.hu/en/the-academy/mission。

学员们常说的一句"Génie oblige!"①李斯特认为一个音乐学院所要承担的使命就是最高效利用教育资源，将真正的音乐天才培养成为音乐大师，而不是将这些宝贵资源浪费在天资平平的人身上。近一百多年的办学历史，正是秉持了这一指导思想，才能为社会培养一批又一批大师级人物。

2. "质量比数量更重要"原则

1883年11月，匈牙利皇家音乐学院院长李斯特在魏玛写给维格·亚诺（Végh János）的一封信中说："在我们音乐学院，重要的是质量而不是数量，我们一定要坚持这一原则。"②李斯特音乐学院建院初期，匈牙利立法机构就李斯特音乐学院的教学范围进行了讨论。此后在一次有李斯特参加的委员会上，确定了当时李斯特音乐学院的办学规划。此次规划将李斯特音乐学院的教学科目、学科等级等都作了划分。但是，当时在匈牙利已经有担任初级和中级音乐教学的办学机构。李斯特认为应当把培养人才的精力集中在高等教育阶段。由于这项建议违背了政府办学意愿，李斯特音乐学院在建院初期只拿到了资金支持的很小一部分。没有了资金的支持，正符合了李斯特当初建立音乐学院的设想，将办学精力集中在高等教育阶段。

由于资金不足，李斯特音乐学院在招生和教学、管理等方面都严格依照"质量比数量更重要"的原则来进行，在各个环节都严把质量关，将音乐潜能与音乐技术作为唯一的招生标准。这为李斯特音乐学院以后的发展打下了坚实的基础。"质量比数量更重要"也成为李斯特音乐学院办学一百多年来在培养大师级人才上成功的重要原因。

---

① 《匈牙利李斯特音乐学院主页网站》，http://zeneakademia.hu/en/the-academy/the-university。

② 刘巍：《李斯特音乐教育思想及其历史传承》，《星海音乐学院学报》2011年第3卷第3期。

3. 注重建设重点学科

李斯特认为"钢琴是音乐世界的小宇宙"。他认为学生在学习音乐的任何学科时都应该学习钢琴。钢琴是基础，是学好其他任何学科的前提条件。表演和作曲是一体的，不能将二者割裂开来，音乐作为一个整体是不可分割的。因此，从一开始，钢琴就是李斯特音乐学院的重点学科。如今，在李斯特音乐学院，钢琴仍然是众多学科中学习人数最多的学科，是学生学习音乐的必修课。李斯特的钢琴观已经成为李斯特音乐学院学科建设的主导思想，是李斯特音乐学院的灵魂。

（三）存在的困难

匈牙利在对应用型人才的培养上虽然取得了很好的成绩，但是仍然存在着很多问题，笔者通过访谈一位匈牙利官员，结合文献资料，总结出如下几条主要问题：

第一，匈牙利的教育支出占政府 GDP 总额较低，教育支出比例很小。例如 1990 年至 2005 年，高等教育公共支出占国内 GDP 始终保持在 0.81%—1.12%[①]的范围内，比例小，支出少。

第二，就业率低，培养质量有下降趋势。大学毕业生人数逐年增加而毕业生却找不到工作的现象。

第三，高等教育机构的结构和布局不合理，教育机构臃肿。目前，匈牙利的高等教育的结构和布局存在着机构臃肿、培养的人才过多的现象。且培养的人才大大超出了劳动力市场的需求。

这些现象反映更多的不是教育问题而是政治问题。政府希望能够裁减教育机构、精简教师，但是除首都布达佩斯以外，其他的地方经济发展相对落后，如果没有当地的高校为地方企业培养

---

① Ministry of Education and Culture. Education in Hungary Past, present Future—an Overview [R]. Hungary: 2008, 43.

人才，来自首都大学的毕业生大都倾向于去首都或者国外的一些城市工作，而不是去经济比较落后的地方城市。这也就进一步导致地方经济发展更加滞后的现象。因此，当地政府为了促进经济的持续发展，依靠其自身的力量和政府支持，反对教育机构合并或者撤销地方大学的提议。这也是当前匈牙利高等教育发展的一个主要问题。

三 对我国的启示

纵观亚洲的印度及欧洲的匈牙利在培养应用型人才方面，其取得的成功经验，他们都能够根据本国的实际情况和社会需要进行办学，在长期的发展过程中，形成了自身的特色。因此为改善和发展中国专业硕士研究生教育提供了可资借鉴的参照系。我们应当积极借鉴这些国家办学的先进经验，进一步形成自己在专业硕士研究生培养方面的优势与特色。从印度和匈牙利的成功经验来看，至少可以得到以下几方面的启发。

（一）确立培养应用型人才的办学理念

"办学理念是人们对大学的理性认识、理性追求及所持的教育观念及哲学观念，它是建立在对教育规律和时代特征深刻认识的基础之上的。"[①] 应用型人才办学理念，应当成为我国高校办学的行动指南和指导思想，应当结合本地经济发展实际情况，结合院校自身特点，确立应用型人才办学理念。

（二）制定应用型人才的培养目标

培养目标的制定是成功培养应用型人才的指导方针。一方面，要制定出灵活的培养目标；另一方面，要从社会需求、学科发展和学生的个性差异入手，充分考虑学徒式、专业式等研究生培养模

---

① 陈光军：《办学理念：世界一流大学发展的立足点及对中国的启示》，《学位与研究生教育》2003 年第 3 期，第 19 页。

式；取长补短，发扬优势、弥补不足，从而确立多元化的专业人才培养目标。高校不能完全照搬别国经验，应结合自身的层次、类型和发展定位、教育资源、传统文化等方面，注重将传统与特色相结合，强调培养能促进社会发展、经济繁荣、科技进步的高级专门人才。

（三）改革教学内容方法和体系

针对专业硕士研究生教育的多样化的培养目标，打破原有的框框条条，整合跨学科、相关学科和新兴学科课程。加大实践课程的比例，建设重点学科，体现出灵活、前沿、开放的特点。加大课程讨论、课程汇报和实践教学在整个教学中的比例，并建立科学的质量考核机制。要注重培养学生的理论知识素养。

（四）重视校企联合培养

校企联合培养已成为我国专业硕士研究生教育改革的一项重要内容。加强学校与企业之间的联合，不仅仅能够提高学生的实际工作能力，更重要的是能够结合具体情况和社会发展实际情况培养出社会所需要的人才类型。企业在培养了高级专门人才的同时也解决了企业生产所面临的一系列实际问题，同时还有助于锻炼学生把理论知识运用到社会实践当中去，为其以后的毕业打下坚实的基础。我国高校在很多领域都与企业建立了联系，为促进我国专业硕士研究生教育的发展打下了更为坚实的基础。

（五）健全质量评价与监督机制

应当建立健全专业硕士研究生的质量评价与监督机制。鼓励企业与社会参与到专业硕士研究生教育质量的评价中来，高度重视社会用人单位的反馈意见，定期公布高校关于专业硕士研究生教育的就业情况和社会满意度，建立社会、企业、教育部门和高校多位一体的保障与评价机制，真正促进我国专业硕士研究生教育健康发展。

第四节　专业硕士研究生教育发展路径

培养什么样的人，如何培养人、怎样培养人一直是教育界关注的热点。因此能否创新人才培养模式是专业硕士研究生教育能否培养出符合社会需求标准的关键。是能否走上一条符合自身情况的、具有中国特色的专业硕士研究生教育之路的关键。传统学术型硕士研究生的培养模式深刻的影响和制约着专业硕士研究生培养模式的改革与创新，阻碍了专业硕士研究生教育的进一步健康发展。只有主动适应社会经济快速发展的脚步，积极地进行自我改革和完善，主动的发现问题、解决问题，才能保持持续健康的发展，为社会主义现代化建设和中华民族的伟大复兴提供源源不断的新鲜血液和智力源泉。

一　进一步完善硕士专业学位教育制度

专业硕士研究生教育已经成为我国学位与研究生教育的重要组成部分，按照教育发展规律，其发展要受到内外部条件的制约。从外部条件来看，树立意识，能够有效地改善其外部环境，促进专业硕士研究生教育健康发展。以往，人们对于专业硕士研究生的看法都是消极的，认为能够读专业硕士研究生的大都只是为了职位晋升或者是为了让自身的知识结构更加完善才选择就读硕士专业学位。而对于专业硕士研究生的质量和就业能力更是极力否定。认为专业硕士研究生的就业能力连本科生也比不上。这些传统的社会偏见，成为阻碍专业硕士研究生教育持续发展的重要外部原因。与以往不同的是我国的专业硕士研究生教育已经逐渐走出了传统的专业硕士研究生教育的教育模式。在教学、课程、管理等各方面都正在经历着历史性的改革，正在往积极向上的方向健康发展。2010 年，我国又开始招收全日制本科毕业生攻读专业硕士学位，这使得我国专业硕士研究生教育又跨上了一个新的台阶。

专业硕士研究生教育由全日制和非全日制两种教育类型组成，还是主要以非全日制在职专业硕士研究生居多。据有关统计显示，"在我国31个省市中，进行非全日制专业学位研究生教育的院校多达371所"①，而全日制专业学位研究生教育的办学机构数量远远少于这个数目。就目前国内就业情况来看，社会上的高层次、应用型人才主要来源于高等院校，毕业生数量还远远不能满足市场发展需求。因此，进一步完善硕士专业学位教育制度，重视和发展全日制专业硕士研究生教育，丰富和完善硕士专业学位研究生教育体系，提高专业硕士研究生教育的培养质量，为社会培养多样化的、复合型、应用型人才具有重要作用。

二 准确定位、制定具有鲜明特色的培养目标

我国专业硕士研究生教育在制定培养目标上一个重要的共同特征就是缺乏特色。培养目标的制定应当结合实际情况，不应当千篇一律，除了应当遵循国家的相关政策法规之外，还要符合各专业学科的特点。在各高校在制定培养目标时首先最需要明确的是"为什么培养人，培养什么样的人，怎样培养人"这一亘古不变的定律。然后结合各高校以及高校所处的地理位置和经济发展等社会实际情况制定出切实可行的培养目标。

专业硕士研究生教育是具有职业属性的教育，主要面向社会特定部门培养具有较强的动手能力和实践能力的应用型、高层次专门人才。重要的强调职业性与实践性。专业硕士研究生需要具有能够将所学习的理论知识转化为解决社会实际问题的能力，同时要求要

---

① 《中国学位与研究生教育信息网》，http://www.cdgdc.edu.cn/xwyyjsjyxx/gjjl/。

具备扎实的专业理论知识和较高的综合素质。

三　优化课程、强调职业性

专业学位是一种具有职业背景的学位，专业硕士研究生教育是面向社会特定部门培养复合型、应用型人才。专业硕士研究生的课程要强调职业性，注重培养学生的创新和实践能力，通过课程的学习，要求学生能够运用日常所学习到的知识解决以后在社会上遇到的实际问题。据了解，目前专业硕士研究生教育的课程设置主要以基础理论课为主，缺乏针对性，课程的职业属性没有及时地体现出来。而课程设置模块化，学生需要花费大量时间来吸收和消化课程知识，学生一味地学习知识，缺少实践能力锻炼，同时也制约了学生学习创造性的发挥。专业硕士研究生教育的课程设置要能够使"硕士生具备成长为高层次专业人员或专门人才所具备的理论素养、政治觉悟、科学文化知识和较强的工作能力"[①]。在课程的编排上应当遵循循序渐进的规律，加深教师与学生之间的互动与交流。

四　改革教学方法、突出实践性与创新性

在高校课堂上，教学方法固然多种多样，然而讲授法仍然是老师采用的主要教学方法。讲授法虽然有利于提高教学效率，但是由于是知识的单项传输，师生之间的交流互动很少。而由于讲授时间较长，这样不利于学生亲身实践。传统的教学方法由于多方面限制了学生的实践与创新能力的培养，不适应社会对应用型人才高标准的要求。采用开放式教学法，改变传统单一的教学形式，加深学生与教师之间的互动与交流。采用开放式教学的方法有多种形式，如可以采用课堂讨论、案例讨论、实践教学，等等。采用实践教学法

---

① 于洪东等：《思想政治教育专业硕士研究生课程设置的改革设想》，《学位与研究生教育》1995年第2期，第25页。

时最好能够不受学年的限制，将阶段实践教学与总体实践教学结合起来，依据具体的实际情况采用不同的教学方法。通过学习、实践、再学习、再实践的形式将所学的知识灵活运用到实际工作中，这样不仅积累了工作经验，学生自身的实践和创新能力也得到很大的提升与锻炼。

由于专业硕士研究生有很多是跨专业学习的，若只是单纯讲授理论知识会延缓学生对知识的吸收和运用，而且这种方法只能在书本上学习，缺乏实际操作的经验与技巧，单凭想象来解决问题，未免太过牵强。

五　优化师资队伍、实行"双导师"制

"双导师"制度的建立最初是为了要突出专业硕士研究生的应用性。导师在专业硕士研究生整个培养过程中至关重要的一个因素，"双导师"制度的建立是保障专业硕士研究生质量的最基础的一环。而由于以往的专业硕士研究生大都是在职的，"双导师"的选择主要由高校和其自身所在单位的老师负责指导，而在职专业硕士研究生本身都带有项目和课题，而其不需要考虑毕业就业问题。因此"双导师"制度的建立是全日制专业硕士研究生质量保障的根本措施。全日制专业硕士研究生由于缺乏实践经验，自身缺乏对职业的定位，需要高效负责培养，并就其所学习的专业联合具有一定规模的企业进行职业性培养与实践。

"双导师"制度主要是采用校企联合的方式，即高校与企业共同承担学生的培养工作。由校方分配理论学习导师和由企业分配具有实践经验的职业导师进行共同指导。"双导师"制度的建立更加突出了专业硕士研究生教育的职业性。并且从真正意义上实现了产学研结合的人才培养模式。

六 完善质量保障与评价机制

随着我国专业硕士研究生数量逐年增加，如何保障专业硕士研究生教育的质量成为能否促进我国专业硕士研究生教育健康发展的关键。质量保障应是一个一整套的体系，通过体系内部各个要素之间的良性互动与运作，确保其持续健康的发展。目前，我国的专业硕士研究生教育已经形成了相对比较完善的质量保障体系，处在一种政府宏观调控、专家指导、社会评价与高校自身约束的状态。

首先，形成了比较完备的三级管理体制，即中央、地方和高校三级管理体制。

其次，针对社会特定的行业设置了种类多样的学位类型，为社会培养高层次应用型专门人才。

再次，针对不同的专业学位种类分别设置了相对应的专业学位教育指导委员会。从研究、论证到实施教育指导委员会都发挥了巨大的作用，从而保证了专业硕士研究生的培养质量。

然而，虽然总体来看质量保障体系相当完备，但是还存在着一系列的问题，诸如外部保障机制不健全、内部保障机制作用力不强、内部保障与外部之间的协调力度不够等一系列问题。我国的高校应当充分发挥办学自主权，依靠社会和政府的监督和评价力度，完善相关政策措施，出台相应的法律法规，明确定位专业学位，加强专业学位与职业资格准入制度的衔接力度，高度重视发展专业硕士研究生教育的重要性和紧迫性，做到学历与学位一体化，转变观念，进一步提高专业硕士研究生教育的质量。

七 加强高校与社会用人部门的联系

2009年，我国开始招收应届本科毕业生攻读全日制硕士专业学位，自此我国的研究生教育进入结构调整与质量提升阶段。加强学校与企业之间的联系,成为提高办学质量、促进专业硕士研究生教育健康发展,顺应研究生教育改革的核心要素之一。很多高校在这方面都做出了努力,如华北电力大学在构建联合培养模式上,采用了"1+1.5"的培养模式①。以科研项目为载体,充分发挥企业导师的作用,这样既可以完成毕业任务,同时提高了毕业生的就业能力,又为企业带来了效益。因此,创新培养模式,构建校企新型合作关系,建立长效合作机制。质量提高了会进一步增加人们对专业硕士研究生的信息,不仅仅能够改变人们对专业硕士研究生教育的传统偏见,更重要的是能够让我国专业硕士研究生教育更好地发展下去。

八 做好专业学位与职业资格的对接

按照相关规定,我国的专业学位教育是具有职业背景的、为社会特定部门培养高层次、应用型人才的学位教育。而"职业资格是对从事某一职业所必备的学识、技术和能力的基本要求"②。是社会经济专业化发展下的产物。专业硕士研究生教育是我国学位与研究生教育的重要组成部分,它主要就是培养高层次、应用型人才,但是在我国现行的研究生教育体系中,专业硕士研究生与学术型研究生教育差别不大,始终走在了传统学术型研究生培养模式的阴影之下。而在具体的培养内容上,又多少照搬学术型研究生教育,这也是一直以来导致我国专业硕士毕业生社会认可度低的一个重要原因。因此,优先发展国家急需的高层次、应用型人才和职业资格领域,强化和明确专业硕士研究生教育的培养社会发展所需要的应用型人才的社会职能。目前我国专业硕士研

---

① 赵冬梅等:《依托行业优势构建校企联合培养应用型研究生长效机制的探索与实践》,《学位与研究生教育》2013年第2期,第28—31页。
② 《百度百科》,http://baike.baidu.com/link?url=DhkC4kGjLViNyOkw1RFLfPTtA8iMmzOepLrUVtS4PIwyt9T-veLTKHYFvfBYBdJN。

究生教育的快速发展过程中，应当意识到将专业硕士研究生教育同职业资格进行对接的必要性和紧迫性。这样不仅仅强化了专门人才的职业素养和理论知识，同时提高了人们对于专业硕士研究生教育发展重要性的认识。应当将获得各学术领域专业硕士研究生的毕业证书作为各行业领域人员能够参加职业资格证书的唯一资格凭证。

九　积极借鉴国外先进经验

与国外发达国家相比，我国教育国际化程度还有待进一步加强，开放和国际化程度还不够。应当合理借鉴国外先进经验，加强同国外高校之间的交流与合作，走上国际化道路。目前，我国高校与国外的高校交流较为频繁，但是在借鉴成功经验方面还很缺乏。借鉴并不是盲目的借鉴，有很多学者选择了像英国、美国这样的发达国家，其实不然，英美资本主义国家首先在体制上和中国不同，其次是在发展程度上更是高出中国很多，盲目借鉴之后会发现只能是看看而已。因此，选择与中国有着相似经历的，经济发展程度相当的国家的成功经验具有较强的可操作性。无论是办学理念、教学模式、培养模式，抑或是加强国际间的合作、搭建国际化教育平台都具有极大的可行性。借鉴国外先进经验加快发展我国专业硕士研究生教育，积极稳妥地扩大专业硕士研究生教育地规模，拓宽专业硕士研究生教育所面向的职业领域，创新专业硕士研究生教育的培养模式，转变观念，积极健康地发展我国专业硕士研究生教育。

结　语

根据教育部相关数据显示，我国高校毕业生的数量已经从2000年的100多万，上升到2013年的700多万，而高职高专类毕业生则越来越得到社会的认可。① 我们认为,之所以高职高专类毕业生越来越受欢迎,其主要原因在于其在应用型人才培养的办学目标所带来的高就业率。高职高专毕业生的高就业率,为专业硕士研究生教育展示了未来发展的良好前景。专业硕士研究生教育不同于高职高专类教育,是高水平、高层次的应用型人才培养平台。较之高职高专类毕业生,自身具有更强的创新能力和实践能力。因此,其就业形势应当好于高职高专类毕业生。同时也具有更加广阔的发展空间。

就目前我国专业硕士研究生教育的发展现状良好,初步形成了具有中国特色的专业硕士研究生教育。但是与学术型硕士研究生教育相比,其总体的教育规模偏小,毕业生在整个研究生培养总量中的比例较低,占比不到总量的10%,就目前而言,还不能满足社会经济发展对高层次专门人才的需求。2010年,我国开始招收第一批应届本科毕业生报考全日制专业硕士研究生,专业硕士研究生教育的发展迈上了一个新的台阶。虽然专业硕士研究生教育的发展前景广阔,具有无限的发展可能性,但是需要在保证质量的同时适量扩大生源,做到稳定增速,要针对职业渠道发展方向培养专业硕士研究生,适当缩小学术型硕士的招生比例,扩大专业硕士研究生的招生比例。大力发展专业硕士研究生教育,注重培养专业硕士研究生教育的能力。因此发展专业硕士研究生教育已经是我国高等教育自身改革与发展的重要内容,必将为我国学位与研究生教育的发展带来深远影响。

在未来的发展道路上,要坚持构建独具特色的专业硕士研究生培养模式,注重能力培养,做到不盲目跟风。目前,虽然部分重点高校在专业硕士研究生教育的办学体制与机制、专业设置与培养目

---

① 《央视网两会大数据》,http://news.cntv.cn/special/2014lhml/lhjm/index.shtml。

标的定位上都有自己的特点，但是由于各高校之间盲目跟风效仿，缺乏对自身类型和专业特色定位的研究，导致了培养目标趋同，培养模式一致化，特色不明显、优势不突出、活力不明显。

另外，为了促进我国专业硕士研究生教育持续健康发展，培养出高素质、高质量的应用型人才。道德培养是不容忽视的一个重要环节。专业硕士研究生在短短不到三年的时间里，既要完成大量的实践课程的学习，还要为毕业论文做大量准备，很难有很多的时间与导师进行沟通与交流，更不用说耐心接受导师的道德教育了。我国高校在校学生频频出现道德滑坡现象，让人不禁要问，究竟是什么原因让这些莘莘学子走上了道德缺失的深渊？做人、做事不仅仅要有充分的文字表述，更要落实到培养计划和教师的教学当中。存在的主要问题就是专业硕士研究生的做人水平在下降，但是做人的品德和品位正是专业硕士研究生培养中很重要的一个方面。因此，建立出符合我国专业硕士研究生教育特色的培养模式是促进我国专业硕士研究生教育良好发展的重要保障。

只有积极地发现问题，解决问题，坚持走专业特色道路，构建出符合实际情况的应用型人才培养模式，注重能力培养，为社会培养更多的实践型、创新型人才，这也是我国高等教育自身改革与发展的主要内容。必须要在保证质量的基础上，有目的、有计划地进行高层次专门人才的培养，稳定增速，保质保量，结合地方经济发展特点以及自身的办学水平，构建独具特色的专业硕士研究生教育培养模式，从而为社会主义现代化建设提供源源不断的新鲜血液。作为我国学位与研究生教育体系自身改革与发展的重要内容之一，对促进社会主义经济发展和工业化建设也同样具有举足轻重的作用。

杜威的实用教育理论在论述教育目的时指出"教育应当为社会进步服务，应当为民族制度的完善服务，认为教育是社会进步及社会改革的基本方法"①。专业硕士研究生教育已经成为我国高等教育体系的重要组成部分，应当充分发挥专业硕士研究生教育为社会服务的职能，为建设创新型国家和高等教育强国提供源源不断的人力支撑，是我国实践型创新型人才的主要来源。发展专业硕士研究生教育已经成为我国社会经济持续发展的必要条件。我们应当深化专业硕士研究生教育改革，全面推动专业硕士研究生教育内涵式发展。创新人才培养模式，建立健全专业硕士研究生教育质量保障体系，实现中华民族的伟大复兴，实现中国梦，建成高等教育强国。而若要建成高等教育强国，高等教育是基础，创新人才是关键。实现专业硕士研究生教育培养模式改革，注重知识和能力的全面发展，在发展中及时发现问题，解决问题。

实践证明，专业硕士研究生教育的发展适合我国国情和高等教育实际情况，是我国培养应用型高层次专门人才的主要途径。积极发展专业硕士研究生教育具有十分重要的战略意义。专业硕士研究生教育是我国研究生教育体系中不可缺少的一个重要组成部分，并且将逐渐取代学术型研究生教育成为我国社会主义建设的主要智力来源，将持续不断地为我国社会主义建设培养大批应用型、创新型人才。专业硕士研究生教育将与学术型研究生教育一起成为我国研究生教育的两大教育体系，成为我国高层次应用型人才培养的主要来源。

总的来说，专业硕士研究生教育的发展顺应了高等教育发展的方向，符合我国实际国情和教育现实，满足了社会用人部门对复合型、高层次专门人才的强烈需求，并且已经形成了培养高层次应用型人才的良好开端，它是我国研究生教育的重要组成部分。专业硕士研究生教育正在成为我国社会主义现代化建设和实现中华民族伟大复兴的一支重要的战略力量。

---

① 吴式颖：《外国教育史教程》，人民教育出版社1999年版。

第三章

甘肃省地方本科院校转型发展研究

——基于兰州文理学院的案例分析

随着全国范围内地方本科院校转型发展的陆续进行，甘肃省地方本科院校也意识到转型发展的必要性和紧迫性。如何走出趋同化的发展误区，进一步明确办学定位，突出办学特色，提高办学质量、实现突破式发展等战略目标，是甘肃省地方本科院校在转型过程中迫切需要解决的一系列问题。本研究遵循"以小见大"的研究思路，在分析地方本科院校转型发展的内外部动因的基础上，以转型试点院校——兰州文理学院作为案例进行分析，通过访谈学校的中高层领导，了解案例院校在转型过程中采取的具体措施及取得的成效。

第一节 绪论

一 问题的提出与研究意义

（一）理性诉求：高等教育的分类发展

高等教育分类发展既符合经济社会发展的多样性需求，也满足了受教育者个体差异化自主选择的要求。随着经济社会的不断发展，高等学校的职能越来越分化，高等教育的类型也逐渐多样化。

而高等教育的科学分类有利于优化高等教育结构，促进高等教育质量的多层次发展，符合高等教育大众化阶段多元化的质量要求。潘懋元先生认为："就整个高等教育系统而言，必须有科学的分类，以构成与社会人才需求相适应的教育体系；就每所高等学校而言，院校及其所设置的学科、专业，必须在高等教育体系中找准自己的'定位'。科学的分类是前提，准确的定位是关键。"[①]

高等教育的分类定位，是各国高等教育发展过程中不得不解决的难题，也是我国高等教育改革的"深水区"，不同学者对此提出了各自的见解。其中，潘懋元先生根据社会人才结构和中国高等教育进入大众化阶段的现实，参照联合国教科文组织于1997年修订颁布的《国际教育标准分类法》，将我国的高等院校分为三种基本类型：第一种为综合性研究型大学（5A1），以传授基础学科和应用学科的基本理论为主，研究高深学问，培养学术型拔尖人才，在我国主要以"985工程"大学和部分"211工程"大学为主体。第二种为多科性或单科性应用型大学或学院（5A2），以传授各行业专门知识为主，培养不同层次的应用型专门人才，如工程师、医师、律师、教师和管理干部等。此类型高校较为庞大而复杂，包括部分"211工程"高校、部委所属院校、地方本科高校以及民办本科院校。第三种为多科性或单科性的职业技术院校（5B），以学习各行业职业技能为主，培养服务于生产、管理、经营第一线的职业技术专门人才。[②]

与此同时，在联合国教科文组织最新颁布的《国际教育标准分类法（2011）》中，分别从类型与层次两大维度对教育进行分类，为各国不同阶段的教育功能定位提供参考与借鉴。其中，2—5级

---

① 陈兴德、潘懋元：《中国高等教育大众化的思想引领者》，《中国地质大学学报》（社会科学版）2008年第6期，第49—53页。
② 潘懋元：《规模、速度、质量、特色——中国当前高等教育发展中的若干问题》，《河北师范大学学报》（教育科学版）2007年第1期，第5—12页。

可分为普通教育与职业教育，6—8级则分为学术教育和专业教育。根据《国际教育标准分类法（2011）》对不同类型教育的定义，并结合目前我国高等教育现实情况，可以判定：高等职业教育对应第5级"短期高等教育"，课程设置通常是为学生就业做准备。地方本科院校则属于6级及以上教育范畴，在教育类型上应定位于"专业教育"，以培养高素质应用型人才为己任。[①] 这在一定程度上说明其既区别于高职院校以培养职业技能型人才为目标的"职业教育"，也不同于以培养学术研究型人才为目标的"学术教育"。

只有分好类、定好位，各类高校才能进一步发挥自身优势，形成办学特色。因此，对于具有不同条件、发展水平和办学能力的各类型高等院校，必须首先明确自身所属的高等教育类型，在此基础上进行科学定位，制定具有自身特色的发展战略，从而在各自的学科领域办出特色，争创一流。当不同类型、不同层次的高等院校实现协调发展时，才能与经济社会发展需求相契合，进而构筑多元化的现代高等教育体系。

（二）现实需要：应用型创新人才培养

已有经验表明，当前全球范围内综合国力的竞争，归根结底是人才尤其是创新型人才的竞争，谁能够源源不断地培育、吸引、凝聚创新型人才，谁就可以在国际竞争中拥有主动权。2014年，我国经济发展步入"新常态"，经济社会的发展要求以技术进步推动产业升级，而应用型创新人才对于促进经济结构调整和产业转型升级发挥着至关重要的作用，这就迫使高等院校不仅要培养具有高深学问的精英型人才，还要培养能够满足生产现代化发展需要的应用型创新人才。因此，必须以促进地方本科院校转型发展为导向，创办大量应用型大学，通过培养合格的应用型创新人才来推动经济社会

---

① 王旭东：《地方本科高校转型不能搞"一阵风一刀切"》，http://edu.people.com.cn/n1/2016/0112/c367001-28042785.html，2016-01-12/2016-02-20。

健康发展。

地方本科院校的转型，在一定程度上是根据经济社会发展对人才供给提出新需求进行的，这就要求定位于应用型大学建设的地方本科院校要勇于担当社会责任，深入推进高等教育改革，切实构筑符合区域发展特色的人才培养机制。值得注意的是，应用型大学以培养满足经济社会发展需要的应用型人才为重要使命，其培养的人才类型既区别于传统本科院校培养的学术研究型人才，又区别于高职高专院校培养的职业技能型人才。因此，在人才培养规格上，并不追求"高深学问"的研究和知识的全面系统化，而是要求具有适度坚实的理论基础，较宽的专业适应面，能够熟练运用基础理论知识解决生产实际问题，有较强的科技推广和转换能力的应用型创新人才。同时，应用型大学应树立"立足地方，服务地方"的服务面向定位，主动适应区域经济建设的需要，了解地方行业、企业发展所需的应用型人才类型，切实为地方经济社会发展提供智力支持和人才保障，在与地方经济社会发展形成良性互动的同时，拓宽院校自身发展空间[①]。

（三）外部助推：国家系列政策的出台

2014年2月26日，国务院常务会议做出"引导部分普通本科高校向应用技术型高校转型"的重要战略部署。3月22日，教育部副部长鲁昕在"中国发展高层论坛"上明确提出"600多所地方本科高校向应用技术型院校转型"。2014年4月，178所新建本科院校齐聚河南驻马店，就"部分地方本科院校率先转型发展"和"中国特色应用型技术大学建设之路"达成"驻马店共识"。同年6月22日颁布的《国务院关于加快发展现代职业教育的决定》，提出"引导一批普通本科高等学校向应用技术类型高校转型，重点举办

---

① 车如山、姚捷：《论应用型大学建设——基于潘懋元先生高等教育观的分析》，《高校教育管理》，http://www.cnki.net/kcms/detail/32.1774.G4.20151019.0951.046.html。

本科职业教育"的战略举措。① 在2015年全国教育工作会议上，教育部部长袁贵仁就"转型"做了更为深入的阐释，其认为"转型的关键在于明确办学定位、凝练办学特色、转变办学方式，把办学思路真正转到服务地方经济社会发展上来，转到产教融合校企合作上来，转到培养应用型技术技能型人才上来，转到增强学生就业创业能力上来"，并明确提出"转型是已有普通本科院校办学观念、模式的调整，不是'挂牌'，不是更名，更不是升格。转型要稳妥推进，不搞一阵风；要从各地各校实际出发，不搞一刀切"。2015年10月23日，教育部、国家发改委、财政部联合发布了《关于引导部分地方普通本科高校向应用型转变的指导意见》，要求转型遵循"试点先行、示范引领"原则，"确定一批有条件、有意愿的试点高校率先探索应用型（含应用技术大学、学院）发展模式"②。2016年3月10日，在十二届全国人大四次会议的记者招待会上，就转型问题袁贵仁部长提到"中国高校的转型发展，实质上是中国高等教育供给侧结构性改革，而转型的首要内容是调整专业设置"。同时，今年即将编制出台的《国家教育事业发展第十三个五年规划》，就高等学校方面提出"鼓励具备条件的普通高校向应用型转变"的实施意见。至此，建设"应用型大学"再一次成为我国地方本科院校转型发展的政策导向，成为高等教育领域现阶段讨论和研究的热点话题。

（四）省域分析：甘肃高等教育的现状

截至2015年下半年，甘肃省共有本科院校21所（含5所独立

---

① 《国务院关于加快发展现代职业教育的决定》，国务院新闻办公室门户网站，http://www.scio.gov.cn/ztk/xwfb/2014/gxbjhzyjyggyfzqkxwfbh/xgbd31088/Document/1373573/1373573.htm，2014 - 06 - 24/2015 - 05 - 12。

② 《教育部、国家发展改革委、财政部关于引导部分地方普通本科高校向应用型转变的指导意见》，教育部门户网站，http://www.moe.edu.cn/srcsite/A03/moe_1892/moe_630/201511/t20151113_218942.html，2015 - 10 - 23/2016 - 02 - 24。

学院），其中，中央部属高校2所，省属普通本科院校14所。本论文的主要研究对象为甘肃省地方本科院校，即这14所省属普通本科院校，并重点探讨1999年以后通过合并升本、转制升本、民办升本和独立建本等多种方式向地市级城市布点设立的新建地方本科院校。这14所地方本科院校均采用省市共建，以省为主的管理模式，其办学基本情况如表3—1所示。

表3—1　　　　　甘肃省地方本科院校统计

序号	院校名称	地点	成立时间（年）	升本时间（年）	院校前身	学科门类
1	西北师范大学	兰州	1902	—	国立北平师范大学、甘肃师范大学	哲、经济、法、教育、文、历史、理、工、管理、艺术学
2	甘肃农业大学	兰州	1946	1958	国立兽医学院、西北兽医学院	农、林、工、理学
3	甘肃政法学院	兰州	1956	1989	甘肃省政法干部学院	法、经济、管理、文、工、艺术学
4	兰州交通大学	兰州	1958	—	兰州铁道学院	工、理、经济、管理、文、农、法学
5	甘肃中医药大学	兰州	1978	—	甘肃中医学院	医学为主
6	兰州理工大学	兰州	1919	1998	甘肃省立工艺学校	工、经济、管理、理、艺术、法、文学
7	兰州财经大学	兰州	1952	1998	天水师范高等专科学校	经济、管理学为主
8	天水师范学院	天水	1959	2000	天水师范高等专科学校	文、理、法、工、教育、历史、经济、艺术、管理学
9	河西学院	张掖	1941	2001	甘肃省立张掖师范学校	文、理、农、工、艺术、经济、教育、体育、历史学

续表

序号	院校名称	地点	成立时间（年）	升本时间（年）	院校前身	学科门类
10	陇东学院	庆阳	1978	2003	庆阳师范专科学院	文、历史、教育、法、管理、历史、经济、农、艺术学
11	兰州城市学院	兰州	1958	2006	兰州师范专科学校+培黎石油学校	工、理、经济、管理、法、教育、文、历史、艺术学
12	甘肃民族师范学院	合作	1984	2009	合作民族师范高等专科学校	文、历史、理、语言、教育学
13	兰州工业学院	兰州	1942	2012	培黎工艺学校	工学为主
14	兰州文理学院	兰州	1950	2013	甘肃教育学院+甘肃联合大学	教育、经济、法、艺术、理、文、管理学

资料来源：甘肃省各高校官方网站。

（五）研究意义：理论意义与现实意义

随着全国范围内掀起地方本科院校转型发展浪潮，甘肃省地方本科院校也逐渐意识到转型发展的必要性和紧迫性，但是缺乏有针对性的理论指导和可供借鉴的转型经验。本研究的意义在于通过理论分析和实证研究，来探讨如何推动地方本科院校转型，以提高省域高等教育的办学质量，促进其实现可持续发展。同时，使地方高校在实现特色化发展的基础上，培养大批满足西部大开发、丝绸之路经济带建设等战略发展需求的应用型创新人才。

1. 理论意义

地方本科院校选择什么样的发展道路，按照怎样的办学方向运行，确定何种转型定位，是事关高等教育多样化发展的重大战略问题。甘肃省地方本科院校作为西部高校具有代表性的主体之一，如何在全国范围内地方本科院校转型驱动下走出一条符合自身特点的转型路径，是需要我们予以思考和解决的重要问题。本研究的目的之一是为甘肃省地方本科院校转型发展提供必要的理论指导，消除各利益群体对于转型发展的种种顾虑及质疑，构建从顶层设计到人才培养等不同层次的理性认识，从而保障其承担起应用型创新人才的培养任务。

2. 现实意义

地方本科院校转型发展，不仅仅是基于自身生存发展的需求，更重要的是优化高等教育结构，使地方本科院校做到规避劣势、错位竞争，获取竞争优势，从而实现可持续发展。甘肃省地方本科院校作为甘肃省高等教育体系的重要组成部分，如何走出趋同化的发展误区，实现科学定位，突出办学特色，提高办学水平等战略发展目标，努力做到与区域经济社会发展需求的紧密对接，切实履行其服务地方的办学职能等一系列问题，迫切需要在实践方面进行积极探索，从而为甘肃省地方本科院校转型发展提供可行性建议。

二 相关概念界定

（一）地方本科院校

地方本科院校是指伴随着高等教育大众化进程的推进和高等教育管理体制改革的纵深化发展，通过转制升本、合并升本、民办升本以及独立建本等多种方式，在地市级城市大规模布点，由所在省、市共管，以地方财政供给为主，承担着为地方（行业）培养人才，提供社会服务，并与国家部（委）属高校相对应的普通本科院校。[①] 地方本科院校作为一种满足区域民众接受高等教育和服务地方经济社会发展需求的高等教育类型，其来源主要划分为以下三类：一是改革开放前已存在的地方本科院校；二是20世纪90年代由各部委、行业调整到地方管理的本科高校；三是改革开放以来新

---

① 陈永斌：《地方本科院校转型发展之困境与策略》，《中国高教研究》2014年第11期，第38—42页。

建的，以及由地方专科合并、转制等升格而来的本科高校①。

据教育部官方网站发布的最新统计数据显示，截至 2015 年 8 月 11 日，我国共有普通高等学校 1202 所，除去部委所属的 110 所，余下的 1092 所均为地方本科高校（包含民办本科院校 420 所），约占我国普通高等院校的 91%，属于本科高等教育的中坚力量②。值得注意的是，统计得出的 1092 所普通高等学校是由多种类型的本科院校构成，包括部委或行业转制地方管理的本科院校、拥有较长办学历史的地方本科院校以及新建本科院校，这在一定程度上与地方本科院校的三大来源相吻合。其中，新建本科院校主要是指 1999 年以来，由一批高等专科学校通过多校合并、独立升格以及成人院校转制等方式组建的普通本科院校③，其范围界定主要体现在 1999 年这一时间节点上。目前，我国共有 647 所新建本科院校，约占全国普通本科高等学校数量的 55.3%。在高等教育大众化浪潮的推动下，尽管新建本科院校在办学规模、办学层次以及办学水平等方面得到较大幅度提升，但与老牌本科院校相比，其在教学质量、科研水平、服务社会能力上仍存在一定差距。因此，从高等教育分类发展和满足社会多样化人才需求的角度出发，新建本科院校自然而然地成为现阶段转型发展的主要对象。

（二）应用型本科院校

按照联合国教科文组织的分类，大学可分为三类：第一类是传统的研究型大学，主要从事理论性知识研究；第二类是应用型大学，强调将理论运用于社会实践；第三类是技术技能高等职业院

---

① 王继国、李艳等：《地方本科院校转型发展"是什么"及"为什么"》，《职教论坛》2015 年第 1 期，第 15—20 页。

② 教育部：《2015 年教育统计数据——高等教育学校（机构）数》，http://www.moe.edu.cn/s78/A03/moe_560/jytjsj_2014/2014_qg/201509/t20150901_204585.html，2015 - 08 - 11/2016 - 02 - 24。

③ 王玉丰：《中国新建本科院校转型发展研究——基于自组织理论的分析范式》，教育科学出版社 2011 年版。

校，着重为生产、管理、服务一线培养专门人才。因此，应用型本科院校既不同于传统的学术研究型大学，也区别于高职高专院校，其承担着为满足经济社会发展需要而培养应用型人才的现实使命，其在人才培养规格上，并不追求"高深学问"的研究和知识的全面系统化，而是要求具有适度坚实的理论基础，较宽的专业适应面，能够熟练运用理论知识解决生产实际问题，有较强的科技推广和转化能力的应用型创新人才。

同时，应用型大学大多是地方本科院校，具有一定的地域性特征，需牢固树立"立足地方，服务地方"的服务面向定位，通过主动了解地方行业、企业发展所需的应用型人才类型，切实为地方经济社会发展提供智力支持和人才保障，在与区域发展形成良性互动的同时，为拓宽院校自身发展空间探寻新的出路[①]。

作为我国高等教育重要组成部分的地方本科院校，具有如下4个特点：第一，应用性。主要体现在人才培养类型上，通过制订合理的人才培养方案、计划等，将应用型人才培养作为学校办学的主要目标；第二，地方性。在主动为地方经济社会发展提供服务的同时，突出"为地方培养人才"这一中心任务，努力为地方经济建设和社会发展培养大批用得上、留得住的高素质应用型人才；第三，实践性。强调在教学过程中，突出实践活动的重要性，目的是将学生已掌握的知识、技能真正内化为实际运用能力，提升其实践操作水平；第四，行业性。即以行业为中心设置相关专业，以应用型专业作为主体，体现出专业既根植于行业，又服务于行业的特性。[②]

值得注意的是，应用型本科院校作为高等教育的一种类型，其

---

① 车如山、姚捷：《论应用型大学建设——基于潘懋元先生高等教育观的分析》，《高校教育管理》，http://www.cnki.net/kcms/detail/32.1774.G4.20151019.0951.046.html。

② 魏鋆、唐道武：《试论应用型本科院校的性质》，《教育评论》2009年第6期，第3—5页。

内部又包含了多种高等院校办学类型，如应用技术大学就属于应用型本科院校的一种类型，以科学知识和技能成果的应用为导向进行办学，将技术研发、传播和转化作为办学特色，突出强调应用技能型人才的培养，目的在于使培养出的人才从根本上实现与经济社会发展需求的紧密对接。因此，部分拥有工科发展基础的地方本科院校可以以应用技术大学作为转型发展的主攻方向，而具有一定文科或理科专业基础或实力的地方本科院校，则需要考虑向应用型文科或应用型理科等方向转型发展，以建立教学服务型大学作为转型目标，从而找到一条符合自身发展特点，满足自身发展需求的转型发展道路。①

（三）转型发展

"转型发展"这一概念最早是由我国著名经济学家厉以宁教授提出的，并在其著作《转型发展论》一书中加以详细论述。"转型"是指"社会经济结构、文化形态、价值观念等发生转变"②。因此，转型所描述的并不是对事物特定范围的修补或局部的细微变化，而是事物主导性质的重大变革，即突出强调事物发生质的飞跃。同时，"转型"作为"发展"的一种方式，集中表现为明显的、剧烈的、非线性的变化过程。就"转型"与"发展"的关系来看，二者并非孤立对立，而是辩证统一的，即属于"在转型中发展，在发展中转型"的关系。应用到地方本科院校转型过程中，则强调地方本科院校需不断对自身进行调整与改革，形成转型与发展的良性互动，从而为发展创造一定条件，实现以转型促进发展。同时，转型发展所追求的不是学校局部的细微变化，而是学校主导性质的真正变革。因此，转型的重点应体现为"型"的变化而非"格"

---

① 车如山、姚捷：《论应用型大学建设——基于潘懋元先生高等教育观的分析》，《高校教育管理》，http://www.cnki.net/kcms/detail/32.1774.G4.20151019.0951.046.html。
② 中国社会科学院语言研究所：《现代汉语词典》，商务印书馆2011年版，第1790页。

的升降，而发展的重点则体现为"内涵提升"而非"规模扩张"。①

因此，基于上述分析，从系统、联系的观点来看，可将地方本科院校转型发展表述为：隶属于各省、自治区、直辖市，由省、市共同管理的普通本科院校，从教学、科研、社会服务三项基本职能的角度出发，通过转变办学理念、明确办学定位、调整办学思路、整合教学资源、优化人才培养方案，实现人才培养模式转变、科研创新能力提升以及社会服务功能增强等办学目标，使学校在呈现出不同以往的运行模式和发展机制的同时，更好地为满足区域经济社会发展需求提供智力支持和人才保障。

三　文献综述

通过利用 CNKI、维普、万方等数据库查找有关地方本科院校转型、新建本科院校转型、应用型人才培养等一系列文献资料，以及阅读有关建设应用型大学等专著发现：对地方院校转型、新建本科院校转型发展、应用型大学建设等一系列问题的研究早在 21 世纪头十年就已逐步展开，国内对此类问题的研究处于理论探索阶段，并已取得一定理论成果。但现有研究成果在一定程度上缺乏实证性，大多是对少数转型成功院校的案例分析，而对区域性本科院校转型发展的关注度较低。目前学者们对地方本科院校转型发展研究多集中于以下五个方面：

（一）地方本科院校转型定位研究

办学定位是在综合考虑区域经济社会发展需求，以及院校自身条件、发展潜力和所处的内外部环境等多种因素的基础上，确定人才培养规格、服务面向定位、学校发展目标等多方面内容。办学定位是实施转型发展的前提条件，是决定转型发展的方向性选择。

---

① 王玉丰：《中国新建本科院校转型发展研究——基于自组织理论的分析范式》，教育科学出版社 2011 年版。

通过对搜集到的文献进行整理后发现，可以大致将地方本科院校转型定位研究分为两大类：一类是思辨性研究；另一类是实证性研究。其中，思辨性研究主要是从地方本科院校定位的逻辑起点出发进行研究。如潘懋元、车如山在《做强地方本科院校——地方本科院校的定位与特征研究》一文中明确提出，应用型本科教育的逻辑起点是"专业性应用教育"，即"建立在普通教育基础上的专业性应用型教育"[①]。魏百军在《新建本科院校科学定位的思考》一文中提出，新建本科院校进行科学定位的基本出发点为新设置、地方性和教学型三个要素，其科学定位的基本思路为"坚持主流、动态发展、追求特色、服务地方"[②]。对转型定位的实证性研究则侧重从院校转型的现实角度出发，通过总结近几年部分转型成功的地方本科院校所取得的经验做出更加细致的论断。如顾永安在《关于新建本科院校转型发展的思考》一文中认为，要将培养应用型人才作为学校人才培养目标的基本定位，并在保持学校传统优势与发展特色的基础上，大力发展应用技术教育。潘懋元、车如山在《略论应用型本科院校的定位》一文中，全面论述了应用型本科院校的定位应从发展目标、学科专业、服务面向、教学、人才培养、师资队伍、科学研究 7 个方面进行，并详细介绍了应用型本科院校如何解决在不同领域中遇到的定位问题。孔繁敏在其著作《建设应用型大学之路》中，从人才培养目标、服务对象、学科特色、知识体系建构等方面做出了更加详细的论述。

（二）地方本科院校转型动机研究

关于地方本科院校转型动机研究可以分为两类：一类是从地方本科院校转型的大局出发，探讨其转型发展的一般性动机。如顾永

---

① 潘懋元、车如山：《做强地方本科院校——地方本科院校的定位与特征研究》，《中国高教研究》2009 年第 12 期，第 15—18 页。

② 魏百军、徐挺：《新建本科院校科学定位的思考》，《高等工程教育研究》2006 年第 6 期，第 77—79 页。

安总结得出新建本科院校转型发展的动力来源于两方面：一是高等教育的加速发展，使学校具备了转型的基本条件，形成了转型的内生动力；二是社会经济结构调整升级，对高等教育发展提出了新要求，形成了强大的外驱力。胡超、芢庆辉将推动院校转型发展归结为四大因素，分别是：社会经济转型升级的客观要求；调整和完善我国高等教育结构体系的需要；发达国家和地区应用型人才培养过程的启示；地方本科院校自身发展的需要。第二类是针对地方师范类、民族类等专门性院校的转型发展动机展开研究，此类研究更具指向性，且较之前的一般性动机研究开展的时间要早。如隋勇、秦波在《我国地方高师院校转型发展的背景与问题刍议》一文中指出，地方高师转型发展的动机包括：高师院校教师培养垄断格局改变，教师教育体系开放化；教师专业化成为改革主导，"师范教育"向"教师教育"转型；应用型人才紧缺，区域经济发展对地方高等院校提出了新要求等。韩清林认为对师范教育转型起决定性作用的因素有两个：一是教师供求关系的变化，使得教师队伍由数量扩张型向质量提高型转变，这是推动师范院校转型的社会动因。二是教师专业化。教师专业化决定师范院校转型的价值取向，是推动师范院校转型的根本因素。

（三）地方本科院校转型困境研究

地方本科院校实施转型发展并非一蹴而就，在建设应用型大学的各个方面均存在不同程度的问题及困境，主要表现为以下四个方面：

首先，在转型观念上，长期存在的重学轻术、重理论轻实践的传统思想理念对转型发展造成一定程度的阻碍，导致地方本科院校的中高层领导对转型发展持有观望、迟疑甚至质疑的态度；而教职工人员则担心因为转型使学校"降格"，致使自身地位由"学者"降为"技师"，一部分中老年教师也会因不适应应用型人才培养的教学体系而面临职业危机。其次,在专业设置上,主要表现为同质化趋势明显,缺乏区域性、应用性特征。大部分地方本科院校热衷于设置专业成本低且受学生追捧的热门专业,并未有效对接区域经济发展需求,盲目按照学科体系或现有教师资源设置专业,导致学科专业设置趋同度高,专业建设与地方产业发展相脱节且同质化发展倾向严重,人才培养无明显特色。再次,在师资队伍建设方面,存在结构失衡且缺乏实践经验等多种问题。地方本科院校由于先前不正确的办学定位,多以培养学术研究型人才为己任,进而以高学历作为人才引进主要标准,大力引入学者、教授及博士学位人才等担任教师,而忽略了对拥有较多行业、企业实践经验的兼职教师的聘用,致使学科发展日渐学术化、理论化,缺乏应用性专业建设的教师资源。最后,在评价制度方面,目前,均按照教育部统一制定的学术性标准对不同类型的高校进行评估,地方本科院校既面临着以区域行业产业贡献率为价值导向的评价标准,又不得不考虑满足现行普通本科院校教育质量评价标准。同时,评价主体较为单一,缺乏行业、企业及第三方机构参与评价。[①]

(四) 地方本科院校转型内容研究

此问题主要是从地方本科院校自身发展的角度出发以开展院校转型的内容研究,着重研究地方本科院校如何根据自身实际情况进行调整与变革,从而顺利实现转型发展。

目前,关于地方本科院校转型内容研究的文章数量较多,几乎涉及学校各个方面的变革,但主要着眼于院校内部的转变,即突出强调院校内涵式的发展方式。如潘懋元在《什么是应用型本科》一文中提出院校转型不仅仅是观念上的转变,地方本科院校还应采取

---

① 梁丹、徐涵:《地方本科院校转型发展的研究现状及思考》,《职教论坛》2015 年第 1 期,第 37—41 页。

切实有效的办法确保实质上的转型。① 如课程建设强调坚实的理论基础，教师自编应用型教材，大力落实产学研教育以及优化师资队伍建设等。同时，潘懋元在《应用型本科教育特点与建设重点的探讨》一文中，着重强调地方本科院校转型应采取必要措施将培养应用型人才落到实处，这些具体措施包括课程建设坚实而非深厚，建设应用型精品教材，重视双师队伍和实训基地建设等。② 而顾永安通过《高等教育大众化背景下新建本科院校转型发展研究》课题得出一个较为全面的观点，他认为新建本科院校转型发展主要涉及三个层面的内容，一是转型发展战略，包括逻辑前提、办学定位、动力机制、目标驱动等，构成院校转型的总依据。二是转型发展过程，包括实现转型、构建特色、创建品牌等一系列阶段。三是转型发展内涵，主要表现为学科建设、专业设置、人才培养、队伍优化、制度创新、文化培育等，目的是提升新建本科院校的办学质量和竞争实力。以上三个方面充分说明了转型发展是一个系统性工程，需要各方面协同推进才能实现。

客观地说，转型发展虽然强调院校自身的调整与变革，但是转型的内容不宜过宽，包罗万象的转型往往会顾此失彼，必须遵循"有所为，有所不为"的转型宗旨。地方本科院校如何充分利用自身优势资源，通过培育学科特色进而确立优势学科资源，走出一条特色化的发展道路，才是地方本科院校实现后发赶超先进的有效路径。

（五）地方本科院校转型路径研究

地方本科院校转型如何有效开展并得以贯彻落实？地方本科院校从哪些方面着手推进转型？这些都是关乎地方本科院校转型成败

---

① 潘懋元：《什么是应用型本科？》，《高教探索》2010 年第 1 期，第 10—11 页。
② 潘懋元：《应用型本科教育特点与建设重点的探讨》，《广东白云学院学报》2010 年第 2 期，第 3—5 页。

与否的关键性问题。因此，地方本科院校选择何种转型路径也是学者们普遍关注的热点问题。院校转型路径的研究主要是一种实践性研究，突出一定的可行性和实用性，目的在于使地方本科院校在短时期内实现内涵式发展。

潘懋元先生在《产学研合作教育的几个理论问题》中提出，"产学研合作"是应用型人才培养的重要途径。通过理论分析得出产学研合作教育的三大原则：互利性原则、协调性原则和教育性原则。并特别说明产学研结合的原则具有一定的抽象性，在具体应用过程中需要结合相应的实践经验。[①] 韩红建在《基于创新理念的应用型创新人才培养体系研究》一文中提出，"校企合作"是目前最为实用的应用型人才培养模式。地方院校应结合不同专业的特点，安排学生深入企业一线实习，不仅可以强化学生的基础知识，而且使学生的实践动手能力和创新能力得到培养和提升。因此"校企合作"被普遍认为是地方本科院校实现转型发展的一种有效途径。[②] 顾永安在《关于新建本科院校转型发展的思考》一文中则认为，新建本科院校应以现代大学功能的实现作为转型发展的主线，并遵循五条具体路径进行转型，分别是：优化学科专业布局，推动学科专业建设转型；优化培养方案，推动人才培养定位转型；加强科技服务工作，推动办学功能转型；提升教师和管理人员素质，推动队伍建设转型；创新校内管理体制，推动组织管理转型升级[③]。同时，顾永安在《新建本科院校转型发展论》一书中，详细地指出了地方本科院校转型的实现路径，即"校地互动"战略。这种互动模式主

---

① 潘懋元：《产学研合作教育的几个理论问题》，《中国大学教学》2008 年第 3 期，第 15—17 页。

② 韩红建：《基于创新理念的应用型创新人才培养体系研究》，《教育探索》2013 年第 5 期，第 129—130 页。

③ 顾永安：《关于新建本科院校转型发展的思考》，《教育发展研究》2010 年第 3 期，第 79—83 页。

要包括四个方面的内容，分别是学校与地方政府、学校与行业、学校与企业以及学校与院所的互动发展，互动可以从人才培养、科学研究、社会服务以及文化传承与创新等方面进行，通过相互作用、相互影响促进校地相互合作、共生共赢和科学发展。

纵观各位学者的研究可以发现：地方本科院校转型路径研究是基于实践需要而展开的，研究提出的各项建议有其合理的一面，但多聚焦于转型路径的共性特征分析，大部分是针对地方本科院校转型发展的基础理论研究，对可操作性强的实践路径缺乏研究。因此，无法有针对性地帮助地方本科院校走出一条符合自身发展特点的转型发展路径。

四 研究思路与方法

（一）研究思路

以理论分析作为研究前提，选取有代表性的甘肃省地方本科院校作为案例进行详细研究，在此基础上发现甘肃省地方本科院校在转型发展过程中存在的问题，并结合区域内行业产业等发展的迫切需求，寻找其与地方本科院校转型发展的契合点，有针对性地提出具有可操作性的合理化建议，从而为甘肃省地方本科院校实现转型发展提供相应指导。

具体地说，本研究是在充分了解地方本科院校转型发展理论的前提条件下，针对甘肃省地方本科院校发展的现状及存在的问题，确定哪些地方本科院校有必要且适合转型。在划定转型范围后，针对院校自身的办学条件及办学特点，重点提出院校转型发展的有效措施，如在学科专业建设、课程开发、师资队伍建设、人才培养、教学评价等方面展开具体论述，切实解决其在转型中遇到的现实困难。同时，结合国内其他区域内地方本科院校转型的成功案例，并借鉴国外创业型大学在人才培养方面的成功经验，为甘肃省地方本科院校转型发展提供参考。

（二）研究方法

文献研究法：利用中国 CNKI 学术总库、维普中文科技期刊数据库、万方数据库等检索并收集整理出 2000 年以来有关"地方本科院校转型""新建本科院校转型""应用型人才培养"等主题的文献资料，查阅了关于院校转型的相关著作，从而了解已有的研究成果，形成对地方本科院校转型发展的理论认识，为日后研究奠定理论基础。

案例研究法：本研究拟选取甘肃省域内具有代表性的地方本科院校作为案例开展研究，了解此类地方本科院校升本后的发展状况，基于现状进行转型的可行性分析，有针对性地选择具有转型条件的学科或专业优先进行变革，以此带动院校整体的转型发展，并实现院校的特色化发展，从而为甘肃省内其他本科院校的转型发展提供经验借鉴。

调查研究法：主要采用访谈法，通过事先制定访谈提纲，有计划、有目的地访问转型案例院校的中上层领导干部、教职工人员等，以进一步了解案例院校不同群体（包括教学、管理人员）对于转型发展所持有的态度和想法，探寻学校在转型过程中所面临的困境及阻碍因素，从而为本研究提出切实可行的转型策略提供帮助。

第二节　地方本科院校转型的理论探析与政策依赖

一　地方本科院校转型发展的理论探析

（一）地方本科院校转型发展的理论基础

1. 教育外部关系规律对高等教育的指引

1980 年，潘懋元先生在湖南大学举办的一期部校院长学习班上正式提出"教育内外部关系规律",后来被整理为"教育基本规律及其在高等教育中的应用"而广为流传,并于1983年编写《高等教育学讲座》一书时做了相关修正。在其所著的《高等教育学》一书中,明确提出:"教育的外部关系规律指教育必须与社会发展相适应。适应,包含着两个方面的意义:一方面,教育要受到一定社会的经济、政治、文化等所制约;另一方面,教育要对一定社会的经济、政治、文化的发展起作用,以推动社会的进步"[①]。后期,他还特别强调了教育外部关系规律中的"适应"具有"主动适应"和"多维适应"两方面的内涵。"主动适应论"就要积极发挥教育主体的价值判断和选择作用,具体表现为高等教育要主动适应市场经济和知识经济时代的要求等。而"多维适应论"就是要适应现代社会多方面的社会需要,而不仅仅是满足某一方面的社会需要,否则就成为"片面适应",无法真正发挥教育促进社会健康发展的作用。

教育外部关系规律启示我们要把高等教育融入整个现代社会大系统中来研究,密切关注高等教育与社会发展之间的互动关系及其给各自带来的变化和发展。建设应用型大学本质上遵循了教育外部关系规律的指引,具体要求地方本科院校树立"为地方服务"的战略思想,与地方行业、企业建立良好的合作关系,成为地方经济社会发展中的高新科技产业"孵化室"和传统技术改造站,在地方经济发展和社会变革中发挥主导作用。而学校自身也可依托行业、企业建成一批基础实力雄厚的优势学科和特色专业,进而走上特色应用型发展道路。同时,地方本科院校积极推进转型,大力发展应用型本科教育,符合"教育发展必须与社会经济发展相适应"的规律,但各院校需注意的是,在制定转型发

---

① 潘懋元、王伟廉:《高等教育学》,福建教育出版社2013年版,第31页。

展战略规划时，要立足在各自层次和类型中争创一流，切忌随大流与急功近利。①

2. 高等学校的社会职能

一般认为，高等学校将社会服务演变为一项职能，起源于19世纪中叶的美国。林肯总统于1862年签署了世界著名的《莫雷尔法案》（Morrill Act），赠地学院随之诞生。在建设之初，赠地学院通过开设一系列"短期课程"来推广农业科学和机械制造知识，设立农业技术实验指导站，为当时各州政府提供日渐多样的社会服务。随后，一大批州立大学逐渐成立，如被大众熟知的加利福尼亚大学、麻省理工学院、俄亥俄州立大学、康奈尔大学等。其中，在查尔斯·范海斯（Charles Van Hise）校长带领下得以飞速发展的威斯康星大学，将"公共服务"作为大学的第三项职能得以确立，同时将高校开展社会服务活动推向高潮，并由此产生了著名的"威斯康星思想"。该思想的本质是"大学的边界即州的边界"，具体包括两层含义：一是大学从社会发展的需求出发，将整个州作为大学的校园和活动范围，在全州积极开展知识和技术推广服务活动；二是大学与州政府密切进行合作，大学内部各学科专家、学者们受聘担任州政府不同部门的领导和顾问，学生也积极投身于社会各项公共服务活动中，与此同时，州政府的一些官员及专家也被邀请到当地高校讲学或担任兼职教师。② 这一思想理念打破了传统大学相对封闭的运作模式，使大学通过开展专业化的学术活动在政治事务和公共活动中发挥广泛参与和积极引导的作用，促使应用性科学研究逐步受到重视，将大学发展同区域经济社会发展紧密联系起来，大学日渐凸显出强大的组织、变革、促进社会发展的能力。

---

① 潘懋元、车如山：《略论应用型本科院校的定位》，《高等教育研究》2009年第5期，第35—38页。

② 王继国、李艳等：《地方本科院校转型发展"是什么"及"为什么"》，《职教论坛》2015年第1期，第15—20页。

值得注意的是,高等学校的社会职能,不仅仅是为满足社会发展的需要,也是高校自身发展的内在逻辑所需。① 大学处于社会科技文化发展中心地位,有必要也能够肩负起为社会,尤其是为当地政府在各方面实际工作中起咨询、指导作用。同时,高校通过积极履行社会服务职能,广泛参与社会实践活动,有利于师生切实了解生产生活实际,及时根据社会需求调整教育教学及科学研究工作,不断提高人才培养的社会适应性。在社会与高校的良性互动中,提高学校教育质量和人才培养的服务精神。地方本科院校转型之路也是教育改革的必由之路,地方院校不能成功转型,教育服务社会经济发展的功能将无法实现。②

3. 高等教育质量观

1998 年,在巴黎召开的首届世界高等教育会议通过了《21 世纪高等教育展望和行动宣言》,其中特别指出:"高等教育的质量是一个多层面的概念",要"考虑多样性和避免用同一尺度来衡量高等教育质量"。③ 因此,要扭转目前"千校一面"情况的持续恶化,可以通过改变过去单一的学术型主导的高等院校评价标准和评估模式,构建适合高等教育大众化发展的、多元化的高等教育质量观,使其成为既包括传统精英型教育质量观在内的,同时也适合应用型大学建设的综合性高等教育质量观。

正如《高等教育法》所说,"采取多种形式积极发展高等教育事业",即高等教育大众化的实现是以多样化为前提的。④ 在过去的十几年中,为实现高等教育大众化"量"上的突破,我国各级地方

---

① 潘懋元、王伟廉:《高等教育学》,福建教育出版社 2013 年版,第 41 页。
② 谷菲菲:《地方本科院校转型的误解与反思》,《中国国情国力》2015 年第 1 期,第 63—64 页。
③ 车如山:《潘懋元高等教育观评述》,《西北成人教育学报》2010 年第 1 期,第 36—38 页。
④ 潘懋元:《走向大众化时代的高等教育质量——在全国高等教育学研究会第六届学术年会开幕式上的发言》,《高等教育研究》2001 年第 4 期,第 1—2 页。

政府通过独立及合并升格的方式新建了大批地方本科院校，若继续使用传统的本科精英型教育标准来衡量其院校建设，必然对其产生一定程度的误导。因此，根据应用型大学发展特点所构建的质量评价机制，在对办学水平展开评价时，要始终围绕其对经济社会发展的促进作用来进行，从而使高等教育质量评估标准体现多元化的高等教育质量观。同时，地方本科院校在转型发展过程中，也应注重自身质量保障体系建设，使其人才培养质量得到相应的内部保障，以此获得社会及用人单位的认可。

4. 人力资本理论

从严格意义上说，西方人力资本理论肇始于20世纪五六十年代，其先后经历了古典政治经济学的人力资本思想、新古典经济学的人力资本思想、现代人力资本和当代人力资本理论等不同的发展演变阶段，使人力资本理论得以不断完善，并最终确立了人在物质资料生产过程中的决定性作用。

对该理论做出开创性贡献的美国著名经济学家西奥多·W.舒尔茨凭借其经典的理论研究成果，荣获1979年诺贝尔经济学奖，并被后人誉为"人力资本之父"。舒尔茨首次将资本划分为物质资本与人力资本两大类型，指出"人力资本是为提高人的能力而投入的一种资本"[①]，而人力资本形成的核心则是进行人力资本投资，主要包括用于教育培训的支出、卫生保健事业的费用、劳动力在国内流动的支出、移民入境的支出这四大方面内容。[②] 人力资本理论突破了传统经济理论在解释各种要素对经济增长贡献的局限性，科学地分析了"二战"后发达国家，尤其是西德和日本经济复兴的根本原因，并突出强调了人，特别是具备专业知识和核心技能的高质量

---

① 西奥多·W.舒尔茨：《人力资本投资——教育和研究的作用》，商务印书馆1990年版。
② 惠宁：《试论人力资本理论的形成及其发展》，《江西社会科学》2008年第3期，第74—80页。

人才,是推动经济持续较快发展的关键因素和真正动力,由此体现出人的知识和能力对经济发展的决定性作用。不同质量的人,其对生产发展所作的贡献就会不同,高质量劳动力可以得到较高的劳动生产率,对生产的贡献自然就大。① 所以,通过增加人力资本投入来不断完善人力资本,进而提高人才培养质量,也是促进经济增长的有效方法之一。

特别是在知识经济时代,人力资本在经济发展中的作用日益凸显并成为经济增长的主导力量,据有关专家推测,当今全球化经济体系中,物质资本投入每增加1美元,产出即增长1—3美元;而人力资本投入每增加1美元,产出便增长3—10美元②,恰恰说明人力资本投入的重要性。因此,地方本科院校应在人才强国战略的支持下,大力培养适应区域经济社会发展的应用型创新人才,以构建一批结构合理、规模适中、素质较高的应用型人才队伍,在满足产业结构升级和新兴产业发展需要的基础上,实现"人口红利"向"人才红利"的转变,从而为经济社会发展提供智力支持和人才保障。

(二) 地方本科院校转型发展的现实动因

1. 经济社会发展的需求

随着经济全球化的深入发展和社会主义市场经济体制的建立,使我国劳动力结构和人才培养模式从根本上发生了改变,尤其是在产业转型升级和经济结构调整时期,社会生产方式急剧转变,需要大批在生产、经营、管理等一线从事应用研究、技术开发、产品试制,可使研究工作深化、生产水平提高的应用型高级专门人才。同时,我国正处于经济发展新常态、"中国制造2015"、"一带一路"、

---

① 王明杰、郑一山:《西方人力资本理论研究综述》,《中国行政管理》2006年第8期,第92—95页。

② 同上。

区域特色优势产业转型升级等一系列战略背景下，经济增长速度逐渐由高速增长变为中高速增长，经济结构不断优化升级，经济发展从要素驱动、投资驱动转为创新驱动，积极培育新的经济增长点，顺应"互联网+"发展趋势，大力推广绿色制造、智能制造，使我国从制造大国转变为制造强国。① 目前，我国经济社会发展与人才结构间存在着一定程度的矛盾，出现了应用型人才短缺的现象。因此，要求高等教育的人才培养必须主动适应现代经济与社会发展的人才需求。

具体到地方本科院校，应走出传统的"精英教育办学理念"和"学术型"的培养模式，转变落后的人才培养理念，从经济社会发展对人才提出多层次、多类型需求的现实出发，准确定位区域内人才需求类型，创新人才培养模式，切实培养出数以千万计的具有扎实理论基础，能够较好地运用专业知识，解决生产和生活中实际问题，以适应社会发展的多样化需求，在工作实践中有所创新的应用型人才。目前，已有越来越多的地方本科院校走上应用型大学建设之路，将原来定位于综合性、研究型大学的发展目标改为建设应用型、职业型或技能型高校，致力于培养适应现代经济社会发展需求的应用型创新人才，从而满足社会主义现代化建设对高级专门人才的多样化需求。

2. 地方本科院校自身寻求改革

大部分地方本科院校经过独立或合并升格后，实现了办学层次的提升，为未来赢得了更大的发展空间，但也存在着办学理念滞后、发展定位不清、办学基础薄弱、获取社会资源能力有限、服务地区行业企业水平不足等一系列亟待解决的问题。在高等教育大众化背景下，面对高校发展趋同化日益严重的现实情况，地方本科院

---

① 夏建国、周太军：《中国制造 2015 和应用型大学发展》，《中国高等教育》2015 年第 9 期，第 24—27 页。

校逐渐认识到，需改变传统的"精英型"办学理念和发展模式，在办学理念、发展路径、学科建设、师资建设、人才培养以及质量评估等方面寻求新的突破。

因此，面对来自内外部转型动力的推动，部分地方本科院校在综合考虑各方面因素的前提下，做出向应用型本科院校转型的重大战略决定。这里所要实现的转型包含两个层面的内涵：一是指共性层面的转型，即实现从专科教育向本科教育的彻底转变，其实质是"内涵升本"，这是学校办学层次提升产生的必然要求，解决的是合格本科院校建设的问题；二是指个性层面的转型，即学校在实现共性层面转型基础上，根据自身办学定位，进行各具特色的相关转型，着重突出院校的办学特色，目的是走出一条特色强校之路[①]。地方本科院校需积极顺应经济社会发展和高等教育改革新趋势，及时制定转型发展战略规划，主动求变求新，走出一条既不同于传统研究型大学，也区别于老牌本科院校特色化发展路径，深入为地方经济社会发展服务当中，主动适应产业结构升级和制造强国战略的需要，使院校在进一步拓展自身发展空间的同时，实现可持续性发展。[②]

3. 解决就业问题的现实选择

目前，我国劳动力市场上出现的毕业生结构性失业问题，突出表现为企业"用工荒"和大学生"就业难"的矛盾，从表面上看是由人才供给与需求失衡引起的，但其根源则是我国高等教育结构的失调，致使大批地方本科院校集中向精英型教育模式看齐，沿着传统研究型大学的方向发展。因此，推动地方本科院校转型发展势在必行，切实解决高校毕业生面临"高不成、低不就"的尴尬处

---

① 傅大友：《新建期、应用型、地方性：新建本科院校转型发展的关键词》，《中国高等教育》2010年第22期，第25—27页。

② 曲殿彬、赵玉石：《地方本科高校转型发展的问题与应对》，《中国高等教育》2014年第12期，第25—28页。

境，填补本科层次职业教育的空白，促进我国高等教育结构优化。

教育部副部长鲁昕在"产教融合发展战略国际论坛"上指出："地方本科高校转型发展是实现经济发展方式转变、产业结构转型升级的迫切要求，也是解决新增劳动力就业结构性矛盾的迫切要求。"因此，走应用型大学建设之路是解决当前毕业生就业问题的现实选择。

大部分地方本科院校应将培养适应地方经济社会发展多样化需求的应用型人才作为核心任务，其人才培养规格要求掌握一定程度的基础理论知识和专业知识，并能够熟练运用知识解决生产实际问题。地方本科院校应充分利用其在应用型人才培养方面的绝对优势，充分了解所在区域行业、企业的人才需求类型，并结合自身办学特色，制定以应用型人才培养为核心的战略发展规划，在实现自身办学实力提升的同时，履行其"为地方服务"的发展面向定位，从而与地方行业企业发展形成良性互动，实现互利共赢。

4. 完善高等职业教育体系

按照办学层次的不同，可将我国高等教育结构划分为学术型高等教育和职业型高等教育两种类型。我国高等职业教育起步于20世纪80年代左右，目前处于高等教育体系中的最低层次而存在，并未成为一种相对独立的高等教育类型。由于受到办学层次不完整、职普教育沟通困难、社会声誉较低等一系列因素影响，高等职业教育仍以一种"断头路"的教育形式而存在。

根据我国政府及教育部出台的相关政策安排，未来我国高等职业教育的改革方向，是将高等职业教育单独作为一种特殊的高等教育类型进行体系建构。也就是说，高等职业教育应该像一般高等教育系统一样有一个完整体系，以逐步建立一个"与普通高等教育并行且相互沟通、办学主体多样、学历层次齐全、办学功能完备，以市场为办学导向，以应用为根本特点的开放式、高水平的高职教育办学体系"①。而在推进地方本科院校实现转型发展的过程中，可为进一步丰富高等职业教育办学层次提供帮助，通过弥补本科层次职业教育的缺失，来构建一套从中职、高职到本科层次职业教育，甚至到专业学位研究生教育的职业教育发展"立交桥"，以进一步完善我国高等职业教育体系，从而提升高等职业教育的社会吸引力和影响力。

二 地方本科院校转型发展的政策依赖

（一）国家政策导向下的地方本科院校转型发展

自2013年6月起，在教育部的推动下，35所地方本科院校率先在天津成立了"应用技术大学（学院）联盟"（AUAS）并组建了地方高校转型发展研究中心，预示着地方本科高校转型发展序幕由此拉开。其实，《国家中长期教育改革与发展规划纲要（2010—2020年）》中指出："适应国家和区域经济社会发展需要，建立动态调整机制，不断优化高等教育结构。优化学科专业、类型、层次结构，促进多学科交叉融合。重点扩大应用型、复合型、技能型人才培养规模"，这一政策已从调整高等教育结构角度出发阐释了院校转型的必要性。

随后，2014年2月26日，国务院常务会议做出"引导部分普通本科高校向应用技术型高校转型"战略部署。3月22日，教育部副部长鲁昕在"中国发展高层论坛"上明确要求"600多所地方本科高校向应用技术型院校转型"。4月初，178所高校齐聚驻马店，召开产教融合发展战略国际论坛，并联合发布了《驻马店共识》，成为转型发展的领跑者。同年6月22日，国务院颁布了《国务院关于加快发展现代职业教育的决定》，其中提出"采取试点推

---

① 张应强：《当前我国高等职业教育改革发展的两个问题》，《苏州大学学报》（教育科学版）2014年第2期，第39—45页。

进、示范引领等方式，引导一批普通本科高等学校向应用技术类型高校转型，重点举办本科职业教育"的战略举措。①并在教育部等六部门印发的《现代职业教育体系建设规划（2014—2020年）》中详细指出："积极推进以部分地方本科高校为重点的转型发展试点，支持一批本科高等学校转型发展为应用技术类型高等学校，进一步形成一批支持产业转型升级、加速先进技术转化应用、对区域发展有重大支撑作用的高水平应用技术人才培养专业集群。"② 2015年伊始，在全国教育工作会议上，教育部部长袁贵仁发表的题为《全面深化综合改革　全面加强依法治教　加快推进教育现代化》讲话，就"转型"做了更为深入的阐释，认为"转型的关键是明确办学定位、凝练办学特色、转变办学方式，把办学思路真正转到服务地方经济社会发展上来，转到产教融合校企合作上来，转到培养应用型技术技能型人才上来，转到增强学生就业创业能力上来"，并明确提出"转型是已有普通本科院校办学思想、模式的调整，不是'挂牌'，不是更名，不是学校升格。转型要积极稳妥推进，不搞一阵风；要从各地各校实际出发，不搞一刀切"。在同年政府工作报告中，李克强再次指出，要引导部分本科院校向应用型转变。2015年10月，党的十八届五中全会通过的《中共中央关于制定国民经济和社会发展第十三个五年规划的建议》明确要求，"优化学科专业布局和人才培养机制，鼓励具备条件的普通本科高校向应用型转变"。紧随其后，10月23日，教育部、国家发展和改革委员会、财政部联合发布了《关于引导部分地方普通本科高校向应用型转变的指导意见》，要求转型遵循"试点先行、示范引领"原则，

---

① 《国务院关于加快发展现代职业教育的决定》，国务院新闻办公室门户网站，http://www.scio.gov.cn/ztk/xwfb/2014/gxbjhzyjyggyfzqkxwfbh/xgbd31088/Document/1373573/1373573.htm，2014-06-24/2015-05-12。

② 梁丹、徐涵：《地方本科院校转型发展的研究现状及思考》，《职教论坛》2015年第1期，第37—41页。

"确定一批有条件、有意愿的试点高校率先探索应用型（含应用技术大学、学院）发展模式"①。该《指导意见》明确提出四个方面转变：一是办学思路要转到服务地方经济社会发展上来；二是办学方式要转到产教融合校企合作上来；三是人才培养定位要转到培养应用型技术技能型人才上来；四是人才培养目标要转到增强学生就业创业能力上来，以此提升地方本科院校服务区域经济社会发展的能力。②

（二）甘肃省级政策指导下的地方本科院校转型发展

在地方本科院校实施转型发展的过程中，不仅会受到中央政府相关部门出台的高等教育政策，特别是有关转型发展政策的影响，而且还会有来自省级政府甚至所在地市级政府相关政策的约束。③目前，大部分地方本科高校都遵从"省市共建，以省为主"的院校管理体制，其在人才引进、干部任免、招生考试、专业设置、经费管理、资源配置、校地关系等多个方面均受到一定程度的限制，致使地方本科院校的办学自主权迟迟难以扩大和落实。但是，伴随我国高等教育管理体制改革的深入发展，地方政府统筹管理区域高等教育的权利日益扩大，同时，地方政府也逐渐意识到支持本地区高等教育事业发展对于支持区域产业转型升级、获取中央财政经费保障等的重要性。因此，甘肃省政府、甘肃省教育厅也积极出台了相关政策以支持甘肃省地方本科院校转型发展。

根据《甘肃省中长期教育改革和发展规划纲要（2010—2020

---

① 《教育部 国家发展改革委 财政部关于引导部分地方普通本科高校向应用型转变的指导意见》，教育部门户网站，http://www.moe.edu.cn/srcsite/A03/moe_1892/moe_630/201511/t20151113_218942.html，2015-10-23/2016-02-24。

② 孙诚：《引导部分普通本科高校向应用型转变势在必行》，中国高等教育，http://mp.weixin.qq.com/s?__biz=MzAwMzAxMjM5NQ==&mid=400631339&idx=2&sn=8800f27a566e5878ccbbf628abc07a71&scene=23&srcid=11183RDpq2O7qwPaDUpx0EMH#rd。

③ 张应强：《从政府与大学的关系看地方本科高校转型发展》，《江苏高教》2014年第6期，第6—10页。

年)》的战略部署,将"优化结构、强化基础、提高质量、突出特色、增强创新与服务能力作为全省高等教育的工作主线,把提高质量作为高等教育改革发展的核心任务","引导高校根据经济社会发展需要及时调整学科专业,大力扶持优势明显、特色鲜明的学科专业,积极培育经济社会发展急需的学科专业,强化与战略性新兴产业紧密相关的学科专业建设",并建立科学合理的高校分类评估新机制,以形成类别清晰、特色鲜明的高等教育体系。于 2012 年发布的《甘肃省"十二五"高等教育发展规划》从"合理定位、突出特色"原则出发,提出"建立高校分类体系,克服各高校专业同构化倾向,不急功近利,不盲目攀比,打造自身特色和品牌,促进办学水平的整体提升",并重点论述了"产学研结合"模式的实现路径[①]。同时,《甘肃省中长期人才发展规划(2010—2020 年)》预测,随着甘肃省经济迅速发展、产业结构不断调整,到 2020 年,对各类人才需求总量将大幅度增加,在对甘肃省高等教育提出人才培养和科技研发新要求的同时,也为甘肃省本科院校的发展提供了广阔空间和良好机遇。

自 2014 年上半年,中央政府及国家有关部门陆续出台了一系列地方本科院校向应用技术型大学转型发展的政策和文件,随之在全国掀起了地方高校转型发展的改革热潮,甘肃省政府、甘肃省教育厅于 2015 年 7 月 6 日出台了《关于引导部分省属本科院校向应用技术型大学转型发展的通知》,该文件提出:"将天水师范学院、兰州城市学院、河西学院、陇东学院、兰州工业学院、兰州文理学院等 6 所本科院校和兰州交通大学博文学院、兰州理工大学技术工程学院等 2 所独立学院列为我省首批转型发展试点院校。同时,支持其它省属本科院校根据各自实际和发展需要,在二级学院或专业

---

① 《甘肃省"十二五"高等教育发展》,甘肃省教育网,http://www.gsedu.cn/redzt/gan-ssjytzggzt/jiaoyghgy/2012/03/25/1332640272943.html。

（群）开展转型试点工作"①，由此正式开启了甘肃省地方本科院校转型发展的试点工作。为进一步贯彻落实试点工作，甘肃省教育厅于 2015 年 12 月发布了《甘肃省关于高校转型发展的保障措施及推进机制》，从扩大办学自主权、加强政策引导和组织领导、加大经费支持力度、建立分类评估体系等多个方面，为地方本科院校转型试点提供必要保障。

第三节 甘肃省地方本科院校转型发展案例研究

兰州文理学院作为一所新兴的全日制普通本科高等学校，成立于 2013 年，是在原甘肃联合大学的基础上升级为省属本科院校。学校位于甘肃省兰州市城关区雁滩黄河之滨，校园占地面积 1387.19 亩，生均占地 101.21 平方米，校舍建筑面积 33.29 万平方米，生均 36.43 平方米，其中教学科研行政用房 21.33 万平方米。现有全日制在校生 9000 余人，教职工 700 余人。拥有各类实验实训室 82 个，其中涉及第一批升本专业的旅游管理类、艺术设计类、应用化学类实验室的硬件设施已达到了全省先进水平。图书馆拥有纸质藏书 100 余万册，电子资源容量为 4260GB，2010 年 8 月，该校图书馆被省政府确定为第一批"甘肃省古籍重点保护单位"。

学校现有旅游学院、新闻传播学院、文学院、社会管理学院（马克思主义学院）、经济管理学院、数字媒体学院、化工学院、电子信息工程学院、师范学院、外语学院、音乐舞蹈学院、社会体育学院、美术学院、继续教育学院、艺术中专部（甘肃省艺术学校）共 15 个教学单位。开设本科专业 11 个，专科专业 45 个，涉及财

---

① 甘肃省教育厅：《关于引导部分省属本科院校向应用技术型大学转型发展的通知》，http://www.gsedu.gov.cn/Article/Article_29817.aspx。

经、法律、旅游、文化传媒、公共事业、电子信息、生物制药、艺术设计等 11 个学科大类、25 个专业类别，基本形成了文化类、旅游类、传媒类、艺术类、电子信息类、经济金融类等应用型学科专业群，集中为第三产业特别是现代服务业、文化产业的发展提供全方位教育服务。

兰州文理学院大力实施"人才强校"战略，采用外引内培的方式加强师资队伍建设，聘请国家级传媒、艺术等行业领军人物担任驻校专家，吸引一批实践经验丰富的专业技术人才作为兼职教授，选派骨干教师到国内外知名高校进行访学和开展学术交流。学校在"十二五"期间，共组建省级教学团队 4 个、省级特色专业 4 个、省级精品课程 9 门，其中，环艺设计专业被评为教育部重点专业建设项目。近几年，学校有多名教师荣获省级教学名师称号，拥有省级教学成果奖、"省园丁奖"、高校青年教师成才奖等多种奖项。

一 兰州文理学院发展演变历程

兰州文理学院的前身为两所院校，分别是创办于 1950 年的甘肃教育学院和 1985 年的甘肃联合大学，其后，于 2001 年 7 月将两所院校合并组建了甘肃联合大学，经过十多年的发展，后经教育部批准，于 2013 年 4 月，在原甘肃联合大学的基础上升格为兰州文理学院。如图 3—1 所示的兰州文理学院演变流程，可以清楚地了解该学校的发展演变历程。

兰州文理学院的前身之一为 1962 年成立的甘肃教育学院，其分别由创建于 1950 年的兰州工农速成中学和 1956 年的甘肃师范专科学校改建而成，属于一所师范类成人本科院校，具有悠久的办学历史。两所院校在一定历史阶段虽"各自为政"，但却相互影响。1956 年 9 月，在兰州工农速成中学的基础上设立甘肃五年制师范专科学校，两年后，兰州工农速成中学更名为兰州工农中学，甘肃五

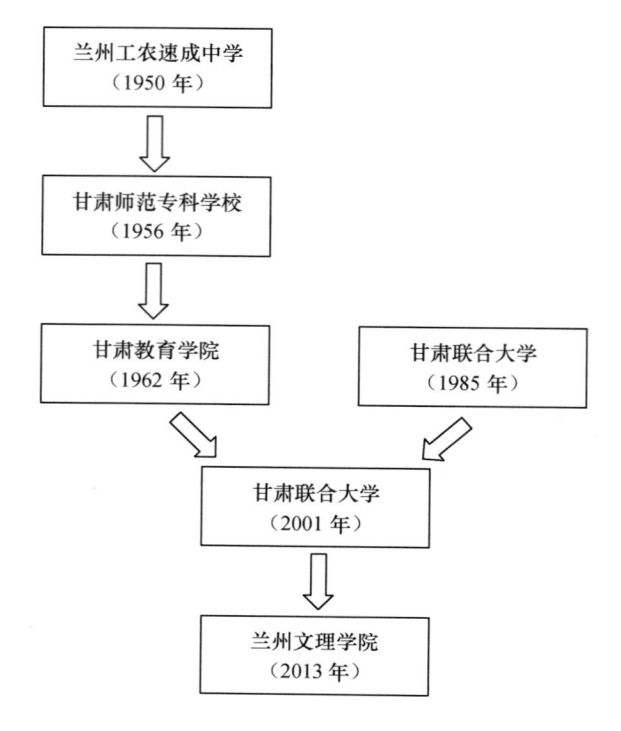

```
兰州工农速成中学
   (1950 年)
      ↓
甘肃师范专科学校
   (1956 年)
      ↓
甘肃教育学院        甘肃联合大学
  (1962 年)          (1985 年)
      ↘              ↙
        甘肃联合大学
         (2001 年)
            ↓
        兰州文理学院
         (2013 年)
```

图3—1 兰州文理学院演变流程图

年制师范专科学校也改名为兰州师范专科学校,二者形成"两校一体"的办学模式;1959 年,兰州师范专科学校更名为甘肃师范专科学校,随着兰州工农中学的停办,甘肃师范专科学校由此独立发展,并于1962 年改建为甘肃教育学院,后经过数十年的发展,形成了较为完整的高等师范教育体系,为未来院校合并奠定了坚实的发展基础。据统计,全省约有493 所全日制普通中学校长出于此校,因此,该校对甘肃省教育事业的发展做出了重要贡献。

而甘肃联合大学则成立于1985 年,并于1987 年在原校基础上设立师范部,后经甘肃省政府发文,提出"同意甘肃联合大学发展为多形式、多功能、培养专科层次人才的综合性全日制普通高等学校",到2001 年,该校已设立16 个师范类专业和14 个应用型专科专业,由于对市场人才需求较为敏感,日渐发展成一所较为成熟的综合性专科学校。经过近二十年的发展，经甘肃省政府决定，将甘肃教育学院和甘肃联合大学两校进行合并，由此组建一所以应用型人才培养为主的新的甘肃联合大学。兰州文理学院S书记（原兰州文理学院校长）在访谈过程中提到，在2001—2007年间，学校处于合并后两种办学模式相互融合阶段，并于2007年找到了新的发展出路，即努力实现"三大转变"，分别从师范型向非师范型转变，从教学型向应用型转变以及从专科教育向本科教育转变，并于2013年4月成立了兰州文理学院，直至发展到今天。

二 兰州文理学院转型定位分析

（一）升本初期的办学定位

经调查了解发现，兰州文理学院的建立有其特殊的时代背景。自2000年"西部大开发"战略实施至今，我国西部地区经济飞速发展，基础设施建设不断完善，产业结构得到合理调整，特色优势产业逐渐形成。值得注意的是，西部大开发是一个系统性综合工程，涉及经济、政治、文化等各个方面，必须切实做到统筹安排、合理布局，不能顾此失彼，甘肃省政府逐渐认识到文化建设是西部大开发的重要内容之一，有必要成立一所以文化建设为核心的地方本科院校，从而为西部大开发的文化建设提供必要的智力支持。同时，根据《中共甘肃省委关于贯彻党的十七届六中全会精神进一步加快文化大省建设的意见》，甘肃省开启了建设文化大省的历史征程。甘肃省委省政府立足全省高校的总体布局，提出了把兰州文理学院建设成为甘肃文化传媒学院，把学校建设成为培养省域文化创新人才的主体性学校等要求，教育厅在落实"3341"行动计划[①]中提出，

---

① "3341"行动计划：甘肃省政府于2012年提出的重大战略工程项目，目的是打造三大战略平台、实施三大基础建设、瞄准四大产业方向，确保到2016年全省固定资产投资规模超过1万亿元。

"未来5年，在兰州文理学院基础上建成集培养旅游、文化、传媒、艺术等应用型人才为一体，且办学特色鲜明的文化传媒类高校"。因此，兰州文理学院在升本初期，就根据甘肃省级政府的指导意见，并充分考虑自身办学条件，走上了应用型大学建设之路。

同时，兰州文理学院在成立之初，就制定了其在不同阶段的发展目标。如图3—2所示的兰州文理学院未来发展趋势图，可以了解该校发展的三大阶段性目标。其中，按照《兰州文理学院（原甘肃联合大学）"十二五"发展规划（2011—2015年）》的战略部署，并根据对兰州文理学院Q处长的访谈，可以发现学校在升本初期就已确定向应用型方向转型。而转型大致分为两步：一是以培养地区文化人才为中心任务，建设特色鲜明的文化传媒学院，并通过更名为"甘肃文化传媒学院"来进一步体现此办学定位；二是努力在"十三五"末期，将兰州文理学院打造成一所体系完备的应用型大学，即"甘肃文化传媒大学"。

阶段一		阶段二		阶段三
兰州文理学院	⇒	甘肃文化传媒学院	⇒	甘肃文化传媒大学

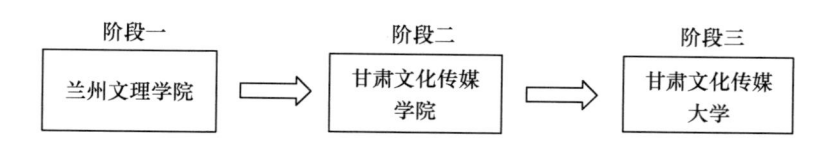

图3—2　兰州文理学院未来发展趋势

（二）转型阶段的办学定位

近年来，甘肃省产业结构处于调整与升级阶段，积极发展战略性新兴产业，扶持壮大文化、旅游产业，加快发展现代服务业等第三产业。正是在这一经济发展背景下，兰州文理学院根据自身的办学历史、学科背景、专业基础、区位特点及资源条件，确定了"服务地方经济社会发展，面向第三产业培养应用型人才"的办学定位，提出了"立足地方需求，培育办学特色，走内涵式、差异化发展道路"的办学思路，形成了体系较为完备的面向第三产业特别是现代服务业、文化产业的应用型学科专业群，重点突出培养文化、旅游、传媒、艺术等文化人才的办学特色。同时，坚持以教学为中心，以学科专业建设为龙头，以人才队伍建设为关键，以制度创新为突破口，走出一条区域性、应用型和特色化发展之路，使兰州文理学院成为高素质文化人才的培养基地和文化产业研发基地，为甘肃省培养大批新闻出版人才、文化艺术人才、经营管理人才、新媒体人才以及民间文化人才，最终发展成为西部一流的文化传媒大学。随着地方本科院校向应用大学转型浪潮的掀起，兰州文理学院的高层领导团结一致，抢抓转型发展先机，提出了独具特色的"窗口效应"办学思路，从而独辟蹊径，获得转型试点院校资格，打开了转型发展"新窗口"，以此进一步拓宽学校发展空间。

三　兰州文理学院转型发展实践探索

兰州文理学院凭借其转型试点的特殊身份成为本研究的案例院校。在对案例院校开展调研的过程中，主要采用半结构式访谈方法，以事先拟定的访谈提纲作为参考，并结合访谈实际情况，有所取舍、重点突出的先后对兰州文理学院的中高层领导，如 P 书记、Z 校长、Q 处长、D 院长、Y 院长等人进行访谈，对兰州文理学院在新形势下的转型发展举措有了一定程度的了解。此部分主要从师范学院和新闻传播学院两大维度出发，总结这两所二级学院在转型过程中采取的针对性措施。

（一）师范学院转型发展举措

兰州文理学院师范学院是在整合原有优质教师教育资源的基础上，于 2009 年 7 月成立的二级学院，其以服务区域基础教育为中心任务，为甘肃省基础教育培养了大量优秀教师。据统计，全省 700 多名省级中小学数学骨干教师和学科带头人中有 110 多人出自该学院的数学教育专业，有 130 多名中小学校长和教育局长出自其教育学专业。目前，学院设有数学与应用数学、学前教育两大本科专业，以及心理咨询、数学教育、学前教育、现代教育技术和初等教育（数学与科学方向）六大专科专业，其中心理咨询被评为省级特色专业。

师范学院 D 院长在采访中提到，转型对于师范类这种办学模式相对传统，且偏向于基础研究的学科专业来说，因其距离行业发展需求较远，致使转型具有较大难度。但在学校整体转型动力的驱动下，师范学院也必须突破传统办学模式，想方设法进行转型，以此来拓宽学院的发展空间。目前，师范学院将学科专业建设、师资队伍建设以及实习实训基地建设作为主攻方向，来推进二级学院转型的有效实施。

1. 学科专业建设

将突出"应用型"作为学科专业建设的基本原则，对原有的数学与应用数学、学前教育等不同专业进行相应改造。最初，数学专业以培养中小学数学老师作为主要目标，后受就业面相对较窄、就业待遇低等多种因素影响，造成学科专业招生较为困难。于是，在原有专业设置的基础上，将其与应用数学专业进行结合，形成了两大专业发展方向：一是突出计算机应用特色，向大数据方向靠拢，凭借数学专业学生较强的数学思维能力，取得了较为满意的人才培养效果。二是与经济管理学院合作，培养金融、证券以及保险精算等专业方向人才，以此扩大毕业生就业渠道，提高其就业待遇。而学前教育专业则以培养幼儿园教师作为主要目标，通过调整理论与实践课程比例，加强学生在音乐、舞蹈、美术、手工等五大术科的专业教学技能，以改善实习工作环境来进一步强化其实践教学能力。未来，师范学院拟申报应用心理学本科专业，并使其向中小学心理健康咨询和人才评估两大应用型专业方向发展。

2. 师资队伍建设

师范学院现有专任教师 44 人，高级职称教师 19 人，占教师总数 43%；硕士以上学历（学位）教师 37 人，占教师总数 84%。学院 90% 以上的教师具有高等师范教育背景和参与中小学教学教研的实践经历。师范学院在成立初期，走传统化的教师教育发展道路，原有师资偏重于理论研究，多以发表文章、出版专著等形式开展职称评定，缺乏对教学实践经验的总结和运用，特别是一些中老年教师，因其自身理论知识陈旧，对专业领域前沿改革动态的不甚了解，致使师范学院师资队伍转型任务较重。经调研发现，师范学院现已采取两大措施促进师资队伍建设：首先，鼓励在职教师根据学院发展需求攻读博（硕）学位，选派中青年教师作为访问学者到相关院校开展教育教学经验学习。其次，分期安排教师到相关企业进行业务培训，或者将其派往与学院有合作关系的兰州市区幼儿园进行观摩学习，从而实现教学场所与工作场所的对接，教学内容与实际需求的对接。同时，聘请校外教学实践专家来校举行讲座，通过演讲者讲授其丰富的教学实践经验，让师生切实了解教育教学真实情况。

3. 实习实训基地建设

学院根据学科专业发展需求，在已有校外实习基地建设的基础上，合理利用学校资金支持，在有限的时间内建成多所实验实训室。现有数学建模实验室、心理学省级合格实验室，学前音乐技能实训室、学前舞蹈技能实训室，学前游戏教学实训室、儿童行为观察室等多个实验实训室。同时，学院多方联系校外实习单位，与多家机构建立了长期合作关系，如与广州同仁教育集团、广州雅宝教育咨询服务中心、北京蓝天启航幼教管理中心等十余家单位签订合作协议，从而使学生实习实训、职业技能训练得以有效开展。预计在 2016 年，兰州文理学院拟投资 81 万元为师范学院建立一所综合性实训室，实现幼儿教育全过程仿真教学，目前该项目已通过学校党委立项，很快将投入建设。同时，师范学院通过项目引进等方式，增强自身经济实力，进一步扩大其社会影响力。在获得多家项目基金会支持的基础上，积极参与甘肃省国培项目计划，并将"微小学校访问计划行动"的执行办公室设立在师范学院当中。

（二）新闻传播学院转型发展举措

兰州文理学院新闻传播学院成立于2014年5月，由2003年设置的出版与发行专业起步，是学校实现转型发展、建设文化传媒大学的重要举措，在学科建设上承担着重要的引领作用，以进一步突出兰州文理学院"传媒"这一办学特色。同时，新闻传播学院也是甘肃省创办最早且唯一设立出版与发行专业的单位，现有新闻学（广播电视方向）1个本科专业，以及新闻采编与制作、出版与发行、影视编导3个专科专业，在校本专科生共计500余人。

作为一所刚刚组建的二级学院，新闻传播学院呈现出良好的发展势头。学院紧抓"丝绸之路经济带""华夏文明传承创新区"和甘肃文化大省建设的历史性新机遇，秉承"立足西部、面向甘肃、突出特色、强化应用"的办学思路，以"建特色新闻学院，育优秀传播人才"为办学宗旨，围绕我国西部新闻传播与社会发展过程中的重大问题与现实发展需求展开教学研究，构建具有西部特色的教学型、应用型、创新型新闻传播教学科研基地，力争将学院建设成为特色鲜明、优势明显，服务甘肃经济社会发展能力较强的新闻传播学院，从而为西部舆论调查及分析、大众媒介传播发展和甘肃经济社会发展贡献一分力量。

1. 改革人才培养模式

学院结合原有专科专业人才培养优势，突出应用型人才培养目标，进一步强调学生实际操作能力的培养。改变以往单纯强调理论学习的传统办学模式，采用"2+2"人才培养模式，要求学生前两年在本校就读，后两年转到有合作关系的院校就相关专业继续学习深造。这在一定程度上体现了学院全新办学思路，即在借鉴教育部对口支援项目的基础上，积极开展民间"对口支援"活动。

目前学院已与国内4所大学举办签约仪式，并形成了友好合作关系，如暨南大学、华南师范大学、西南大学以及广东技术师范学院，新闻传播学院每学年向合作院校输送4—6名学生，通过借鉴东部发达地区高校的办学经验，提升西部高校人才培养质量，从而实现优质教学资源共享。未来拟与重庆大学、江南大学、山东师范大学等共计8所高校建立友好合作关系，在协助东部高校构建工作创新点的同时，进一步完善新闻传播学院人才培养模式，从而实现互利共赢。

2. 完善实验实训条件

根据应用型人才培养要求，学院在成立初期就十分重视实验实训基地建设，投入大量财力、物力完善实验实训条件，现已建成八大实验室，分别是校园网络电视台演播室、影视作品译配实验室、影视作品观摩赏析室、全景式综合演播厅、造型艺术实验室、非线性编辑室、数字出版实验室以及信息中心实验室，后4所实验室又被评为甘肃省大学生创新创业工作室。其中，投资600万元建设的全景式综合演播厅作为甘肃省内一流的教学实验室，其拥有先进的多功能演播设施，并综合了各类电视节目演播方式，学生可在其中模拟访谈、新闻、综艺等多种节目的演播流程，切实体会不同类型影视节目的制作过程。同时，校内设有"一报一刊一站一中心"，即校报编辑部、院刊编辑部、学生新闻工作记者站、纪录片工作室、影视节目制作中心等实训基地。校外又与中央电视台第七频道、中国教育电视台、凤凰卫视、大公报、读者集团、甘肃省广播电视集团、甘肃日报社、甘肃省图书馆、新浪网等三十余家媒体单位建立长期合作关系，从而为加强实践教学提供了可靠保障。

3. 优化师资队伍建设

新闻传播学院现有教职员工共计24人，其中，教授5人（2人为教育部相关专业教指委委员）、副教授3人、博士1人、硕士17人。该学院通过"内培外引"等多种方式优化师资队伍结构，每年重点资助5名左右具有较大发展潜力的中青年教师进行深造，以促进学术带头人的成长，并通过研修培训、学术交流、访问学者、项目资助等多种方式，积极培养学院教育教学骨干。同时，邀请行业、企业在职人员到校举办讲座，为在校师生讲解具有实践性、操作性特征的专业知识，并聘请省、市广播电视总台的专家和技术人员担任学院兼职教师，从而进一步提高"双师双能型"教师比例。目前，该学院已聘任省内外高校相关专业兼职教授十余名，聘请新闻媒体行业高水平人才十余名。

4. 深入推进校企合作

学院凭借现有学科专业贴近行业、企业发展需求的独特优势，不断深化校企合作，与不同类型的单位、企业及政府机构签订了战略合作协议，为实现"校企合作、产学结合、资源共享、互惠双赢"的应用型人才培养模式提供了必要保障。Y院长在访谈中提到，学院在联系相关企业共建实习实训基地的过程中，体现出两大工作创新点：一是按照平行线关系寻找合作单位，实现学生专业学习与企业实习的无缝对接和同步平行化发展，如新闻学（广播电视方向）专业学生实习需联系省台、市台以及地方电视台等相关单位，出版与发行专业则通过联系甘肃日报社、甘肃民族出版社、甘肃教育出版社以及《读者》等机构来搭建校企合作平台。二是按照交叉点关系来联系合作单位，即合作企业虽与学院所设置的专业不完全相关，但在实际中会运用新闻领域的专业知识和技术开展具体工作。目前，最高人民法院印发了《关于庭审活动录音录像的若干规定》通知，要求全国各级各类法院在庭审过程中必须实现全程录音录像，新闻传播学院由此抓住这一发展契机，与甘肃省高级人民法院及时进行沟通，双方签署了共建实习实训基地，共同培养卓越新闻人才的合作协议。后期按照这一思路，又陆续与甘肃图书馆、甘肃省健康教育所等多家机构建立了校企合作关系。

在同当地机构开展务实合作的基础上，新闻传播学院于2015年10月与广州创显科教股份有限公司签订了校企合作协议，共同建设少数民族教育信息化资源译配研发中心实验室。根据协议，广州创显信息技术有限公司出资80万元在兰州文理学院建设少数民族教育信息化资源译配研发中心，广州创显公司承担开发、译制少数民族教育信息化资源的部分任务，新闻传播学院则积极组织研发少数民族信息化教学资源的课题申报和译配工作，使开发的信息资源能够与中小学民族文字教材相匹配，以此提高少数民族教学资源信息化水平，从而实现校企双方利益共享。

四　兰州文理学院转型发展经验总结

在整理、分析访谈记录时发现，兰州文理学院在实施转型发展过程中，并未只局限于采取类似师范学院、新闻传播学院的转型措施，其还在学科专业建设、师资队伍建设、人才培养模式以及科学研究等方面创造出新的转型路径，使不同专业领域的二级学院呈现出各自的发展特色，共同为实现应用型大学建设的转型目标贡献一分力量。

（一）学科专业建设方面

兰州文理学院在确立应用型大学建设目标后，坚持以甘肃建设文化大省和发展战略性新兴产业作为学校专业设置、专业结构调整和专业内涵建设的重要指标，进一步明确"地方性""应用型"的发展定位，以及积极面向第三产业特别是现代服务业、文化产业发展提供服务，新增了突出办学特色的新闻传播学院和数字媒体学院。同时，积极调整专业结构，形成了以文化、旅游、传媒、艺术为特色的学科专业体系，并不断完善文化类、旅游类、传媒类、艺术类、电子信息类、经济金融类等应用型专业群，使专业建设既服务于区域经济建设，又促进专业间相互沟通，实现学校专业群与甘肃省区域经济社会发展的良好对接。

同时，兰州文理学院在专业设置上严把质量关。其在拟设新专业前，积极组织召开由用人单位、行业协会及相关学科专业带头人等参加的专业论证会，从办学条件、社会需求和学科支撑等方面进行把关，坚决杜绝只顾眼前利益而盲目设置专业的短视行为。以专业需求作为核心要素来进行学科专业统筹规划，遵循"有所为，有所不为"原则，采取"集中资源、保证重点、形成优势"的发展战略，以重点专业、特色专业为基础，打造优势学科、特色学科，重点建设了新闻采编与制作、文化市场经营与管理、心理咨询、旅游管理、环境艺术设计、音乐表演等特色专业。其中环境艺术设计和心理咨询专业被评为省级特色专业，环境艺术设计专业获得中央财政支持，被评为教育部重点专业建设项目。通过优化专业结构，打造办学特色，兰州文理学院已初步形成了以人文、社会学科为主体，以理学、工学为两翼，以文化、旅游、传媒、艺术为特色的学科专业体系。与省内其他高校相比，兰州文理学院面向文化产业的应用型专业起步早、门类全、整合度高，在区域高等教育体系中发挥着不可替代的作用。

（二）师资队伍建设方面

在师资队伍建设方面，兰州文理学院大力实施"人才强校"战略，打造了一支师德高尚、结构合理、业务精湛、充满活力的师资队伍，为促进学校整体转型发展提供必要保障。

兰州文理学院自筹建以来，千方百计"引进优秀的人，用好现有的人，扶持关键的人，培养未来的人"，使师资队伍整体素质有了较大提高。首先，积极引进高学历、高职称优秀人才；根据学科专业建设的需要，实施"雁苑人才"工程，共引进高学历、高职称优秀人才39名，聘请国家一级编导高金荣、国家工艺美术大师何鄂等行业领军人物作为驻校专家，聘请20名具有实践经验的高水平专业技术人才担任兼职教师。其次，加强对现有教师培训；鼓励在职教师根据学校发展定位攻读博（硕）学位，选派多名骨干教师通过科研协作、骨干进修等方式进行挂职锻炼，分期安排200余名教师到相关院校和企业进行实操业务培训，提高"双师双能型"教师比例，使师资队伍的内涵建设不断得到加强。最后，大力实施"本科教学能力提升工程"；选派10名骨干教师赴美国亚利桑那大学研修，选派50余名教学、科研、管理领域的中青年教师到相关本科院校考察学习或参观访学，将未来拟升本专业中教授核心课程的教师安排到其他本科院校随堂进修，切实增强其本科教学能力，为培养二级学院学科带头人奠定基础。

经过对现有师资队伍结构的优化，目前，兰州文理学院拥有专任教师568人，比上年增加41人；在校生9137人，比上年减少252人，生师比由原来的17.81：1降低到16.09：1。专任教师中，具有高级职称的教师189人，占专任教师总数的33.3%，具有研究生以上学历的教师304人，占专任教师总数的53.5%。首批申请设置的6个本科专业，师资的配置均达到和超过了教育部设置本科院校的指标要求。未来，兰州文理学院将进一步强化应用型教学团队建设，逐层打造国家级、省级、校级优秀教学团队，为建立各方面成体系的应用型大学提供必要的师资保障。

（三）人才培养模式方面

人才培养模式是指学校为学生构建的知识、能力与素质结构以及实现这种结构的方式，其由四部分组成：培养目标和规格，为实现培养目标和规格的整个教育过程，为实现这一过程的整套管理和评估制度，以及与之相匹配的教学方式、方法和手段。[①] 兰州文理学院依据转型发展战略规划，积极推进人才培养模式改革，以"注重内涵、突出特色、提高质量、服务社会"为原则，以培养高素质应用型人才，服务甘肃区域社会经济发展为目标，大力推进从传统高专人才培养模式向应用型人才培养模式的转变。同时，继续深化教育教学改革，探索多元化人才培养模式，在实现"五个对接"，即教学过程与生产过程对接、专业设置与产业需求对接、课程内容与职业标准对接、毕业证书与职业资格证书对接、职业教育与终身学习对接的过程中，进一步强化学生的创新精神和实践能力，向"准职业人"的人才培养目标不断迈进。

学校通过"校企共定培养方案，校企共选订单学生，校企共享教学资源与生产设备，校企共管教学过程，校企共监教学质量"的方式，形成了以"教学合作、管理参与、文化融入、就业订单"为主要标志的"融入式"校企合作办学模式，先后与东方领航投资管理有限公司共同举办航空乘务（本、专科）专业，与天津福丰达动漫游戏制作有限公司共同举办数字媒体技术本科专业，与甘肃省陇剧团、秦剧团共同举办戏曲专业等。同时，校企双方共同开发课程和编写教材，以产业技术进步来推动课程体系教学内容改革，以产业发展需要和职业资格标准来设计优化课程结构，形成了以用为本、突出学生实践能力培养的课程模块。并适时安排企业技术人员到校开设专业实践课程，既保证了企业全程参与人才培养，又较好地解决了教学资源短缺制约学校发展的瓶颈问题。

在开展实践教学过程中，兰州文理学院注重学生实践能力、动手能力、创业能力的培养，并结合不同的学科专业特点，采取相配套的人才培养模式，如师范类专业推行"一体化、三层次、八训

---

① 祝家贵：《深化以能力为导向的人才培养模式改革》，《中国高等教育》2015年第12期，第35—37页。

练"模式,理工类专业推行"五位一体"模式,术科类专业推行"六个1+1"模式,有效提高了学生的综合应用能力。在此过程中,兰州文理学院还首创了应用型人才培养的 APO 工作法,即通过对人才在实际工作的关注点(Attention points)、表现点(Presentation points)、工作点(Operation points)的逐层递进式了解①,进一步确定并优化专业人才培养方案,实现了应用型人才培养与市场需求的紧密对接,该项技术创新获得了甘肃省高等教育教学成果二等奖。

(四)科学研究方面

兰州文理学院通过加强产学研合作、科研成果转化,以及参与地方重大工程建设、开展学术交流活动等多种方式来进一步提升学校服务社会的能力。目前,学校结合甘肃产业结构调整和经济社会发展需求,成立了地方文化与旅游发展研究所、地方经济研究所、西北地方音乐文化研究所、文化产业研发中心等科研机构,深入开展甘肃特有项目、优势项目的科学研究和社会服务工作。经过多年努力,已在甘肃地方方言和普通话研究、敦煌歌舞设计研究、甘肃地方音乐文献整理与研究、临夏砖雕艺术研究、甘肃古代文学作家作品研究、甘肃特有少数民族文化研究、甘肃旅游资源开发研究和行业培训等方面形成了一定优势,产生了广泛的社会影响。

今后,兰州文理学院将继续坚持科学研究在学校转型发展中的重要地位,确保其积极为人才培养和地方经济社会发展服务。在形成高水平科研团队、充分发挥现有科研机构作用的同时,通过资源整合,拟组建以下实体性科研机构:首先,建成丝绸之路文化研究中心、黄河文化研究中心、红色文化研究中心、文物与大遗址保护研究中心、西北民族民俗文化研究中心,系统挖掘整理省内优质文化资源,加强对传统文化思想的研究,切实维护民族文化基本元

---

① 史百战:《高校人才培养实践模式中的 APO 法探析》,《国家教育行政学院学报》2011年第6期,第3—8页。

素，申报民族文化传承、古籍整理出版等相关课题，为经济欠发达但文化资源密集地区实现转型发展探索一条新的出路。其次，建成城乡文化一体化研究中心，加强对以城带乡联动机制、城乡文化资源合理配置及城乡经济社会发展一体化新格局构建等重大现实问题的研究，面向全省提供决策咨询服务。再次，建成新媒体技术发展研究中心，加强对共性技术、关键技术、核心技术的攻关，以先进技术支撑文化装备建设、软件系统开发与研制，加快推进科技创新成果转化，从而实现科技和文化的深度融合。最后，建成大西北旅游规划与营销研究中心，切实把握"丝绸之路经济带"建设重大战略契机，促进非物质文化遗产保护、传承与区域旅游业发展相结合，加强旅游对文化产业发展的拉动作用。随着以上一系列科学研究工作的顺利展开，将进一步凸显应用性研究在促进院校转型发展和增强地区经济实力中的重要作用。

第四节　甘肃省地方本科院校转型发展的对策与建议

一　甘肃省地方本科院校转型发展的特色

（一）甘肃省区域经济社会发展新形势

甘肃省虽地处西北内陆，经济发展相对滞后，但在"十二五"期间，甘肃省仍取得了一些可喜成就，综合经济实力不断提升，产业结构持续优化。2015年，甘肃省经济运行平稳，生产总值增长了8%，省内企业陆续走出国门，将产品销往国外的同时实现了对外贸易的不断攀升。同时，随着经济发展步入新常态，以交通运输和邮政行业为代表的传统服务业增速减缓，而以文化、体育、教育为代表的新兴产业发展步伐加快，呈现出产业结构转型升级新趋势。

与此同时，随着国家"一带一路"发展战略的深入推进，过去被称为"内陆"的甘肃省开始站在了改革开放的前沿，与国际市场的联系更加密切。据统计，仅2014年，甘肃省对丝绸之路经济带沿线国家出口同比增长了3.3%，贸易额占全省进出口比重由2013年的18%提高到23%。2015年，甘肃省三大产业所占比重分别为14.4∶36.8∶48.8，第三产业比重继2014年之后再次超过第二产业，这也预示着甘肃省经济社会发展进入了黄金时期。面对丝绸之路经济建设这一重要战略机遇，甘肃省委、省政府明确提出"打造丝绸之路经济带甘肃黄金段"的战略部署，并着手采取一系列措施来推进这一战略规划的实施。

目前，甘肃省已在印度尼西亚、伊朗、吉尔吉斯斯坦、白俄罗斯、哈萨克斯坦等多个国家和新疆霍尔果斯口岸设立了商务代表处，建立了特色商品贸易中心，并按照"先易后难，贸易先行"的原则，积极与中亚、西亚、中东欧等国家开展多层次、宽领域合作。同时，兰州新区作为丝绸之路经济带上首个国家级战略新区，已经成为国家向西开放的重要通道、国家重要的产业基地、西部重要的经济增长极和承接产业转移的示范区。甘肃省还被确立为全国重要的新能源基地、有色金属新材料基地和特色农产品生产与加工基地。当前，甘肃省正努力将"兰洽会"升格为"中国丝绸之路博览会"，并积极争取国家丝绸之路基金在兰州新区设立办事处，邀请中亚、西亚等国在兰州设立领事机构，从而进一步发挥其向西开放战略平台作用。未来，甘肃省将继续遵循"政府主导、市场拉动、企业主体、项目推进"的工作思路，在向西开放战略的推进过程中，不断扩大消费、投资规模，进一步实现区域产业结构的优化升级和行业、企业的创新发展。

（二）甘肃省地方本科院校转型试点进展

1. 前期甘肃省地方本科院校转型试点进展情况

早在2011年，甘肃省教育厅就要求地方本科院校通过转型走特色办学之路,以培养生产、经营、管理等一线从事应用研究、技术开发、产品试制,可使研究工作深化、生产水平提高的应用型高级专门人才。在此基础上确定了甘肃省域内率先实施转型发展的 5 所本科院校,分别是天水师范学院、甘肃民族师范学院、河西学院、陇东学院和兰州城市学院,并对这 5 所院校的转型定位提供了方向性指导。其中,天水师范学院、甘肃民族师范学院升格为本科之后,要继续将师范教育做大做强,突出教师教育办学特色,同时兼顾本地区特殊应用型人才的培养;而河西学院、陇东学院和兰州城市学院升格后则向多科性应用型院校转型,逐渐缩小师范教育规模,不断增加非师范教育的专业设置。

同时,要求这 5 所地方本科院校根据所在区域的地域特点,合理调整学科专业结构,实现应用型专业发展与地方产业结构的有效对接,充分彰显其"立足地方,服务地方"的服务面向定位。如兰州城市学院以实现兰州中心城市的现代化管理和服务为主要任务,河西学院则以促进河西地区的生态农业和生态旅游业、新能源开发与制造为己任,陇东学院应结合当地资源优势,突出煤炭、石油等能源开发和利用,甘肃民族师范学院则着重开展高原生态建设和民族区域经济产业结构调整方面的工作。为了帮助这 5 所试点院校加快实现转型发展,甘肃省政府切实加大对区域高等教育的支持力度,并在基础设施建设、新校区规划、征地用地、项目审批等方面给予政策扶持。甘肃省教育厅则积极与省编办进行沟通,增加高校人才引进名额,从而解决试点院校的师资短缺问题。同时,发挥统筹协调作用,争取在"十二五"规划末期,在全省建成一批装备设施完善、运行机制灵活、投入产出效益良好的实习实训基地,实现产学研合作的深度融合。

目前,这 5 所率先实施转型发展的试点院校,不断强化"应用型"办学特征,已在学科专业设置、人才培养模式、师资队伍建设、服务社会发展等关键领域取得一定成效并积累了相关经验。随着应用型大学建设浪潮的不断推进，甘肃省政府、甘肃省教育厅在2015年7月6日出台的《关于引导部分省属本科院校向应用技术型大学转型发展的通知》中，公布了8所新的转型试点院校名单，其中就包括这5所已率先走上转型发展道路的地方本科院校，它们必将为甘肃省其他地方高校的转型发展提供经验借鉴。

2. 目前甘肃省地方本科院校转型试点进展情况

根据甘肃省政府、甘肃省教育厅于2015年7月6日发布的《关于引导部分省属本科院校向应用技术型大学转型发展的通知》，该文件明确提出："将天水师范学院、兰州城市学院、河西学院、陇东学院、兰州工业学院、兰州文理学院等6所本科院校和兰州交通大学博文学院、兰州理工大学技术工程学院等2所独立学院列为我省首批转型发展试点院校。"结合前期甘肃省转型试点院校名单，现以天水师范学院、河西学院以及兰州城市学院为例，详细介绍这3所院校目前转型试点进展情况。

首先，天水师范学院在2000年升本后，立足自身实际，紧跟高等教育结构调整趋势，初步形成了教师教育、商务管理、文化传媒、医疗健康服务、工科五大类应用型学科专业群，确定了建设区域性、高水平应用技术大学的办学目标。自2013年初普通地方本科高校转型发展工作启动以来，天水师范学院党委和行政部门高度重视，多次召开研讨会就转型发展重大问题展开讨论，通过加强学科专业结构调整，更新教师结构，加大教师培训力度，形成了一套相对完整的服务地方经济发展的新举措。同时，学校专门设立了"服务地方与合作处"这一管理服务机构，既发挥着实施转型发展战略的职能，也是开展校企合作，促进产学研合作，为地方发展提供智力支持的统筹协调机构。目前，天水师范学院根据转型发展的总体目标和地方经济发展的实际情况，制订校企合作实施方案，建立校地企合作交流平台，从而为地方经济社会发展提供优质服务，已先后与中国建设银行、甘肃银行、天水市博物馆、礼县秦文化博物馆等单位建立了实践实训基地建设项目，与中兴通讯股份有限公司、天水神州绿鹏农业科技有限公司、天水农昕花牛电子商务公司等建立了深层次合作关系，通过深化产学研合作，进一步促进教学科研成果的转化。

河西学院自2001年5月经教育部批准升格以来，一直将"以学生发展为中心，以服务社会为使命"作为办学宗旨，确立了"做河西文章、出特色成果、争同类一流"的办学发展目标，不断完善办学条件，努力提高教学质量，坚持内涵发展，已初步建成河西及周边地区应用型人才培养基地、科学研究与应用技术开发基地、地方文化传承创新基地和区域经济社会发展服务中心。同时，学校通过实施"祁连学者"工程，大力加强师资队伍建设，形成了一批特色鲜明、结构合理、实力强劲、优势突出的学术团队。现已建成甘肃省应用真菌工程实验室、甘肃省微藻工程技术中心、河西走廊特色资源利用省重点实验室、丝绸之路经济带研究会等教学科研平台，进一步加强与地方经济社会发展的良性互动。面对此次地方本科高校转型浪潮，学校将继续深化"转型、提升、发展"的战略部署，着力推进教育教学、学科专业、队伍建设转型升级，创建具有区域特色的学科专业体系，在此基础上培养理论知识牢固，实践应用能力强的应用技术人才，从而为区域经济社会发展提供智力支持和科技支撑，进一步提升学校的人才培养质量、科研创新水平与服务社会的能力。

兰州城市学院于2006年升格为省属全日制普通本科院校后，长期致力于应用型人才的培养，坚持"手脑并用、创造分析"的人才培养理念，培养的毕业生具有扎实的专业基础知识，良好的专业基本能力，以及高度的社会责任感和敬业精神，获得了社会各方面的普遍认可。现阶段，由国家政府推动实施的院校转型发展战略部署，使兰州城市学院进一步明确了以建成国内知名、有特色的高水平应用型大学为发展目标，将立足兰州、服务甘肃、面向西北作为服务面向定位，并于2015年正式加入全国应用技术大学（学院）联盟。目前，兰州城市学院已顺利通过教育部普通高等学校本科教学合格评估。未来，学校将在已建的甘肃省城市发展研究所、甘肃文化翻译中心等科研平台的基础上，始终围绕为城市服务的中心任务，进一步创建产学研合作新模式，为实现与地方经济社会发展的良性互动做出更大努力。

二 甘肃省地方本科院校转型发展面临的困境

通过对地方本科院校转型发展的内外部动因分析，可以发现地方本科院校转型为应用型大学，不仅是学校自身发展的主观选择，也是经济新常态下我国产业结构转型升级的迫切要求。在转型过程中，地方本科院校所暴露的种种问题，同样也存在于甘肃省地方本科院校当中，甚至程度更深。且需要注意的是，地方本科院校转型发展不仅仅是学校作为转型主体的单方面责任，还需要地方政府、行业企业、社会公众等的广泛参与，形成学校、政府、社会共同承担的多元化治理格局。因此，有必要从三大利益主体的视角出发，来探讨一下甘肃省地方本科院校转型过程中普遍存在的一些问题。

（一）地方政府

1. 主导意识强烈

目前，在地方本科院校的转型过程中，仍采用政府主导的"运动式"指挥方式，政府部门大到操纵地方本科院校转型战略规划制定、转型试点院校审核与评估，小到控制地方高校的高考招生计划、专业设置审批、办学资金筹集、人员定岗定编等一系列事务，使得地方本科院校受到来自中央政府、省级政府、地方政府的三级行政管理体制的束缚，高校的办学自主权很难得以落实。①

尽管大学去行政化、扩大高校自主权的呼声已喊了多年，但是在实际运作中，政府依然按照计划经济体制下政府掌控一切的原则来治理高校，并已习惯于以政府主导的方式来进行高等教育改革。但是，地方本科院校的转型并不是单纯依靠政府主导就可以实现的，而是需要在政府进行宏观管理的前提下，让多方利益主体共同参与，协同治理，调动各方积极性，促进地方本科院校转型的顺利实施。甘肃省地方本科院校大多采用省市共建、以省为主的管理体制，其办学定位、经费来源、建筑用地、人员编制等都由省级单位控制，使扩大高校办学自主权在院校转型过程中显得极为迫切。

2. 缺乏法律保障

目前，国家陆续出台了一系列政策文件用于指导地方本科院校转型发展，其总体设计较为完善，但在转型的具体实施过程中却遭遇了各种问题。如建设应用型大学亟须的实习实训基地、产学研合作交流平台、应用性科研项目引进等缺乏系统的制度设计支撑，特别是高校与企业协作的利益补偿机制极其缺失，致使参与转型的行业、企业面临的较大资本投入和风险承担，以至于无法调动其参与的积极性，也就难以实现联合培养应用型人才与双师型教师的转型发展目标。目前，甘肃省地方本科院校的转型尚处于起步阶段，以政府出台的转型政策为指导，由学校自行探索转型具体途径，在搭建产学研合作交流平台或进一步深化校企合作的过程中，同样遇到过上述问题。

通过借鉴英国《应用技术学院和其他学校发展计划》、荷兰《高等职业教育法案》、德国《德国高等教育法》等欧洲发达国家

---

① 王者鹤：《新建地方本科院校转型发展的困境与对策研究——基于高等教育治理现代化的视角》，《中国高教研究》2015 年第 4 期，第 53—59 页。

建设应用技术大学的成功经验①可以发现，各国都建立了相对完善的法律体系，从制度上给予应用技术大学必要保障。因此，有必要从法律上明确我国地方本科院校在高等教育体系中的地位，保障各利益相关者的合法权益，从而构建内外关系和谐的转型发展氛围。

3. 资金支持乏力

地方本科院校在建校初期就存在财政投入不足等一系列问题，其中一部分院校还依靠贷款来维持日常运作，能够勉强支撑到今日已实属不易。目前，地方本科院校又面临着向应用型大学转型的挑战，需要在教学设施、人员引进、实训基地、产学研合作等各方面加大资金投入，尤其是实践教学条件的大幅度改善需要政府、行业企业给予大量资金支持，这也是地方本科院校转型中存在的普遍性问题。但是，中央政府目前还没有在院校转型方面建立专项资金支持机制，而地方政府虽已对转型试点院校提供了一些财政补助，但也是杯水车薪。同时，我国政府在财政投入方面仍然向学术研究型大学倾斜，这样的资源分配方式同样不利于地方本科院校的转型发展。因此，有必要参照国外政府对建设应用技术大学给予资金支持的方式，建立包括地方政府在内的科学合理财政投入比例，将一部分资金适度向应用型大学倾斜，从而构建有利于推动地方本科院校转型发展的财政支持机制。

4. 人才流动不畅

"双师双能型"教师是提高应用型大学核心竞争力的关键所在，要求教师不但具有较高的政治素养，取得职业资格证书，还必须具有较强的实践教学能力和实际操作能力②。但是，由于地方本科院

---

① 董立平：《地方高校转型发展与建设应用技术大学》，《教育研究》2014年第8期，第67—74页。

② 赵斌：《新建本科院校向应用技术大学转型的困境、动力与策略》，《重庆高教研究》2015年第6期，第66—75页。

校属于事业单位的管理范畴,大部分地方本科院校的人事管理权由地方政府管辖,致使其在人才的招聘与引进方面,存在一系列制度性障碍,使得地方高校长期囿于地方政府的各项人事政策,想引进的人才进不来,不愿意要的人却只能被动接收,而那些不适应转型的教师却难以流出,在一定程度上抑制了师资队伍结构的优化,而这种人才流动的双向障碍使得地方本科院校在应用型人才培养方面缺乏必要的人才保障。

(二) 社会公众

1. 校企合作表面化

地方本科院校转型发展的目的之一是为区域经济社会发展提供应用型创新人才,而促进地方经济社会发展的主体之一即地方行业企业,其在推进校企合作方面承担着不可推卸的责任。但是目前校企合作仍停留在签约、互访层面,企业积极性不高,参与程度不深,学校"一头热"的问题比较突出,在应用型人才培养、双师型教师培训、学科专业设置、课程教材编制等领域很难开展深入合作,使得校企合作处于表面化、形式化、浅层化的发展阶段。之所以行业、企业不愿意参与到院校转型进程中,一方面在于企业作为自主经营、自负盈亏的经济组织,注重成本效益,追求经济利益,参与院校转型在一定程度上会对企业营利造成影响;另一方面是由于政府没有出台相应的扶持政策,且利益补偿机制缺失,导致行业、企业与地方本科院校联合培养应用型人才的约束力不足,缺乏参与校企合作的内在动力。因此,如何调动行业企业参与应用型人才培养的积极性,使地方本科院校与行业企业的深度合作实现从理论推动向现实需求的转化,是地方高校转型发展面临的重大挑战和必须解决的关键性问题。①

---

① 张应强:《地方本科高校转型发展:可能效应与主要问题》,《大学教育科学》2014 年第 6 期,第 29—34 页。

2. 第三方评价缺失

现阶段地方本科院校是否成功转型，还需经过政府部门的评估才能得以确定。而高等教育大众化时代倡导的多元化质量观，则要求评价主体、评价标准等方面的多样化，从而避免用同一尺度来衡量高等教育质量。长期以来，我国高等教育领域的第三方评价就一直缺失，具体到对地方本科院校的转型评价，其第三方评估机构的建设基本上还处于空白阶段。[①] 因此，有必要让社会、学生等多方主体参与到对地方本科院校转型发展的评价过程中，目的是通过第三方评价机构将多方群体的需求予以整合，进而形成相对客观、公正的评估指标体系。同时，要求第三方评价机构全程参与地方本科院校的转型工作，详细了解应用型大学的办学特征和发展目标，以构建区别于学术研究型大学的评价指标体系，在实现高等教育领域管办评分离的基础上，科学合理地评估地方本科院校的转型推进情况及其服务经济社会发展的能力。

（三）院校自身

1. 办学理念落后

地方本科院校作为我国精英教育模式向大众化教育转型的历史产物，属于学术研究型大学和高职高专院校之间的"中间类型"院校。由于处在夹心层的位置，使得地方本科院校存在不同程度的趋同化发展，且此类问题在地方本科院校中更为复杂。其中，部分发展历史悠久的省属本科院校，已习惯于沿用传统精英型大学的发展模式办学，而大部分新建本科院校则受单一化质量评估体系的影响，也纷纷按照传统学术型大学的办学路径缓慢发展，即使认识到应定位于应用型大学建设，也由于缺乏实践经验与理论指导，往往心有余而力不足。长期受精英教育理念的惯性影响，使得地方本科

---

① 王者鹤：《新建地方本科院校转型发展的困境与对策研究——基于高等教育治理现代化的视角》，《中国高教研究》2015年第4期，第53—59页。

院校内部的中高层领导以及教师们形成了"重学轻术"思想观念，简单地将应用型与低层次等同起来，致使"应用型"的办学理念很难真正成为指导学校发展的基本思想。虽然当前教育部门针对转型出台了相关鼓励政策，但是由于受传统社会评价观念的影响，职业教育的社会美誉度较低，公众认同感偏弱，致使部分地方本科院校在某种程度上认为转型就意味着降格，其培养的应用技术型人才也会低人一等，从而对院校转型发展产生一定程度的阻滞。

2. 人才培养模式固化

地方本科院校受传统精英型大学发展模式的影响，长期囿于"精英型教育理念"和"学术型人才培养模式"的束缚当中，导致人才培养理念落后，人才培养模式固化，不仅课程和教学内容依然呈现典型的学科化和学术性特征，而且仍旧沿用以教师为中心，以课堂为中心的传统教学模式来培育人才。同时，教师按照应用型人才培养规格进行教学改革的意识不强，改革缺乏内在驱动力，加之其对行业、企业调查了解不足，很难将新的知识应用及科技成果引入到教学实践当中，致使在人才培养过程中，学生专业领域知识匮乏，实践能力不强且创新意识薄弱，从而与人才市场需求严重脱节。[①]

地方本科院校转型的核心是人才培养模式改革，以此培养更多适应实体经济发展需要的且能够在一线从事工作的高素质技能型人才，在此基础上真正实现地方本科院校的转型发展。建设应用型大学的主要目标是承担起为适应经济社会发展需要而培养应用型人才的现实使命，其培养的人才类型既不同于传统本科高校培养的学术研究型人才，又有别于高等职业院校培养的职业技能型人才。因此，其在人才培养规格上，并不追求"高深学问"的研究和知识的

---

① 黄彬：《应用技术转型：新建本科院校的困境与选择》，《高教探索》2015年第4期，第18—22页。

全面系统化，而是要求具有适度坚实的理论基础，较宽的专业适应面，能够熟练运用理论知识解决生产实际问题，有较强的科技推广和转换能力的应用型创新人才。①

3. 学科专业设置不合理

伴随着高等教育大众化的推进，逐渐成立的一批地方本科院校，大部分是在原有师范专科学校的基础上合并升格而来，其在升本初期设置的本科专业，大都是在先前师范专科专业的基础上改建而成，后期新添加的一些学科专业，表面貌似与地方产业发展具有一定关联性，但在具体建设过程中却与地方产业发展缺乏真正的融合。从学科专业设置的角度分析，应用型本科教育与职业技术型教育存在一定程度的差异，其在培养目标、课程安排、教材编制以及实践教学等各个方面都具有质的不同。现阶段，地方本科院校的专业设置表现为与地方行业企业发展需求相脱节，这一方面是由于学校办学观念保守，缺乏创新精神，对于设置新专业表现得畏首畏尾；另一方面则是学校出于既得利益考虑，因人设置专业，以此来减少办学过程中人力、物力、财力投入，从而进一步降低办学成本。

4. 双师型师资匮乏

值得注意的是，地方本科院校得以培养应用型人才的最基本保障是师资队伍的建设，而师资队伍的建设同样关系着转型发展的成败。因此，地方本科院校在转型过程中，亟须建设一支"双师型"师资队伍，从而为应用型人才的培养提供内部保障。通过调查发现，目前地方本科院校在双师型师资队伍建设方面存在以下三方面的问题：首先，对于现有教师而言，高校扩招导致在校学生数量不断增加，教师工作量随之加大，专职教师很难抽出时间到生产一线

---

① 车如山、姚捷：《论应用型大学建设——基于潘懋元先生高等教育观的分析》，《高校教育管理》，http://www.cnki.net/kcms/detail/32.1774.G4.20151019.0951.046.html。

接受挂职锻炼。其次，由于受到人事制度的阻碍，很难将行业企业中具备丰富实践经验的职业技能型人才引入到高校参与教育教学活动。最后，因为缺乏职称评聘方面的制度保障，导致在职教师安于已有教学模式，对于向双师型教师转变的内在驱动不足，以上一系列因素造成地方本科院校双师型师资匮乏，且现阶段教师培训效果不甚理想。

三 甘肃省地方本科院校转型发展的对策与建议

从根本上说，地方本科院校转型发展是在高等教育领域展开的一次综合性改革，转型势必牵涉政府、行业企业以及院校自身等多个部门。因此，有必要从参与转型的三大利益主体的角度出发，来探讨一下如何走出各自的利益藩篱，找到推动转型发展的利益共同点，形成政府宏观指导，企业积极参与和学校自主转型的合理格局，从而实现政教企三方的互利共赢。同样，甘肃省地方本科院校在推进转型发展的过程中，既需要参照国家宏观转型政策，吸收借鉴其他地区高校转型的成功经验，也需要结合自身所处的客观环境、具备的资源优势及面临的区域发展机遇等一系列特殊因素，找准适合自己的发展定位，制定科学合理的转型发展策略，从而使甘肃省地方本科院校的转型发展可以按步骤、分阶段地有序进行，最终突破先天不足，实现跨越式发展。

（一）政府层面

1. 做好顶层设计

政府部门通过做好顶层设计，来建立一套相对完整的推动地方本科院校转型发展的政策框架，从而有效协调地方政府、行业企业以及院校自身在转型过程中权利与义务的关系。对于政府部门而言，首先应将计划经济时代形成的政府主导的管理模式转变为宏观管理为主的方式，切实做到管理不越位、不缺位、不错位，科学界定三大利益主体在协同推进地方本科院校转型发展中职能定位的基础上，解决好权责划分、风险防控、资源分配等关键性命题，为地方本科院校转型发展制定符合实际情况的战略规划及具体实施方案，为产学研合作教育搭建硬件平台和提供政策保障。通过解决利益主体间资源共享及合作壁垒等问题，充分调动各方参与转型的积极性，从而全方位支持并服务于地方本科院校的转型发展。同时，甘肃省政府也应在中央政府宏观政策的引导下，根据区域经济发展现实情况，结合西部大开发、"一带一路"等发展战略背景，合理规划区域本科院校转型发展顶层设计，从而避免甘肃省地方本科院校一拥而上盲目转型。

2. 加强法律保障

现阶段，地方本科院校的转型发展亟须各方面的法律保障。包括地方政府在内的各级政府部门，需要在修订现有法律规范的基础上，适时制定能够推动地方本科院校转型发展新的法律法规，在法律层面上进一步明确行业、企业参与人才培养的社会责任，出台有利于深化产学研合作机制的教育立法和优惠政策，从而保证地方本科院校转型能够在相对完善的法律体系下顺利实施。

其中，推进地方本科院校转型需要在法律上进一步明确应用型大学在我国高等教育体系中的合法平等地位，并将落实和扩大高校办学自主权纳入法制化的轨道。通过法律来明确地方本科院校是面向社会依法自主办学的独立法人实体地位，使转型发展的决定权真正掌握在院校自己的手中，由其自主确定是否转型、何时转型、向哪转型以及如何转型等一系列问题。通过将办学自主权"归还"于地方本科院校，来从法律上进一步约束和限制各级政府对高校办学自主权的不当占有和剥夺。[1]

---

[1] 张应强：《从政府和大学的关系看地方本科高校转型发展》，《江苏高教》2014 年第 6 期，第 6—10 页。

3. 加大财政投入

根据现阶段地方本科院校转型发展的实际情况来看,需要各级政府切实加大财政投入力度。中央政府应发挥先锋模范作用,通过设立专项资金资助项目来支持试点院校转型工作的推进。同样,地方政府作为地方本科院校转型发展的直接受益者,加大对转型院校财政支持力度更是责无旁贷。

甘肃省政府可以在沟通校企合作的过程中,加大对地方本科院校应用型创新人才培养的经费投入,通过设立人才培养联动机制、产学研合作试点项目等多种方式,对地方本科院校给予一定的经费支持,并对转型成效明显的地方本科院校给予额外资金奖励。使政府在协助地方本科院校不断完善自身实践教学条件的基础上,引导其坚定地执行转型发展战略规划。

4. 完善人才流动

为促进地方本科院校的转型发展,需要各级政府进一步完善人才流动机制,消除对地方本科院校人才流动的种种限制。[①] 地方政府通过出台一系列人才引进的优惠政策,来吸引大批满足应用型大学建设需求的高素质优秀人才,使其积极加入地方本科院校转型发展进程中。同时,在改善人才引进机制的基础上,鼓励高校教师同行业企业技术人才开展人员互访互换活动,一方面为教师进入企业从事实践培训提供必要条件,另一方面可邀请经验丰富的职业技术人员在高校开设符合专业发展特点的校本课程或选修课程,来进一步满足学生未来创业及就业的发展需求,并从制度层面上解决双师型教师短缺问题,从而为地方本科院校转型发展提供必要的人才支持。甘肃省政府也可遵循此种思路,以完善转型试点院校人才流动机制作为切入口,鼓励具有丰富实践经验的高素质技能型人才参与

---

① 王者鹤:《新建地方本科院校转型发展的困境与对策研究——基于高等教育治理现代化的视角》,《中国高教研究》2015 年第 4 期,第 53—59 页。

地方高校的教育教学改革，以此推动地方本科院校师资队伍结构优化。

（二）社会层面

1. 深化校企合作

针对目前地方本科院校在转型过程中存在的校企合作表面化、浅层化、过场化的问题，作为实施此发展模式的两大主体，即行业企业和地方本科院校都应意识到解决此问题的必要性和紧迫性。

地方本科院校转型发展，主要是通过学科专业结构调整和应用型人才培养这两大途径来实现的。其中，应用型人才培养需要凭借与行业企业的深度合作得以实施，因此，必须调动区域内行业企业参与校企合作积极性。一方面，地方高校可以主动联系部分企业，了解其产业结构升级所需的人才类型，并就人才培养与行业企业建立联动机制，将产业发展最新动态及时融入教育教学活动中，从而实现外部行业企业资源在地方本科院校人才培养中的深度附着。另一方面，地方高校也要积极参与企业科研项目的开发与实施，提升科研成果的转化效率，在增强学校师生实践创新能力的同时，为提高企业经济效益做出贡献，从而实现校企双赢的发展目标。只有校企双方秉承为地方经济社会发展服务的共同理念，突破各自的利益藩篱，才能不断推动校企合作的向深层次发展。

2. 引入第三方评价

构建科学合理的应用型大学评价体系，不仅可以保证地方本科院校转型的顺利实施，也会促使其实现可持续发展，从而真正将"以评促建"的管理模式落到实处。

目前积极倡导引入第三方评价机构，不但可以有效整合不同利益群体对于转型发展所提出的具体要求，也可促使教育行政部门改变对地方本科院校管得过宽、过严的运作方式，并逐渐回归其宏观监管职能，以此不断提升高校评估的客观公正性，切实发挥评估体系的分类指导作用。同时，第三方评价机构应积极参与地方本科院校转型发展的各项事务，在对地方本科院校转型实际情况形成充分了解的基础上，有针对性地制定出一套符合地方本科院校转型发展的评估指标体系，以进一步突出地方本科院校应用性、地方性、职业性等特征，并重点考察地方院校服务区域经济社会发展的能力，从而形成有助于应用型大学建设的分类评估机制。

（三）学校层面

1. 更新办学理念

地方本科院校向应用型大学转型不是简单地更改学校名称、更不是办学地位的下降，而是办学理念的根本性转变。[①] 办学理念的转变是促进地方本科院校转型发展的先决条件，上至学校的中高层领导团队，下到参与教育教学活动的教职员工们，都必须首先从思想上破除对转型发展的认识误区，转变传统学术型高校的办学思路，进而树立对转型发展的正确认识。

通过对政治论与认识论这两大高等教育价值观的有机融合，使地方本科院校摒弃过去单一的精英主义办学理念，以及矮化职业教育等错误观念，在形成高等教育多元化质量观的基础上，以应用型大学建设作为转型发展的主要目标，切实满足地方经济社会发展对应用型创新人才的迫切需求。学校中高层领导要对院校转型达成基本共识，使其具备主动学习、勇于开拓的创新精神，进而通过实践调研、举办讲座、开展讨论等多种方式，引导基层教职员工转变思想理念，使其认识到转型与自身利益息息相关，并在教学实践活动中积极践行应用型大学建设的办学理念。

对于地处西北偏远地区的甘肃省地方本科院校来说，其办学理念相对滞后，在一定程度上造成院校转型内在驱动力不足。甘肃省

---

① 解德渤、赵光锋：《地方本科院校转型发展：理念、困境与突围》，《山东高等教育》2015年第4期，第13—18页。

地方本科院校应改变以往依附型的办学思路，充分考虑院校所处的客观环境，区域经济社会发展的现实需求以及自身的发展条件，突破传统办学观念，进而树立推动转型发展的新型办学理念。

2. 改革人才培养模式

创新人才培养模式是地方院校转型的根本。地方本科院校应将改革人才培养模式作为转型发展的核心任务来进行，通过人才培养目标、规格、方式等多方面的改革来推动区域科学技术创新、产业结构调整以及供给侧结构平衡等，从而构建具有区域特色的人才培养体制。[①] 应用型人才培养的关键环节是适量增加实践教学的比例，学校通过与行业企业建立应用型人才培养联动机制，可以将企业在发展过程中形成的生产技术、经营特色、产品优势等作为更新实践教学内容的切入点。同时，鼓励学生积极参与产学研合作项目，提升其运用理论知识解决生产实际问题的能力，从而探索出一套产学研高度结合的人才培养模式。最后，对学生评价体系也应做相应调整，改变过去单一化的学业评价机制，引入多元化的评价指标和评价主体，将以往单纯注重结果性的评价，逐步转变为过程与结果并重的评价方式，从而形成对学生个体发展的正确引导。

目前，甘肃省正抢抓"一带一路"重大战略机遇，加快推进丝绸之路经济带黄金段建设步伐。基于此战略发展需求，要求区域内本科院校紧紧围绕"人才培养"这一核心职能，为甘肃省乃至西部地区经济社会发展提供所需的各类特色应用型人才，使其在促进西部大开发深化发展的同时，为"丝绸之路经济带"建设提供智力支持。

鉴于甘肃省地方本科院校处于特殊的政治、经济、文化等外部环境中，与中东部地区高校相比较，在基础条件与发展水平等方面

---

① 陈永斌：《地方本科院校转型发展之困境与策略》，《中国高教研究》2014年第11期，第38—42页。

都存在一定差距。因此，甘肃省地方本科院校要切实围绕地区产业结构特点、就业结构需求和区域经济发展形势，适时进行学科资源整合，以特色学科建设作为突破口，根据区域行业特点设置专业性学科，在课程设置、师资队伍建设以及科学研究等方面重点突出应用性，注重理论与实践相结合，不断强化实践教学环节，真正实现产学研相结合，构建学术、技能和职业相结合的应用型人才培养模式，最大限度地满足区域经济建设和社会发展对高校在人才输出、科学研究、社会服务等方面的现实需求。

3. 优化学科专业体系

经调查了解，在涉及甘肃省经济社会发展的关键领域，如石油化工、新能源开发、特色农产品加工、生态环境保护等，地方本科院校的相关专业设置较少且科研创新能力不足，而一些战略性新兴产业，如动漫制作、生物制药、物联网运行等领域的专业开发尚处于空白阶段，同时，部分优势产业和特色产业，如有色冶金、新型能源等，缺乏强有力的高层次应用型人力资源支撑。针对以上存在的一系列问题，甘肃省政府在"十三五"发展规划中提出，要"整合全省学科资源，集中力量，重点建设石油化工、有色冶金、新材料、新能源、生物医药、现代农业、文化艺术等学科专业群"，并将其打造成为甘肃省特色学科专业体系，使其成为促进区域经济社会发展的强劲动力源泉。[1]

地方本科院校应将学科专业设置与调整作为实现转型发展的重要抓手。对于目前已不能完全适应区域经济社会发展需求的老牌专业，可通过设置专业方向的形式对其进行优先改造，使其在体现学校办学特色的同时，更好地服务于地区及行业企业发展需要。而对于一些难以改造的专业，则应逐年减少招生人数，最终将其淘汰。

---

[1] 《甘肃省"十二五"高等教育发展规划》，甘肃省教育网，http://www.gsedu.cn/redzt/ganssjytzggzt/jiaoyghgy/2012/03/25/1332640272943.html。

同时，地方本科院校在考虑设置新专业时，应大量走访区域内行业、企业，与其进行深入地沟通与交流，了解其对人才类型的真实需求，并邀请相关领域专家、学者参加新专业设置研讨会，在听取多方意见的基础上，合理设置新的学科专业，从而不断优化学科专业体系，以满足学生个体、区域经济社会发展等需求。

值得注意的是，随着"丝绸之路经济带"战略构想的逐步推进，其所需的特色应用型人才将会不断增加。因此，甘肃省地方本科院校要时刻保持对所在区域行业、企业所需人才规格的敏锐度，预测未来区域发展过程中将会出现的人才缺口类型，提前设置或调整相关学科及专业类型，并将其作为重点学科予以建设，使之发展成为优势学科，在此基础上率先培养出一批有特色、高素质的复合应用型创新人才。

4. 构建双师型师资队伍

地方本科院校应用型人才培养目标得以顺利实现的最基本保障是师资队伍的建设，而师资队伍的建设同样关系着转型发展的成败。[①] 因此，地方本科院校不得不将优化师资队伍结构置于重要位置。

现阶段，地方本科院校主要通过以下两种途径来构建双师型师资队伍：首先，学校与行业企业共建交流合作平台，将校企合作作为培养双师型教师队伍的一条捷径。[②] 一方面，聘请一定人数在行业企业中具有丰富经验的优秀技术人员来校担任专兼职教师，开设选修课程或校本课程，将产业发展的前沿动态引入教学内容当中，使学生所学知识能够与职业发展需求有效对接。另一方面，地方本科院校可选派相关教师与企业进行零距离接触，要求其深入企业生

---

① 车如山、姚捷：《论应用型大学建设——基于潘懋元先生高等教育观的分析》，《高校教育管理》，http://www.cnki.net/kcms/detail/32.1774.G4.20151019.0951.046.html。

② 黄达人：《转型不能脱离"内涵建设"》，《人民政协报》2015年8月5日第10版。

产一线进行顶岗实习或挂职锻炼,通过教师在企业开展全职工作的方式来培养双师型教师,从而使其真正达到"双师双能型"教师的职业标准。其次,通过弱化学术性指标评价权重,适当增加实践教学和应用性科研比重的方式,来改革地方本科院校的教师绩效考核评价机制,使得过去完全以学术性指标来评聘教师的方式,逐步转变为突出应用性指标的评价机制,促进现有以学术型为主导的教师向应用型方向转变,从而扩大双师型教师的比例,并进一步提高"双师双能型"教师的含金量。[①] 甘肃省地方本科院校也应按照此种通用方式来构建双师型师资队伍,同时在转型过程中,密切结合区域行业企业发展实际,有针对性地搭建双师型师资队伍建设新模式,从而又好又快地实现院校师资队伍结构优化。

结　语

我国地方本科院校转型发展,实质上是高等教育供给侧的结构性改革,改革势必会牵涉政府、行业、企业、高校等多方主体的利益。因此,此次大范围的地方本科院校转型发展不可能由学校自身单独完成,而是需要地方政府、行业企业积极参与进来,从为地方经济社会发展服务这一共同目标出发,协调处理多方利益主体关系,从而形成政府宏观指导、企业积极参与、学校主动作为的多元共治格局。同时,切实将校企合作作为推进院校转型发展的重要手段,通过开展有深度的校企合作,进一步激发学校办学活力,使其在学科专业结构调整、师资队伍建设、人才培养模式改革、应用性科学研究等多个方面不断取得新的突破。

现阶段,国家出台多项政策来推进全国范围内地方本科院校的

[①] 赵斌:《新建本科院校向应用技术大学转型的困境、动力与策略》,《重庆高教研究》2015年第6期,第66—70页。

转型发展，主要是为了解决高校趋同化发展以及毕业生就业结构性矛盾等一系列复杂问题，促使地方本科院校办学更加符合区域经济社会发展趋势，人才培养类型更加满足区域经济社会发展需求，科学研究更加紧密对接区域产业转型升级需要，办学成效更加体现政府和公众期待。回顾在高等教育大众化阶段展开的大规模以层次提升为导向的高等教育改革，使大批专科类院校通过独立或合并升格为现今的地方本科院校，而这种大规模升本的转型方式使我国高等教育在日后发展过程中逐渐暴露出多种问题。其中，趋同化的发展模式使大部分地方本科院校不顾自身办学实际情况，一味地迷恋所谓的学术评价标准，追随学术研究型大学的发展路径，由此陷入了"经费大战""排名大战"等一系列极端功利主义的发展旋涡，而放弃了原本建设应用型大学的发展道路。

而这次由政府主导的地方本科院校转型发展，正是为了扭转以上一系列不良发展趋势。其中，作为转型主体的地方本科院校，一方面要正视外部宏观政策的引导，另一方面也要充分考虑院校所处的客观环境，区域经济社会发展的现实需求以及自身的发展特点，最终决定"怎么转"以及"向哪转"等关键性问题。避免出现盲目跟随政府政策导向，不顾自身原有办学条件和经验，一窝蜂地一哄而上进行转型的不冷静做法，在综合考虑内外部因素的基础上，做到规避劣势、错位竞争，获取竞争优势并实现可持续发展。

甘肃省地方本科院校的转型发展能否顺利实现，固然需要国家系列转型政策的引导与支持，并借鉴、吸收发达地区转型成功院校的相关经验，但也有其必须面对和解决的一些特殊性问题。由于甘肃省地处我国西北内陆，地域环境的相对封闭，造成其经济、文化、科技、教育等领域的发展存在一定滞后性，这些先天条件的不足使得甘肃省逐渐走上依附型的发展道路，而主要领导者则处于一种相对慵懒的状态，缺乏主动创新，勇于超越的发展意识，使得处在这一发展背景下的甘肃省地方本科院校在不同程度上也存在着观念落后、转型动力不足等问题。

目前，针对甘肃省地方本科院校的转型发展研究大多处在理论探索阶段，缺乏必要的实证性经验指导，已取得的相关研究成果偏重于解决转型中存在的普遍性问题，对于具备独特发展条件及处于新兴战略发展机遇期的甘肃省地方本科院校来说，其提出的转型建议在一定程度上缺乏针对性，导致部分试点院校多采取自我探索的方式进行转型，区域间交流合作意识不强，服务地方经济社会发展的能力亟待提高。

正所谓"亦步亦趋，终为奴仆；借鉴超越，方成主家"。甘肃省地方本科院校转型发展，在按照一般方式解决共性问题的基础上，应紧抓西部大开发、"丝绸之路经济带"建设等重大战略机遇，突破先天条件不足、缺乏改革经验等一系列不利因素的制约，在办学理念、人才培养、专业设置等方面重点采取措施进行转型，在为甘肃省经济社会发展提供人才支撑和智力支持的同时，实现甘肃省高等教育的跨越式发展，从而探索出一条真正符合甘肃省高等教育发展实际的特色之路。

第四章

院校发展研究

近年来,我国的高等院校进行了丰富多彩的探索。无论从理论方面还是实践层面,都进行得如火如荼,一些院校因此得到了蓬勃发展,高等教育学术界也产生了许多研究成果。主要从院校定位出发,改革教育教学过程和手段,重视实践教学,进行特色化发展。

第一节 略论应用型本科院校的定位

探讨应用型本科院校的定位问题,构建应用型本科院校新体系,可以促进我国高等教育改革与发展,有助于解决我国高等教育应用型创新人才缺失的问题,为大批面向行业培养应用型创新人才本科院校的发展,提供实践经验和理论指导,有利于进一步丰富我国高等教育的理论研究。

一 问题的提出

最近几年,应用型教育引起学术界的关注,已成为人们讨论的热点问题,既有实际行动,也有理论探讨。一些大学经过论证和反思,纷纷提出应用型定位,这是适应时代发展和高等教育自身发展需要的。提出应用型本科院校,是为了既区别于传统的学术型大学,也区别于高等职业技术院校,这是社会发展赋予高等教育的当然使命。因为，从人才培养上看，应用型本科院校更加适合全方位的社会需求；从专业设置上，应用型本科院校能更广泛地与实际工作、生活紧密结合，并具备灵活的应变能力；从课程与教学方面看，应用型本科院校的教学内容更加注重与生产实践的结合，教学模式和教学方法更加灵活多样，既有理论学习，又有实践教学，能够很好地将产学研结合起来。

另外，发展应用型本科院校既符合我国经济发展和社会进步的要求，也是追赶国际高等教育发展、建设高等教育强国的需要。随着社会的不断发展，对应用型创新人才的需求迅速增加，这就要求大学不能仅培养有高深学问的精英人才，而且要培养工农业生产发展需要的应用型创新人才。在现实中，一些高校虽然想办成应用型大学，但苦于缺乏实践经验与理论指导，往往心有余而力不足，甚至很盲目，因此，探索应用型本科院校的定位问题，具有很强的现实意义。

二 应用型本科院校的定位

1. 发展目标定位

发展目标是大学发展的基本方向。它对学校的办学思想、总体发展方向、思路、运行模式、工作重心、培养目标等具有导向作用。一所大学的发展目标决定其发展方向，科学制定发展目标，是大学发展的前提条件，否则就会影响其发展的后劲和未来前景。应用型本科院校发展目标的制定，必须建立在自己的办学特色、办学质量和效益之上，要紧紧围绕应用型创新人才的培养进行。一方面，要大力培育自身特色，提升应用型本科院校整体办学实力和核心竞争力；另一方面，必须从实际出发，围绕社会需要，培养应用型创新人才。如果抛开市场需求，不顾自身的办学特色与优势去定位自己的发展目标，其结果只能是背道而驰。湖北荆楚理工学院在这方面进行了有益的探索，在其升格为本科院校后，学院领导班子办学思路清晰，发展目标定位科学合理，全院上下很快就学院的未来发展定位达成共识，决心把荆楚理工学院办成一所面向地方、服务行业的具有鲜明特色的地方本科院校，他们培养的人才深受社会欢迎，这坚定了学院办好应用型本科院校的决心和信心。

2. 学科专业定位

应用型本科院校应以本科教育为主，可进行一定数量的研究生教育，也可进行适量的高职教育。应用型本科院校的主要任务则在于实施应用型本科教育，培养大量应用型创新人才，因此，必须加强学科专业建设，通过学科带动和促进专业的建设与发展，学科建设与发展要服务于专业的建设与发展。

要深入分析本地经济与社会发展对人才的需求，调整专业或专业方向，及时增设当地经济与社会发展需求的应用性专业，为当地经济与社会发展培养所需要的各种应用型创新人才。同时，以灵活实用的课程设置来培养具有多种技能的学生。在课题前期调研中，我们发现，北京联合大学应用文理学院很好地结合了自己的实际情况，灵活设置专业，不断调整专业方向，以适应社会对人才的需求变化。结合专业调整，他们采取多种形式，通过实施"双证书"和"多证书"制，培养了大批面向北京地区的实用型人才，为应用型本科院校培养"双高"人才做出了示范。

应用型本科院校的专业和课程设置必须突出应用性。围绕地方经济发展和社会发展的需要，在人才知识结构和能力体系方面有所突破，形成特色和品牌，不盲目追求高、大、全，及时增设市场急需的应用性专业，以更好地服务于当地经济建设和社会发展，要密切关注学科发展的前沿动态，设置多学科复合型专业，以适应社会对高素质应用型人才的需要。[1]

---

[1] 朱科蓉：《应用型大学开展院校研究的必要性及其对策》，《北京联合大学学报》（自然科学版）2005 年第 4 期，第 92—96 页。

应用型本科院校专业人才培养计划，应集中体现应用型创新人才培养规格要求。学科专业结构既决定人才培养规格，也直接影响办学的特色与质量。应用型本科院校应根据自己的独特优势，发展一些重点学科，建设好特色学科并使之成为优势学科。在优势学科上培养一批有特色、高素质的应用型创新人才，产生一批社会需求的科技成果，从而形成自己的特色。因此，特色优势学科的建设是应用型本科院校形成自己特色的基本出发点。培养应用型创新人才不能沿袭传统的课程体系，而需要构建充分反映社会需求，满足地方、行业对人才需求的应用型课程体系。构建应用型课程体系必须注重基础理论教学，拓宽学生的专业知识面，同时要高度重视实践性教学环节，加强基础理论教学与实践应用的相互融合，通过实践项目提高学生解决实际问题的能力。但要防止因突出应用而使专业设置缺乏学科支撑，进而导致发展后劲不足。

3. 服务面向定位

服务面向是指高校在履行人才培养、科学研究、社会服务等职能时所涵盖的地理区域或行业范围。应用型本科院校必须明确"主要为地方培养人才"的根本任务，主动适应地方科学技术、教育文化和经济建设的需要，一方面坚持为地方经济和社会发展服务，另一方面尽力以地方为依托，不断拓展学校自身的生存和发展空间。因为，应用型本科院校大多是地方性本科院校，具有很强的区域性特点，在区域社会发展中具有十分重要的地位。其主要职能是围绕区域经济社会发展的需求，为地方经济建设与社会发展需求培养大批下得去、留得住、用得上的高层次应用型人才。[①] 然而，现有应用型本科院校定位没有很好地突出服务地方这一特点，没有把自己的发展目标定位在如何更好、更多地服务

---

① 朱科蓉：《应用型大学的核心竞争力及其提升策略》，《北京联合大学学报》（人文社会科学版）2006年第4期，第9—12页。

于当地社会发展上。

应用型本科院校应遵循服务地方的原则，坚持以地方经济建设和社会发展为主要服务方向，根据地方经济和产业结构的特征建设学科、设置专业，成为地方的人才培养中心、科技创新中心。地方院校主动服务于地方和区域经济，是区域和行业经济发展对应用型本科院校的客观要求，也是学校自身赖以生存和发展的根本所在。

4. 教学定位

教学在很大程度上决定着学校的人才培养规格、层次和类型，有什么样的教学模式，就会有什么样的人才。应用型大学作为培养应用型人才的本科院校，必须努力构建应用型本科院校人才培养的教学模式，大力推进产学研合作教育及实践教学，突出产学研相结合的办学模式，这是应用型本科院校培养应用型创新人才的必由之路和根本选择。因此，必须建立产学研紧密结合的运行机制。建立与完善校内实训中心和校外实训基地，充分发挥其作用，使其成为学生理论联系实际，边学边练，获取实践经验，形成应用能力的基地。紧密依托行业、企业，加强校企联合、合作办学，使其成为学生实践训练的基地，也使其成为科研、技术开发、成果转化的基地。以教学带动科研，以科研促进教学水平的提高。如开展课堂模拟教学，进行职前实战训练；开展实践教学，教师在实践活动中教，学生在实践活动中学，教师边讲边做，学生边学边干。这样，才能更好地发展应用性教育，培养应用型创新人才，建设应用型本科院校。

应用型本科院校应重视实践教学在培养应用型创新人才上的重要作用，采取多种方案，形成完整的、有效的实践教学体系，突出培养学生的实践能力和应用能力，确实体现应用性特色。应用型院校的教学模式，要由理论主导型向理论与能力并重型转变；教学内容要根据市场需要，反映本学科应用领域的最新成果和前沿要求；教学方法要从被动学习向主动学习转变，积极推行以学生为主体的教学方法；教学手段要多样化，充分运用现代化的教学手段；走"产学研"相结合的道路，加强校企合作。通过课堂教学、实践教学和科学研究的有机结合，实现应用型创新人才培养。

5. 人才培养定位

人才培养定位问题实际上是要解决培养什么类型人才的问题。目前一部分本科院校人才培养定位不明，大多重视学术型人才，而轻视应用型人才。这种重学术轻应用、重理论轻实践的人才取向，不利于我国高等学校的分类发展和多样化人才培养。应用型本科院校作为培养应用型人才的主要阵地，其人才培养应既有别于传统本科院校培养的学术型人才，又有别于高职高专院校培养的技能型人才。传统本科院校培养的是基础知识宽厚、综合素质较高，具有良好自学能力的研究型、学术型人才，它承担着为更高层次教育提供生源的任务。高职高专院校培养的是面向生产、服务、建设、管理第一线的技术型人才，他们的知识更新能力、专业提升能力甚至综合素质都相对弱一些。应用型大学培养的是适应社会需求的应用型人才，其知识、能力、素质结构具有鲜明的特点，理论基础扎实，专业知识面广，实践能力强，综合素质高，并有较强的科技运用、推广、转换能力等。

应用型本科院校应走出传统的"精英教育"办学理念和"学术型"人才培养模式，积极开展应用性教育，培养面向地方、服务基层的本科层次的应用型创新人才。应用型本科院校不是要求知识的全面系统，而是要求理论知识与实践能力的最佳结合，根据经济社会发展需要，培养大批能够熟练运用知识、解决生产实际问题、适应社会多样化需求的应用型创新人才。

应用型本科院校应安于本科层次应用型创新人才的培养，面向区域和行业经济的发展，积极开展应用技术开发研究，发展应用技术产业，努力形成产学研良性互动局面，培养特色鲜明的应用型创新人才。在高等教育发展的格局中找准自己的位置，厘清办学思路，确立办学宗旨，明确发展目标，把握发展方向，确立应用型创新人才的培养模式，加强应用性的学科专业建设，发挥优势，形成特色。

6. 师资队伍定位

建设一支师德高尚、结构优化、业务精湛、富有活力的高素质师资队伍是应用型本科院校培养应用型创新人才的基本保障。应用型本科院校需要一大批熟悉业务和专业知识的"双师型"教师，他们不仅能传授本专业的基本知识，也熟悉岗位操作，并善于通过恰当的教学法培养应用型创新人才。因此，传统的教师并不能完全胜任应用型本科院校的教学和科研工作，为此，应用型本科院校要把教师队伍建设放在突出位置，需要大力培养应用型本科院校的师资队伍，特别是要深入探索应用型本科院校的研究生教育工作，为应用型本科院校培养和输送合格的"双师型"师资，同时，可以通过聘请校外具有丰富实践经验的人员作为兼职教师，逐步形成一支相对稳定的、既有较高学术水平又有较强应用能力的教师队伍。关于这一点，已成为制约应用型院校创新人才培养的瓶颈。在调研中，几所学校都面临着师资队伍建设问题。有的学校已通过实践，摸索出了一些基本经验。共同的做法是通过在职培训和鼓励年轻教师与社会各部门或企业合作，来提升实际动手能力。如北京联合大学应用文理学院、湖北荆楚理工学院等，都与当地政府和企业建立了良好的合作关系，为学校培养了一批合格教师。概括来说，应用型院校的教师队伍建设，既要抓好新任教师的职前培训，又要加强在岗教师的职中培训，不断更新专业知识，加快与市场接轨的步伐，将理论与实践紧密结合起来。①

建设应用型本科院校，培养应用型创新人才，"双师型"教师是关键。要大力加强"双师型"师资队伍建设，保证应用型创新人才培养的可持续性。为此，必须通过引进、培训、自学、兼职等途径，建设一支高素质的"双师型"教师队伍，以满足应用型创新人才培养的需要。另外，应用型院校为了解决师资问题，也可根据自身情况，举办应用型研究生教育，以此来培养师资。

7. 科学研究定位

应用型本科院校的科研要以社会需求为动力，以市场为导向，为行业建设和社会经济建设服务，要坚持面向经济建设主战场，跳出封闭性的教育体系，注重科研成果的转化，科研成果能否迅速转化为现实生产力，是衡量应用型本科院校科研工作的一个重要标志。坚持科研与教学相结合，积极探索建设产学研相结合的研究开发基地，这是应用型本科院校科研工作向更高层次发展所面临的一个重大课题，大力促进师资队伍和产学研基地建设，积极兴办科技产业，面向市场，面向社会。应用型本科院校的科学研究，从性质、内容、对象、方法、要求、目的和意义，都与学术型大学的科学研究有所不同。应用型本科院校的科学研究主要是应用性开发研究，较少关注基础性的理论研究，其主要目的，在很大程度上是为提高教育教学质量服务的，是围绕着应用型创新人才的培养展开的。应用型本科院校科学研究的目标是直接服务于社会发展需要的，而不是对高深学问的追求。通过积极开展高新技术开发研究，发展高新技术和技术创新来培养大批应用型高级专门人才。

应用型不是层次的高低，而是类型的不同。由于感觉"应用"比"科学"、"研究"低一个层次，一些新建地方本科院校想提高

---

① 北京联合大学发展战略研究课题组：《探索应用型大学发展之路》，《北京联合大学学报》（人文社会科学版）2006 年第 1 期，第 82—87 页。

知名度，就努力向学术型、研究型大学看齐，不少学校甚至不惜丢弃专业特色而去追求"高层次"。一些高校应用性专业的教师，缺少行业企业的工作经历，更缺少参与大型项目技术研发的经历，产学研合作不深入，培养的人才应用性不强。还有不少新建本科院校，由于处于"品牌弱势"，录取的大都是分数段靠后的学生，教师抱怨生源质量不佳，学生对学习信心不足。因此，国家应从宏观上进行分类指导，促进高等教育的多样化发展；应用型本科教育符合"教育发展必须与社会经济发展相适应"的规律，各校在制订发展战略时，要立足于各自层次和类型争创一流，切忌随大流与急功近利。①

（该文原载《高等教育研究》2009 年第 5 期，第 35—38 页）

第二节 实行分类发展和建设高教强国

中国高校的同质化现象多次成为人们关注的话题，但始终没有得到较好的解决。究其原因，主要在于高校分类不清，定位不明。因此，国家应努力促进高校分类发展，建立多样、和谐的高等教育体系，引导高校做好各自的定位问题，只有做好高校发展的定位和分类，才能更好地确保我国建设高等教育强国目标的实现。

一 高校分类发展的依据

高校的分类发展对高等教育质量的提升以及建设高等教育强国目标的实现具有重要意义。然而，千人一面、千篇一律的办学模式，很难适应经济社会发展和人民群众接受良好教育的要求，更不

---

① 潘懋元：《探索本科教育人才培养新模式——"应用型本科教育学术研讨会"综述》，《教育发展研究》2007 年第 7—8 期，第 126—127 页。

用谈建设高等教育强国、跻身世界一流大学行列了。因此，加快转变我国高校发展模式，实现从统一化、综合化向分类发展的转变，努力提升高等教育办学质量，是加快实现我国从高等教育大国向高等教育强国转变的战略选择。

（一）高校分类发展的理论依据

每一所大学的定位与职能不同，这是由于其服务面向、师资队伍等的不同。从高校的职能划分来看，每个大学也应有所侧重，充分发挥自身优势，实现分类发展。国际教育标准分类理论提出了著名的三分法：高水平职业性技术型本科、应用型本科院校、学术型研究型大学。此外，潘懋元先生也曾提出高校发展的三类划分方法，不同的学者根据一定的标准对高校的发展做出划分。由此可见，实施高等教育三分法已得到了广大院校的高度认可。因此，实现高校的分类发展势在必行。本研究根据高等教育发展的三大职能以及不同职能所承担的使命的不同，对高校进行分类。

高等教育作为科技第一生产力和人才第一资源的重要结合点，是实现国家发展、壮大的重要保障。高校担负着文化育人、科研创新、社会服务和文化传承的重要职能，大学是高等教育职能转化和输出的重要基地，要确保高校各项职能的有效发挥，必须有相应的基地作保障。弗莱克斯纳认为，"大学是学问的中心，致力于保存知识，增进系统的知识，并在中学之上培养人才"。那么大学就应当坚守理性主义，以学术培养完人，注重真理的探索，并以大学自身的价值和职能运行。王英杰认为："新世纪所呼吁的大学是一种服务型大学，第一是要为学生服务，坚持人本主义的哲学理念，使学生获得全面发展；第二是要为社会经济发展服务，创造知识，管理知识流，引导社会和经济发展。"要很好地实现大学的社会服务职能，大学就必须转变，从社会的边缘走向社会的中心，这样大学在发展过程中才会更好地把握社会发展的需要，从而实现其价值。

通常情况下一所大学很难将文化育人和社会服务二者兼顾，更不用说科研创新、文化传承了。因此，为了确保高校各项职能的有效发挥和实现，只有实现大学的分类发展，有所侧重才是未来我国高等教育发展的战略选择。

(二) 高校分类发展的实践依据

高校的分类发展既有其内在的理论依据，也有现实的需求。从高校发展的现有资源来看，现今我国高校发展所需要的资源虽然可以通过多元化的融资渠道获得，为了确保我国高等教育的可持续化发展，合理利用现有的教育资源不容忽视。《国家中长期教育改革和发展规划纲要 (2010—2020 年)》明确指出，促进高等教育资源科学配置，提高高等教育质量和人才培养质量。然而，目前我国各大院校齐头并进，教育资源高度集中，不分侧重的发展，不仅造成教育资源的浪费，同时也会影响我国高等教育的持续有效发展。因此，实施高校的分类发展已刻不容缓。尤其是国家要积极鼓励民办、私营高校的特色发展。此外，从适应社会发展的要求来看，时下我国已初步实现从传统社会向现代社会的转型，因而加快城镇化进程、积极推进西部大开发战略、实现社会的和谐发展和可持续性发展已成为当下社会的重点所在。而社会的发展需要有相应的人才作为支撑，高校作为人才培养、科研创新的重要基地，实现其分类发展，为社会发展培养适合的人才已成为必然的选择。

高校的分类发展有利于构建合理的高等教育体系，对于我国实现高等教育强国目标的建设具有重要的价值。因此，在实施高校的分类发展时既要依据高等教育内在的理论依据，其外部的实践依据也不容忽视。同时，在实施高校的分类发展时，要依据我国《国家中长期教育改革和发展规划纲要 (2010—2020 年)》中所提出的要求，注重引导我国高校合理定位，加快形成独具本国特色的办学理念和风格。这样我们在实施高校分类发展的建设中才会实现双赢，既可以为本科教育质量工程的提升提供保障，同时也可以为我国现代化建设注入新鲜血液。

二 高校分类发展的路径选择

社会对专门人才的需求是多样化的，在知识经济时代，既需要高新尖的专家型人才，也需要大批的应用型人才。故此，我们就应当举办多样化的高等教育，来满足培养多样化人才的需求。每所学校应根据自己的传统、特色、优势以及经济社会发展的需求，进行科学定位，实施特色办学，在各自的学科领域和人才培养领域，追求卓越，争创一流，而不应贪大求全。因此，高校的分类发展既是高等教育体系自身建设的需要，同时也是我国未来高校发展、争创世界先进的现实选择。

（一）建设学术导向型高校

高等教育的核心价值是要通过已有的文化熏陶人、塑造人，使人成为仁。洪堡认为，大学是高等学术机构，它是学术机构的顶峰，它总是把科学当作一个没有解决的难题来看待，对科学总是处于研究探索之中。同时，他也希望大学的学者把"身外的闲暇或内心的追求用于科学和研究"。这样大学才会实现自己的最终目标，进而实现学术的繁荣。在他看来只要大学实现了本身的最终目标，那么，对国家的高层次目标实现也会产生现实的作用。纵观柏林大学的辉煌历程，建设学术导向型高校不仅是实现人成为仁的重要选择，同时也是充分利用学校内部和外部融合的各种教育资源，实现教育、社会的可持续发展的有效选择。建设学术导向型高校，是提升高等教育质量、创新教育理念、遵循科学发展观，创建高等教育强校，实现高等教育强国目标的建设。

（二）创建应用导向型高校

要培养高等教育应用型创新人才，离不开大学的合理定位与科学分类，尤其是需要大批应用型本科院校。因此，构建应用型本科院校新体系，可以更好地促进我国高等教育的改革与发展，丰富我国高等教育的办学类型。大力发展应用型本科院校，直接有助于解决我国高等教育应用型创新人才缺失的问题，还可以给面向地方服务的本科院校与新建本科院校提供发展模式借鉴，为大批面向行业培养应用型创新人才的本科院校发展提供实践经验和理论指导，也有利于进一步丰富我国高等教育的理论研究。

国运兴衰，系于教育。教育是民族振兴、社会进步的基石。美国威斯康星大学就十分重视建设应用导向型高校，他们十分重视大学对社会的进步、经济建设的重要作用。查尔斯·R. 范海斯（Charles R. Vanhise）在担任威斯康星大学校长期间曾提出著名的"威斯康星思想"（Wisconsin Idea）。威斯康星思想明确地把服务社会作为大学的重要职能，并据此提出相关的任务。高校作为社会的一个特殊组织，除了要把人培养成仁，更要为社会的发展和进步提供服务。大学边界之开放观认为：大学应该主动与社会发生关系，并主动地参与到社会的各项服务中去，应该主动成为社会的"服务站"和"加油站"。因此，建设以应用导向为主的高校，不仅可以实现大学服务社会的自身价值，同时对于做强、做大高校自身也有重要意义。尤其是与时下我国高等教育大众化发展要求相契合。

（三）构建技能导向型高校

大众化阶段的高等教育不仅要以文化服务社会，更需要培养一些具备专门知识、技能的高端人才。当下的社会技术日新月异，今天的科研成果，明天就可能面临淘汰。在这样的大背景下，我国的高校就必须要实施符合现代创新人才标准的教育，要确保我国高端技术人才的培养，就必须有相应的教育基地、教育内容、教育资源与之相配套。建设技能导向型高校，对于改善我国技术人才短缺的现状具有重要作用。美国的许多高校就非常注重技能的训练和培养。尤其是兴起于 19 世纪 60 年代的赠地学院就是典型的技能导向型院校，自赠地学院建立后，美国在农业、工业、建筑业等方面都获得了长足的发展。这些院校的发展不仅壮大了美国的内部实力，同时也推动了其在世界上的影响力。我国现阶段以及未来院校的建设，必须要重视对技能培养的训练，这不仅是做强本科院校、提升本科教育质量的需要，同时也是实现我国建设高等教育强国，走向世界的必然选择。

三 高校分类发展的战略意义

高校分类发展，是一个关系到我国高等教育健康发展的重要问题。做强不同类型的高校，实现不同类型高校的办学特色，发挥自身优势，对实现我国高等教育强国目标的建设具有重要的价值。实施高校的分类发展，也是我国目前以及未来高等教育可持续发展的战略选择，对我国社会和教育事业的发展具有重要的现实意义。国家应从宏观上进行分类指导，促进高等教育的多样化发展，高校要立足于各自的层次和类型争创一流，切忌随大流与急功近利。

（一）有利于多样化的人才培养

强国必先强教，教育的繁荣靠人才，尤其是高等教育培养的具备专门知识、技能的高效人才。实施高校的分类办学模式，对提升我国人才的质量具有重要意义。这样的分类模式，为想上大学学习的学生提供了多样的选择。这充分考虑到了学生的兴趣、爱好，有利于充分挖掘每位学生的潜能。分类办学与统一化、综合化办学模式的最大区别在于学生毕业后的能量与就学前能量的差异。因为分类办学模式的培养目标、培养规格更具针对性，学生的选择也是根据自己的实际、特长做出的，那么学生就很清楚自己上大学的定位和目标。在学习上，他们就会表现得更积极和投入。因此，每种类型的高校所培养的人才都是在这个领域的专者、精英。实施高校的分类发展，可以有效地为我国的建设提供和谐发展的高效人才。

（二）充分利用高等教育资源

在大众化的高等教育办学时代，如何高效、持续地利用现有的教育资源是关系到我国高等教育未来发展的重要议题。过去综合化、统一化的办学模式，使所有的教育资源高度集中在某一所或某几所院校内，不仅造成了资源的垄断，更使大部分教育资源得不到适当利用，造成了资源的浪费。然而，实施高等教育的分类发展，可以有效地平衡各种教育资源在不同类型学校的分配，符合当下我国倡导的在国家调控下的市场进行资源配置的要求。高校的分类发展不仅可以平衡各种教育资源在学校之间的分配，同时可以有效地实现教育资源在不同地区、城乡之间的平衡配置。这样不仅有利于保证农村和弱势群体接受教育的机会，同时可以推动教育资源的流动，实现教育资源的高效利用。

（三）有利于构建和谐的高等教育体系

高等教育的健康发展，关系到我国未来教育事业的可持续发展，同时对构建和谐、有效的高等教育体系有重要的影响。学术导向型高校可以有效避免学术的悬挂和遮蔽，从而彰显了大学文化的根基和血脉，建设具有"学府韵味"的高校。应用导向型高校可以保证大学与社会、企业间的联系，从而为建设开放式的大学提供保障，这既实现了大学的自身建设，又为社会的发展提供支撑。此外，技能导向型高校不仅弥补了我国高新人才短缺的问题，而且为实现我国建设创新型国家，走向世界，与世界接轨提供了智力支持。三类不同导向的高校通力合作，不仅可以保证教育内部和教育外部结构的有效平衡，进而为建设高效、和谐的高等教育体系提供重要保障。高校分类发展，既是实现高等教育科学发展和可持续发展的重要议题，也是实现创新型国家建设和高等教育强国建设的重要选择。高校要找准自己的定位,在各自的类型中办出特色,从而为我国建设高等教育强国,实现现代化强国建设目标提供保障。

(该文原载《教育与考试》2012年第3期,第54—57页)

第三节 论应用型大学建设——基于潘懋元先生高等教育观的分析

20世纪90年代以来,中国高等教育朝着高等教育大众化的方向迅速发展,一大批新建本科院校、地方本科院校以及民办本科院校经过理性思考后,将其办学定位由创建初期的研究型、学术型大学调整为应用型、技能型院校。现阶段,已产生了许多有关"应用型大学""应用型人才"的理论研究成果,同时,陆续有部分地方本科院校在建设应用型大学的实践中实现了跨越式发展,产生了许多可供借鉴的成功经验。这充分说明,建设应用型大学已成为高等教育界普遍认可的做法。然而,值得注意的是,最近教育部在其发布的推动地方本科院校转型发展的相关文件中,并没有沿用应用型大学的传统提法,而是采用了应用技术型高校这一新概念,由此成为高等教育界的广泛关注的核心议题。

一 应用型高等教育在我国的发展历程

从高等教育的发展历史来看,随着社会分工的细化和职业的演变,以培养专门职业人才为目标的专业性教育机构逐渐出现,"专业性应用教育"成为伴随此类机构出现而形成的新功能定位。在中国古代,从西周时期的"辟雍",到战国时期的"稷下学宫",以及后来产生的各种官学制度,均是为国家培养高级官吏的专业应用性教育。

中国近代高等教育始于清末洋务运动时期，其早期的近代高等学校大致可分为两类：一类是以语言学习为主的方言学堂；一类是以军事学习为主的水陆军学堂①。其中，以福建船政学堂的人才培养最具特点，突出反映了当时积贫积弱的国家，急需大批能够运用先进科学技术来改造社会的应用型人才情况。以"师夷长技以制夷"作为指导思想，隶属于福建船政局的福建船政学堂，明确提出其办学目标为培养中国自己的造船与驾驶人才，以实现国家的自立、自强。采用厂校一体的办学体制，要求学生既学习基础理论知识，还参加工厂劳动并承担生产任务，至 5 年学习期满后，其轮船制造、设计、驾驶、管轮等各个专业的人才培养水平都远远超出之前预计，其在提升近代国家海军实力的同时，为实现中国社会的近代化发挥了巨大作用。

在新中国成立前，我国也存在很多以培养专业应用型人才为目标的高等院校，但大部分属于高等专科学校。如始建于 1928 年的国立杭州艺术院，秉承蔡元培先生提出的"以美育代替宗教"的办学主旨，为我国培养出许多著名画家。还有由我国杰出会计专家潘序伦先生于 1928 年在上海创立的立信会计专科学校，为新中国成立前会计制度的确立、高级会计人才的培养立下了汗马功劳②。其在 1952 年全国院系调整时期，与其他财经类院校合并成为上海财经学院。

自 20 世纪 90 年代末起，随着我国高等教育的持续扩招，开启了中国高等教育大众化的历史进程，一大批新建本科院校在此背景下应运而生，其来源多种多样，其中，大部分由高职高专（包括师范高等专科学校）独立或合并升格而成。在 21 世纪初，部分新建

---

① 潘懋元、石慧霞：《应用型人才培养的历史探源》，《江苏高教》2009 年第 1 期，第 7—10 页。

② 潘懋元：《新建本科院校的办学定位与特色发展》，《荆门职业技术学院学报·教育学刊》2007 年第 7 期，第 1—4 页。

本科院校经过一段时间的发展后，综合考虑所处的客观环境、经济社会发展需求及院校自身发展特点等一系列因素，将其办学定位改为建设应用型大学。现阶段，已有部分地方本科院校在合理定位后，结合自身文化积淀，走出一条不同于传统学术研究型大学的特色型发展道路，在应用文科、应用理科及应用工科等各个领域培养了大批能够满足区域经济建设和社会发展需求的应用型人才，大大促进了地方经济社会的发展。

2014年2月26日，国务院常务会议做出"引导部分普通本科高校向应用技术型高校转型"战略部署。3月22日，教育部副部长鲁昕在"中国发展高层论坛"上明确提出"600多所地方本科高校向应用技术型院校转型"。同年6月22日，国务院颁布了《国务院关于加快发展现代职业教育的决定》，其中提出"引导一批普通本科高等学校向应用技术类型高校转型，重点举办本科职业教育"的战略举措①。至此，建设应用技术大学成为我国地方本科院校转型发展的又一新的政策导向，成为高等教育界讨论和研究的热点话题。

二　建设应用型大学的定位分析

（一）高等教育的分类

高等教育的合理分类有利于优化高等教育结构，促进高等教育质量的多层次发展，符合高等教育大众化阶段多样化的质量要求。潘懋元先生认为："就整个高等教育系统而言，必须有科学的分类，以构成与社会人才需求相适应的教育体系；就每所高等学校而言，院校及其所设置的学科、专业，必须在高等教育体系中找准自己的

---

① 国务院新闻办公室门户网站：《国务院关于加快发展现代职业教育的决定》，http://www.scio.gov.cn/ztk/xwfb/2014/gxbjhzyjyggyfzqkxwfbh/xgbd31088/Document/1373573/1373573.htm，2014-06-24/2015-05-12。

'定位'。科学的分类是前提，准确的定位是关键。"①

对于高等教育的分类发展，潘懋元先生根据社会人才结构和中国高等教育进入大众化阶段的实际，并参照联合国教科文组织于1997年修订颁布的《国际教育标准分类法》，将我国的高等院校分为三种基本类型：第一种为综合性研究型大学（5A1），以传授基础学科和应用学科的基本理论为主，研究高深学问，培养学术型拔尖人才，在我国主要以"985工程"大学和部分"211工程"大学为主体。第二种为多科性或单科性应用型大学或学院（5A2），以传授各行业专门知识为主，培养不同层次的应用型专门人才，如工程师、医师、律师、教师和管理干部等。此类型高校较为庞大而复杂，包括部分"211工程"高校、部委所属院校、地方本科高校以及民办本科院校。第三种为多科性或单科性的职业技术院校（5B），以学习各行业职业技能为主，培养服务于生产、管理、服务第一线的职业技术专门人才②。

具有不同条件、不同水平和办学能力的各类高等院校，必须首先明确自身所属的高等教育类型，此基础上进行科学定位，制定具有自身特色的发展战略，从而在各自的学科领域办出特色，争创一流。正如潘先生在论述各类高等院校科学定位与特色发展时所强调的一样，"每一类型都应该有重点高校，都可以培养不同层面的拔尖人才、一流人才，都可以成为国内（省内）知名、国际（国内）有一定影响的'一流大学'。"③

（二）应用型大学的定位分析

科学定位是各类高等院校健康发展的前提条件。应用型大学应

---

① 陈兴德：《潘懋元：中国高等教育大众化的思想引领者》，《中国地质大学学报》（社会科学版）2008年第6期，第49—53页。

② 潘懋元：《规模、速度、质量、特色——中国当前高等教育发展中的若干问题》，《河北师范大学学报》（教育科学版）2007年第1期，第5—12页。

③ 潘懋元：《关于高等学校分类、定位、特色发展的探讨》，《教育研究》2009年第2期，第33—38页。

在研究自身优势、劣势以及高等教育发展规律的基础上科学定位，以此为前提制定学校的发展战略，进而规划学校的人才培养、科学研究和服务社会职能的取向。

目前，我国高等院校间均存在着不同程度的趋同化发展，此问题在应用型本科院校中则更为复杂。部分历史悠久的省属高校，习惯于按照传统的精英型大学发展模式办学，而新建本科院校由于受单一化评估体系的制约，也沿着传统学术型大学办学路径缓慢发展，即使认识到应定位于应用型大学建设，也由于缺乏实践经验与理论指导，往往心有余而力不足。

地方本科院校应重点依据人才培养类型和服务面向两个方面来确定自身的办学定位，从而避免因盲目追求办学层次的提高而造成趋同化发展。应用型大学承担着培养适应经济社会发展需要的应用型人才的重要使命，要求其培养的应用型人才既区别于传统本科院校培养的学术研究型人才，又有别于高职高专院校培养的职业技能性人才。因此，其在人才培养规格上，并不追求"高深学问"的研究和知识的全面系统化，而是要求具有适度坚实的理论基础，较宽的专业适应面，能够熟练运用理论知识解决生产实际问题，有较强的科技推广和转换能力的应用型创新人才。同时，应用型大学应树立"立足地方，服务地方"的服务面向定位，主动适应区域经济建设的需要，探寻地方行业、企业发展所需的应用型人才类型，积极为地方经济社会发展提供智力支持和人才保障，在与地方发展形成良性互动的同时，拓宽院校自身发展空间。

三 建设应用型大学的动因分析

（一）教育外部关系规律的指引

1980 年，潘先生在湖南大学举办的一期部校院长学习班上正式提出"教育内外部关系规律"，后来被整理为"教育基本规律及其在高等教育中的应用"而广为流传,并于 1983 年编写《高等教育学讲座》一书时做了相关修正。在其所著的《高等教育学》一书中,明确提出:"教育的外部关系规律指教育必须与社会发展相适应。适应,包含着两个方面的意义:一方面,教育要受到一定社会的经济、政治、文化等所制约;另一方面,教育要对一定社会的经济、政治、文化的发展起作用,以推动社会的进步。"① 后期,他还特别强调了教育外部关系规律中的"适应"具有"主动适应"和"多维适应"两方面的内涵。"主动适应论"就要积极发挥教育主体的价值判断和选择作用,具体表现为高等教育要主动适应市场经济和知识经济时代的要求等。而"多维适应论"就是要适应现代社会多方面的社会需要,而不仅仅是满足某一方面的社会需要,否则就成为"片面适应",无法真正发挥教育促进社会健康发展的作用。

教育外部关系规律启示我们要把高等教育融入整个现代社会大系统中来研究,密切关注高等教育与社会发展之间的互动关系及其给各自带来的变化和发展。建设应用型大学在本质上遵循了教育外部关系规律的指引,具体要求地方本科院校树立"为地方服务"的战略思想,与地方行业、企业建立良好的合作关系,成为地方经济社会发展中的高新科技产业"孵化室"和传统技术改造站,在地方经济发展和社会变革中发挥主导作用。而学校自身也可依托行业、企业建成一批基础实力雄厚的优势学科和特色专业,进而走上特色应用型发展道路。

(二) 当代社会发展的需求

随着社会主义市场经济体制的建立和经济全球化的深入发展,使我国劳动力结构和人才培养模式从根本上发生了改变,尤其是在产业结构调整和升级时期,需要大批在生产、经营、管理等一线从

---

① 潘懋元、王伟廉:《高等教育学》,福建教育出版社 2013 年版,第 31 页。

事应用研究、技术开发、产品试制，可使研究工作深化、生产水平提高的应用型高级专门人才。目前，我国经济社会发展与人才结构间存在着一定程度的矛盾，出现了应用型人才短缺的现象。因此，要求高等教育的人才培养必须主动适应现代经济与社会发展的人才需求。

具体到地方本科院校，应走出传统的"精英教育办学理念"和"学术型"的培养模式，转变落后的人才培养理念，从经济社会发展对人才提出多层次、多类型需求的现实出发，准确定位区域内人才需求类型，创新人才培养模式，切实培养出数以千万计的具有扎实理论基础，能够较好地运用专业知识，解决生产和生活中实际问题，以适应社会发展的多样化需求，在工作实践中有所创新的应用型人才。目前，已有越来越多的地方本科院校走上应用型大学建设之路，将原来定位于综合性、研究型大学的发展目标改为建设应用型、职业型或技能型院校，致力于培养适应现代经济与社会发展需求的复合应用型人才，从而以满足社会主义现代化建设对高级专门人才的多样化需求。

（三）高校自身寻求改革

大部分地方本科院校经过独立或合并升格后，实现了办学层次的提升，为未来赢得了更大的发展空间，但也存在着办学理念滞后、发展定位不清等一系列亟待解决的问题。在高等教育大众化背景下，面对高校发展趋同化日益严重的现实情况，地方本科院校逐渐认识到，需改变传统的"精英型"办学理念和发展模式，在办学思路、办学理念、办学职能、发展路径、学科建设、师资建设以及人才培养等方面寻求新的突破。

因此，面对来自内外部转型动力的推动，部分地方本科院校在综合考虑各方面因素的前提下，做出向应用型本科院校转型的重大战略决定。这里所要实现的转型包含两个层面的内涵：一是指共性层面的转型,即实现专科教育向本科教育的彻底转变,其实质是"内涵升本",这是学校办学层次提升产生的必然要求,解决的是建设合格本科院校的问题;二是指个性层面的转型,即学校在实施共性层面的转型过程中,基于自身办学定位,进行各具特色的相关转型,着重突出院校的办学特色,目的是走出一条特色强校之路①。

(四) 解决就业问题的现实选择

教育部副部长鲁昕在"产教融合发展战略国际论坛"上指出:"地方本科高校转型发展是实现经济发展方式转变、产业结构转型升级的迫切要求,也是解决新增劳动力就业结构性矛盾的迫切要求。"因此,走应用型大学建设之路是解决当前毕业生就业问题的现实选择。

大部分地方本科院校以培养适应地方经济社会发展多样化需求的应用型人才作为主要任务,其人才培养规格要求掌握一定程度的基础理论知识和专业知识,并能够熟练运用知识解决生产实际问题。地方本科院校应充分利用其在应用型人才培养方面的绝对优势,充分了解所在区域行业、企业的人才需求类型,并结合自身办学特色,制定以应用型人才培养为核心的战略发展规划,在实现自身办学实力提升的同时,履行其"为地方服务"的发展面向定位,从而与地方发展形成良性互动,实现互利共赢。

四 从潘懋元高等教育观看建设应用型大学的意义

(一) 高等教育价值观

在高等教育领域历来存在两种价值观争论,这一争论在哲学上表现为认识论与政治论之争,在思想上表现为理性主义与功利主义之争,在文化上表现为个人本位与社会本位之争。其实质是以人的

---

① 傅大友:《新建期、应用型、地方性:新建本科院校转型发展的关键词》,《中国高等教育》2010年第22期,第25—27页。

发展，还是以社会发展作为前提的教育价值观争论①。潘懋元先生曾指出："教育价值观与教育功能密切联系。教育功能具有社会功能与个体功能，也就是满足社会需要与满足个体需要。这些功能是客观存在的，但主体对其价值判断则因客观条件（历史的、社会的）和主观认识（理性的、利益的）的不同而有所偏重。"②

现阶段，我国许多地方本科院校特别是新建地方本科院校，不顾自身办学实际情况，一味地迷恋于所谓的学术评价标准，追随研究型大学或老牌地方本科院校的发展路径，由此陷入了"经费大战""排名大战"等一系列极端功利主义的发展漩涡，而放弃了原本建设应用型大学的发展道路。为此，地方本科院校应重新明确其发展定位，秉承实用主义的办学理念，充分利用自身在教育资源与科研能力等方面的优势，积极关注并解决社会公共问题，使"为地方服务"真正成为地方本科院校转型发展的战略抉择。同时，地方本科院校在实现自身转型发展过程中，也应扬弃唯社会本位的传统教育价值观，将其转变为在满足社会发展需要基础上，充分尊重人的个体价值，发展人的积极性与创造性，使社会价值与个人价值协调发展，从而最大限度地满足社会和个体发展的需要。

（二）高等教育质量观

1998 年，在巴黎召开的首届世界高等教育会议通过的《21 世纪高等教育展望和行动宣言》一文中，特别指出："高等教育的质量是一个多层面的概念"，要"考虑多样性和避免用一个统一的尺度来衡量高等教育质量"。③ 因此，要扭转目前"千校一面"的情

---

① 李达轩：《地方大学办学理念的困惑及其出路》，《湖南社会科学》2002 年第 4 期，第 116—118 页。

② 潘懋元：《新世纪高等教育思想的转变》，《中国高等教育》2001 年第 3 期，第 21—23 页。

③ 车如山：《潘懋元高等教育观评述》，《西北成人教育学报》2010 年第 1 期，第 36—38 页。

况，可以通过改变过去单一的学术型主导的高等院校评价标准和评估模式，构建适合高等教育大众化发展的多元化的高等教育质量观，使其成为既包括传统精英型教育质量观在内的，同时也适合应用型大学建设的综合性高等教育质量观。

正如《高等教育法》所说的一样，"采取多种形式积极发展高等教育事业"。意思就是，高等教育大众化的实现是以多样化为前提的[①]。在过去的十几年中，为实现高等教育大众化"量"上的突破，我国各级地方政府通过独立及合并升格的方式新建了大批地方本科院校，若继续使用传统的本科精英型教育标准来衡量其院校建设，必然对其产生一定程度的误导。因此，根据应用型大学发展特点所构建的质量评价机制，在对办学水平展开评价时，要始终围绕其对经济社会发展的促进作用来进行，从而使高等教育质量评估标准体现多元化的高等教育质量观要求。同时，地方本科院校在转型发展的过程中，也应注重自身质量保障体系建设，使其人才培养质量得到相应的内部保障，以此获得社会及用人单位的认可。

(三) 高等教育人才观

当今，在高等教育大众化发展阶段，传统的以追求"高深学问"为主要目标的学术性高等教育人才观受到了一定程度的质疑，社会更多需要的是能解决实际生产问题的应用型、职业型和技术型人才。那么，高等教育应该是学术性还是职业性的呢？处于市场经济时代的高等院校还要不要研究高深学问，追求学术价值呢？等等一系列矛盾逐步凸显出来，成为高等教育大众化阶段无法回避的现实问题。为此，高等教育界要转变传统的重学轻术，重理论轻实践的高等教育人才观，树立学术性与职业性的双重评价标准。针对致力于建设应用型大学的地方本科院校，其人才评价机制应侧重于对

---

① 潘懋元：《走向大众化时代的高等教育质量——在全国高等教育学研究会第六届学术年会开幕式上的发言》，《高等教育研究》2001年第4期，第1—2页。

学生实践应用能力的考核，关注对大学生应用创新能力的培养，促使地方本科院校在满足经济社会发展对应用型人才需要的基础上，探索出一种相对成熟的人才培养模式。

同时，地方院校还应树立全面素质教育的人才观，体现在其所培养的人才不仅要具有较强实践应用能力，同时也应掌握坚实的基础理论知识且具备必要的人文修养，切实以培养基础扎实、知识面宽、应用能力强、富有创新精神、综合素质高的高级专门人才作为评估人才培养质量的根本标准。

（四）高等教育发展观

20世纪末，潘先生适时提出了"可持续发展"的高等教育观，号召把过去单纯追求数量增长的传统教育发展观转变为以规模、结构、质量、效益协调发展的全面教育观。

具体到地方本科院校的转型发展中，要彻底改变建校初期集中于搞外延式发展的办学路径，如通过开拓校园面积、新建教学大楼、增添科研仪器等措施盲目推动办学资源的全方位扩张，致使无暇顾及人才培养和大学文化建设等内涵式发展。为此，地方本科院校要切实树立可持续发展的高等教育观，从过去一味强调硬件基础设施建设转变为追求一流大学应有的理念与文化，根据自身所处的客观环境，在了解区域经济社会发展需求的基础上，结合自身特点与优势，寻求一条适合自己的特色化发展路径，从而实现规模与效益的协调发展。

（五）高等教育教学观

应用型大学以开展本科层次的教学作为其主要特点之一，在其具体的教学过程中，须把培养应用型人才的理念落实到课程体系、师资队伍建设、实践教学等诸多环节中。其中，产学研合作被认为是培养应用型人才，提高教育质量的重要途径，它以知识运作为中心，有效地把知识的传承、创新及应用联系在一起，通过与行业、企业开展合作，共建开放性、多功能的实践性教学基地和科技服务平台，将应用型人才培养计划与行业、企业的用人标准进行对接，更加有针对性地培养实践能力强的应用型人才。因此，地方本科院校应继续深化产学研合作的教学方针，使所培养的人才能够熟练地将知识运用于生产及社会文明建设中，不断推动经济与社会的现代化发展。

值得注意的是，促使地方本科院校教学得以顺利实施的最基本保障是师资队伍的建设，而师资队伍的建设也关系着转型发展的成败。因此，地方本科院校在转型过程中，亟须建设一支"双师型"师资队伍，应在立足于自身培养的基础上，通过聘请校外具有先进技术和实践经验的专家作为兼职教师，逐渐形成一支相对稳定的、具有较强应用能力的复合型师资队伍，从而为应用型人才的培养提供内部保障。

五 建设应用型大学的新导向

据教育部官方网站发布的最新统计数据显示，截至2014年12月4日，我国共有普通高等学校1170所，除去部委所属的110所，余下的1060所均为地方本科高校（包含民办本科院校392所）①，约占我国普通高等院校90%，属于本科高等教育的中坚力量。

自2014年上半年开始，国家有关部门陆续出台了一系列加快发展现代职业教育的政策和文件，教育部高层领导人也在一些会议上明确提出，引导一批普通本科高校向应用技术型高校转型，从而使建设应用技术大学成为我国高等教育转型发展一个新的政策导

---

① 教育部：《2013年教育统计数据——高等教育学校（机构）数》，http：//www.moe.gov.cn/publicfiles/business/htmlfiles/moe/s8493/201412/182068.html，2014 - 12 - 04/2015 - 05 - 12。

向,至此,地方本科院校的转型问题再一次成为高等教育界热议的话题。

众所周知,地方本科院校在建设应用型大学的道路上已经探索了很长一段时间,在理论和实践上都取得了一定成绩,部分地方本科院校已经在明确自身发展定位的基础上走上了特色应用型发展道路。现在提出"应用技术大学"这一全新口号,不禁会令人们产生不同程度的困惑:什么是应用技术大学?应用技术大学是否是一种新的高等教育类型?应用技术大学同之前地方本科院校致力于建设的应用型大学有何不同?如何建设应用技术大学?但这一系列问题在政府出台的相关政策与文件中并没有给出任何解释。

现阶段需要明确的是,在地方本科院校转型实践中,一方面要正视外部政策的引导,另一方面也要充分考虑院校所处的客观环境,区域经济社会发展的现实需求以及自身的发展特点,最终决定"怎么转"以及"向哪转"等关键问题。避免出现盲目跟随政府政策导向,不顾自身原有的办学经验,一窝蜂地向应用技术大学转型的不冷静做法。

从本质上讲,应用技术大学属于应用型大学的一种类型,其突出强调应用技能型人才的培养,目的在于使地方本科院校所培养的人才从根本上实现与经济社会发展需求的紧密对接。因此,并不是所有的地方本科院校都应以应用技术大学作为转型的主攻方向,部分拥有工科发展基础的地方高校可以以此作为转型方向,而具有文科或理科专业基础和实力的地方本科院校则需考虑向其他应用型方向转型。

(该文被《高校教育管理》优先发表)

第四节 高等院校的应用型人才培养

培养应用型人才是应用型院校的使命，然而仅仅依靠这类院校，还不能很好地满足社会的需求。因为，在我国一方面这类院校在经过了数次调整、合并后，大多方向发生了改变，自己的定位不是很明确或者不是很具体，这既有学校自身的因素，更有外部机制的影响；另一方面，由于传统观念与管理体制的原因，这类院校中的大多数层次相对较低，基本都是改革开放以来专业院校合并、专科学校升格而来的，因此缺少必要的学科支撑。这就要求我们在大力发展这类院校的同时，还应该注重发展多样化、多种类型的高等院校，来共同解决应用型人才培养不足的问题。事实是，应用型人才的缺失在一定程度上已经制约和影响着我国社会经济发展的各个方面，特别是影响着我国建设高等教育强国的步伐。从战略上说，把应用型人才培养纳入到高等学校的日常教育教学实践，重新研究教育教学实施方案，采取针对性的措施，合理调整专业与课程设置，为社会生产和经济部门提供"用得上、留得住"的人才，已成为我国高等教育的当务之急。

一 应用型院校在培养应用型人才方面具有优势

从传统看，应用型院校具有较好的实践教学经验和基础，其优势主要在于课程设置和教学内容设计上强调对学生实践能力的培养，重视理论和实践的结合，较其他大学，实践倾向明显，他们能够为学生提供较为充足的实习和针对性较强的实训基地，使学生在理论学习的同时，实践应用能力得到较好的锻炼。将实验、培训过程同技术产品开发和研究工作紧密结合起来，这样既为学生的就业奠定了基础，又为学校的技术开发和创新节省了成本，可谓一箭双雕。因此。学校要在人才培养的同时。结合自身的创新项目和创新实践展开。正如胡锦涛总书记在清华大学百年校庆上的讲话时提出的"协同创新",即将以往的"产、学、研"结合转变为"产、学、研、用"四结合,加强高校同社会之间的产业成果转化,提高高校的创新能力,这也折射出学校培养应用型人才的现实性。作为应用型院校,要发挥已有的资源优势,充分利用实训基地,结合各自区位资源,着力培养具有较强动手能力和创新能力的应用型人才,这不仅可以提高人才培养的总体质量,而且可以增强高等院校与企业之间的联系。

应用型院校在培养学生的创新能力的同时要结合院校的特点和办学特色,因地制宜,特色育人,培养高素质、高标准的人才。把学科基地的建设同教育教学实践结合起来,将校内和校外紧密联系在一起。利用地方企业和行业为学生实习实训服务。在人才的培养过程中注重与社会实际相联系,切实将院校的产学研用很好地结合起来。这样,学生在毕业找工作的时候能够依靠自己在学校所学习到的知识和技能来寻求适合自己的职业,实现自己的人生目标,院校也实现了将社会要求同学生愿望结合起来的目标,提高了学校就业率,为社会提供了更多的受欢迎的人才。如赣南师范学院在人才培养中总结出了自己的经验和做法。他们坚持服务社会,主动适应当地基础教育和地方经济发展,积极开展学生的职后教育和培训,建立社会产业机制,增加学生就业率。将本校的专业设置同社会需求挂钩,为社会经济的发展培养急需的高素质人才。建立更多的实习实训基地,为学生提供更好的服务和就业平台是学院的宗旨之一。其研究生教育也有自己的特色,注重对学生实践能力的培养,要求研究生在学习理论知识的同时能够在校积极参加学校实习、教学实践等社会实践活动,同时要求参加一些助研、助教等实践工作,这些都大大促进了学生实践能力的发展,而专业硕士教育也能够根据地理因素和当地社会经济发展需要设置课程，实施教学，形成了特色鲜明的研究生教育。

应用型院校无论是在教学内容的选择还是在教学方法的制定上都应当时刻秉持"应用"这个最根本的理念，尤其是在应用文科的探索之路上更要有所创新，有所突破。北京联合大学应用文理学院在应用文科人才培养上，做出了突出的贡献，他们针对北京地区的具体情况，调整和修改了有关文科专业人才培养计划和方案，为北京地区培养了大批一线岗位人员，尤其是他们的档案学专业、历史学专业等，毕业生几乎遍布北京市的各大旅游景区及管理服务部门，赢得了较好的社会声誉。赣南师范学院也是如此，他们的历史学专业也充分体现其地域特色，彰显红色文化，为江西各地尤其是当地培养了大批专业人才，他们在各自的岗位发挥着中坚作用，为江西社会发展贡献着自己的才智。

二　应用型院校应专注于应用型人才的培养

我国高等教育的分类与定位不清，与一些高校在培养人才的目标定位上也存在着一定的模糊不清。特别是一些地方院校走着模仿的路子，把自己的目标逐渐转向一些学术型，在教学内容的安排和设计上缺乏个性、缺乏创新，在培养人才方面还是强调学术性。加之"升格运动"的推波助澜，更加加剧了我国高校的"千校一面"，大家都乐于对学术性人才的培养，而对应用型人才的培养则少有人问津，长此以往，导致应用型人才的缺失。

要培养多样化的、不同层次和规格的应用型人才，就要用与之相适应的高等院校，这些院校主要是应用型的院校，而在实践中，由于受各种因素特别是外部评价的影响，有一些应用型的院校，也不是很安于自己的本职，不断向学术型院校发展，导致既丢掉了自己的传统和优势，又没有学到或融入新的东西。因此，我们认为，应用型院校应专注于应用型人才的培养，因为，只有如此，应用型院校才能得到较好的发展，也才能发挥自己的优势。应用型院校应关注社会发展，及时调整其发展规划与目标，努力适应社会需求，紧紧围绕社会需求，依据自身条件制定人才培养的模式。应用型院校要能够面向本地经济和行业的发展，扎根现实，积极开展技术研究与应用，主动形成产学研用良性互动的局面。同时要培养特色鲜明、多样化的高素质的社会急需的高端人才。因此，应用型院校要理清办学理念，稳定办学宗旨，弄清培养目标，明确自身前进的方向，发挥优势，形成特色。

应用型院校要始终把培养高素质应用型人才作为根本任务，积极利用各种资源，特别是推进创新教师团队建设，通过多种培养途径来及时更新教师队伍知识结构，让教师的知识能够跟上社会经济发展的脚步，为教师团队及时提供新鲜血液和氧气。要加强教师同社会行业之间的联系，鼓励教师多参加科研项目，提高教师的创新实践能力和科研水平，改善教师综合素质，努力培养一批德才兼备的高素质人才。应用型人才培养的关键在于让学生能够将学到的理论知识用于解决实际问题。因此，只有先改善教师队伍，提高教师创新能力、改善知识结构，才能培养出高素质、高标准的学生；只有将课程和教学任务落到实际层面，才能够收到好的效果，也才能培养出符合社会要求的具有应用能力的优秀学生。"授人以鱼，不如授人以渔"，就是这个道理。所以创新教师团队建设也是把握当前对应用型人才培养的关键环节。学校要为教师搭建事业发展平台，建立灵活务实的人才机制，加强人才团队建设，提升教师队伍整体水平。

三 应用型人才的培养也是各类高校之使命

大学使命是人们对大学组织必须承担的社会责任的一种认可，

也是人们对大学组织应有价值的一种判断和要求，具体体现为大学的组织的宗旨、目的和理想。我国高等院校的使命就是要培养大批实用人才，依靠这些人才去实现高校科技成果的转化，促进社会经济发展。正所谓："国运兴衰，系于教育"，讲的就是这个道理。为此，各类高校要加大培养应用型人才的力度，不仅仅是地方应用型院校的责任，也是研究型大学的使命，只有形成合力，共同致力于这一目标，应用型人才的培养才不会落入空喊。由于不同大学人才培养的规格是不同的，要根据不同的培养规格和标准进行科学规划，要侧重于不同的社会应用领域，形成良好的培养局面。注重本科生和专业学位硕士研究生的培养，双管齐下，为社会培养出不同规格和层次的高质量人才。另外，相对于地方本科院校，研究型大学具有更加充足的教师资源和高水平的教师队伍，拥有较强的科研资金，要将各种优质资源用于培养学生的创新能力。从国家形势来看，我国现在正处于社会改革转型的关键时期，高新技术的发展和产业结构的调整不仅仅需要普通的技术工人，而且需要大量的高科技人才和高层管理人才，对于专业学位硕士研究生的培养成为未来高校培养高层次人才的主要方向。如何解决培养高素质应用型人才的问题，以往的国际经验告诉我们，要提高一个国家的核心竞争力，关键要看这个国家是否有高素质的应用型人才。例如，日本之所以能够在"二战"后得到迅速发展，在很大程度上取决于其教育政策中对于培养技术型人才的重视。因此，若是一个国家能够为经济发展提供连续不断的人才支撑，那么这个国家就占领世界优秀的可利用的各种资源。无论是从当前社会发展的需要来看，还是从提高国家核心竞争力、增强创新能力的现实需要来看，应用型院校要把培养高素质的应用型创新人才作为其当然使命，不断创新人才培养模式，在全社会形成尊重知识、尊重人才、尊重创新的良好风尚，用事业凝聚人才、用实践造就人才、用机制激励人才、用法制保障人才。

总之，不管何种类型的高校，都有责任根据经济社会发展需要，培养大批能够熟练运用知识、解决生产实际问题、适应社会多样化需求的应用型人才。就要充分发挥自身的教育资源优势和地理优势，要始终把培养高素质创新人才作为根本任务，明确高等学校的应用型人才的培养目标，要把高等教育培养应用型人才作为其必然之使命。应用型人才培养的要点是要培养学生将在学校所学习到的理论知识运用到实践当中去，能够解决在社会生产生活中所碰到的实际问题，要求学生具有较高创新能力和实践能力。要想培养学生的这种应用能力主要在于学校在课程设置和教学计划方面肯下功夫，将提高教学质量落实在实际层面当中，高效率地利用各种教学资源，努力再创新教师团队建设。培养一批国家需要的高层次、高标准的应用型人才。

（该文原载《宁波教育学院学报》2013年第2期，第4—6页）

第五节　应用型创新人才之概念解析

《国家中长期人才发展规划纲要（2010—2020年）》（以下简称《纲要》）提出"服务发展、人才优先、以用为本、创新机制、高端引领、整体开发"的人才发展指导方针。随即应用型创新型人才、创新型科技人才培养的问题开始在教育界掀起了新的讨论，和其相关的学术方面的讨论也是层出不穷。通过对现有文献和研究进行梳理，发现对"应用型创新人才"这一词语的内涵方面进行系统的概括和解析的研究却很少。基于此，作者试图对"应用型创新人才"的应然概念做一粗略探析，以期求教于方家。

一 应用型创新人才概念之缘起

我国经济的发展、产业结构的快速优化升级,对劳动力需求的类型提出了新的要求。时下,社会的发展和进步除了需要各种各样的学术型、研究型人才外,对那些拥有知识转化和技术开发能力的一线劳动技能型人才的需求也在不断扩大。党的十六大报告指出:目前,我国经济社会的发展不仅需要培养"一大批拔尖创新人才",同时还需要培养"数以亿计的高素质劳动者和数以千万计的专门人才"。20世纪90年代我国才开始对应用型人才培养问题进行研究。近几年,关于培养"应用型创新人才"这一问题也引起社会多方关注。在2010年全国教育工作会议上前总理温家宝就指出:"职业教育需要被纳入到经济社会发展规划里,力求使职业教育无论是在规模上还是在专业的设置上都能够始终保持与社会的经济发展需求相适应,而且要更加注重对学生实际操作能力方面的培养和训练,目的就是要培养出更多的应用型、技能型人才。"[1] 此外,为了更好地完成我国高等教育应用型人才培养工作,全国高等学校教学研究中心在承担全国教育科学"十五"国家规划课题——"新时期中国高等教育人才培养体系的创新与实践"研究工作的基础上,组织了全国部分高校参加的国家级课题立项——"新时期中国高等学校应用型人才培养体系的创新与实践"系列科研课题[2]。2010年7月29日出台的《纲要》也明确指出:"为了更好地配合国家和区域经济社会的发展,高等教育需要建立起动态的调整机制,不断优化高等教育的结构,推进学科专业、类型、层次结构方面的优化,推进多学科的交叉和融合。不断地扩大应用型、复合型、技能型人才培养

---

[1] 《温家宝总理在全国教育工作会议上的讲话》,[2013 – 08 – 12],http://www.gov.cn/。
[2] 《全国应用型本科教育第二次研讨会情况汇报》[EB/OL],[2013 – 08 – 12],http://www.pzhu.edu.cn/。

的规模。"① "卓越工程师"培养计划的实施就是为了更好地满足当下新型工业化发展道路和产业结构的快速优化升级的需要。由此可见,培养"应用型创新人才"不仅可以更好地实现人的多样化发展,而且对我国的建设和发展也具有重大的意义。"应用型创新人才"这一词语是在近年兴起来的,短短的时间里成了社会各界讨论的焦点,助推这一词语的出现并使其走红的原因主要有以下两个方面。

(一) 导火索：金融危机的刺激与高等教育大众化的发展

众所周知,我国人口众多,是世界上少有的教育大国,但并非教育强国。随着高等教育大众化的推进,各高校不断增加招生数量、其毕业生人数也随之增多,而大学生就业率却逐年下降。2008年全球金融危机的爆发,致使高校毕业生就业难上加难,高校所生产的"产品"与市场需求未对路,人才培养的规格与其经济社会发展、企业需求之间矛盾愈演愈烈。大学生就业中出现的一系列问题引发了高校对人才培养这一问题的深刻思考。高校如何打破"买方市场",培养出适销对路的"产品"成为社会关注的焦点。应用型、创新型科技人才的培养在一定程度上缓解了这一矛盾,同时也从侧面解读了"钱学森之问"为什么会成为社会各界热议的焦点,以及"应用型创新人才"培养的问题何以迅速成为教育界讨论的新话题。

此外,我国高等教育正走向大众化教育发展阶段。在这一阶段的高等教育服务面扩大了,它要为蓬勃发展的社会各行各业提供人才支撑和智力保证,人才培养目标和方向趋向多元化,客观要求高校实行分类发展,只有这样才能保证各类人才的有效培养。高等教育是一种特权,关注的是塑造社会精英阶层的能力和

---

① 中共中央、国务院：《国家中长期人才发展规划纲要 (2010—2020 年)》,[2013 - 08 - 12], http://www.gov.cn/jrzg/2010 - 06/06/content-htm。

人格。随着社会的发展,特别是工业化的实现,社会的需求逐渐多元起来,要求高校为各行各业培养人才①。《纲要》中明确指出:"要建立高校分类体系,实行分类管理。"大众化高等教育阶段培养的依然是精英,而且是多样化、多元向的创新型精英。教育部部长袁贵仁在2010年5月2日第四届中外大学校长论坛上提到要"提高高校人才培养与国家人才需要的契合度"②。而"应用型创新人才"的培养正是为了满足当下和未来社会经济科技发展的需要应运而生的。

(二)深层原因:知识经济时代与社会转型的发生

全球金融危机的爆发与高等教育大众化发展的需求可以从一个侧面反映"应用型创新人才"为何一度成为学术界讨论的新话题,而真正推动应用型创新人才这一问题快速发展起来的内在力量或深层原因是由于知识经济时代的到来以及整个社会转型的急剧发生。随着知识经济时代的到来,国际政治、经济、科技、文化的竞争日趋激烈,尤其是在经济、科技领域上的竞争更趋向白热化。"未来的繁荣在于科学和技术知识的运用、信息的管理和服务的提供。未来依靠的更多的是脑力而非体力。"③ 知识经济时代已逐步走向现实,知识经济时代传统的作业方式将会被知识工作和新的作业方式取代。未来的经济增长将主要依靠知识工作和技术工作的进步实现新的发展,在这样的背景下,中国的社会和经济将面临双重转型。

知识经济时代,经济发展面临着重大转型,经济转型的总体方

---

① 《高校毕业生为何就业难》,[2013-08-12],http://job.chiscom.cn/jyzd/jyxx/200612/20061230/733293.html。

② 袁贵仁:《把提高高质量作为中国高等教育发展核心任务》,[2013-08-12],http://news.xin-huanet.com。

③ 马陆亭:《为什么要进行高等学校分类》,《中国高等教育》2010年第20期,第30—32页。

向，是要从过去的资源主导型转向创新主导型。具体来讲，就是要努力实现"六大转变"：一是经济增长方式要从粗放型、外延型向集约型、内涵型方向转变；二是经济体制要从初级市场经济向更具活力、更加开放的现代市场经济转变；三是经济结构要从外源型经济为主向内、外源型经济并重转变；四是对外开放需要从引进来为主，向以引进来、走出去并举的方向转变；五是产业结构需要从加工制造环节主导的纺锤形向加工制造与研发服务环节协调发展的哑铃形方向转变；六是资源利用需要从线型经济向循环经济转变。这是2006年广东省东莞市提出的未来时期发展目标。广东作为中国经济创新发展的前沿地带，对其他区域和省份的发展具有重要的引导作用。因此，中国未来经济转型的总体方向将与此大体相同。经济发展方式的转变对人才的规格也提出了相应的要求，尤其是战斗在经济创新发展一线的劳动者和技能人才，他们需要有扎实的专业知识和技能才能够获得上岗的资格，一定的研发能力和批判精神也是他们需要具备的。只有这样，才能实现人和经济社会发展的双赢。知识经济时代下，单纯的学理性思辨已不能适应快速革新的经济发展的需要了，更多的是需要那些集知识、专业技能、科研创新与思辨能力于一身的应用型人才来引领社会、科技、经济等多方面的发展。因此，应用型创新人才的出现乃是时代的诉求和历史的必然。

二 应用型创新人才概念之应然

审视了"应用型创新人才"一词出现并"走红"的时代背景后，再对"应用型创新人才"的内涵进行解读和分析会更准确。作者采用逻辑学中的"种加属差"法对应用型创新人才的内涵进行解读。要真正理解应用型创新人才这一内涵，首先要找到这个词的上位概念。而"应用型创新人才"的上位概念就是"人才"，具备一定的专业知识或专门技能,能够进行创造性的劳动并对社会的发展做出贡献,而且在人力资源中能力和素质较高的人才才是文章中所讲的"人才"①。由此可见,看一个人是否为"人才",最基本的标志是其是否具有社会责任感,是否对社会的发展和进步做出了自己的贡献。文章中"应用型创新人才"中的"人才",是指那些为了社会的经济发展、产业结构的优化升级做出突破性贡献的人。但这样的认识还远远不能涵括出应用型创新人才的应然之意。要领悟到应用型创新人才的应然之意,还要找到"应用型创新人才"这一词语的下位概念所具有的独特涵蕴。在"应用型创新人才"这一词语中,用来加以修饰和限定人才这一上位概念的词语是"应用型"和"创新"这两个词语。因此,只有找到"应用型"和"创新"这两个修饰词的应然解读,人们才能真正解读"应用型创新人才"这一词语的应然之意,才能真正弄清"应用型创新人才"到底为何种"人才"。

"应用型",重在"应用"二字,这里所谈到的应用型创新人才并不是简单意义上理解的职业技能性人才,也不是简单的岗位从业者,这类人才除了要具有精湛的技艺能力、懂得操作和运用知识外,还必须具备一定的研究能力和市场意识。应用型是相对于学术型而言的,它所要考虑的是现实的问题,而非理论问题。但是,现实问题的解决需要运用一定的理论进行指导,能够这样把理论与实际情景结合起来的人必须是具备一定理论素养的人。因此,应用型人才也是具备一定理论涵养的人才,同时是具备相应的应用型思维的人才。应用型人才是以提高客户满意度为目标的,所以,应用型的人必须具备市场意识,具备以客户为中心的思考方式。从这个意义上来讲,应用型的人才也就意味着在各类

---

① 《经济转型》,[2013-08-12],http://www.baike.baidu.com/view/1461385.htm。

人才中具备一定的理论素养与应用型思维、精湛的专业能力和研究意识，同时能够很好地将理论与具体情境实现完美结合，达到解决实际问题的目的。

"创新"，首先是作为一种行为和活动存在的。它是以新思维、新发明和新描述为特征的一种概念化过程。它原意有3层含义：更新；创造新的东西；改变。创新是人类特有的认识能力和实践能力，是人类主观能动性的高级表现形式，是推动民族进步和社会发展的不竭动力[①]。人类生存发展的基本路径、核心力量就是创新，从认识论的角度来看，人们只有更广度、深度地观察和思考这个世界才是真正的创新；从实践论的角度来看，就意味着人们要把这种认识作为一种日常习惯贯穿于生活、工作的细节当中。创新是人类所独具的本能，人的创新潜力是无限的。创新也是实现人类文明更新、社会发展的重要力量。有学者把创新划分成3种类型：一是演绎创新；二是归纳创新；三是元创新。而这里所讲的应用型创新理应是元创新。因为在对应用型人才进行培养的过程中，主要是对其专业能力和实践能力的培养，在此基础上的创新不仅是指创造出新东西，更加侧重在实践中对社会发展和产业的优化升级做出的革命性贡献，即实现在研究范式上、前提性假设上和核心思想上的创新，进而形成元知识的增量[②]，为经济的腾飞、产业的优化升级做出全新的贡献。综上可知，这才是应用型创新人才一词中"创新"的应然之意。

根据上述的分析可知，应用型创新人才是大众化阶段高等教育高层次应用型人才的培养目标，意指在这个富于个性和变革的时况下，在各行各业的产业化升级和更新中能够起到生力军的作用，从而为推动整个社会的顺利转型做出突破性贡献的杰出人物，多元化

---

① 《创新》，[2013-08-10]，http://www.baike.baidu.com/view/15381.htm。
② 沃尔特·艾萨克森：《爱因斯坦传记》，张卜天译，湖南科学技术出版社2012年版。

交叉的知识结构、精深的专业技术能力、强烈的社会责任感、富于批判精神和创新的研究意识应是其基本的素质表征。应用型创新人才是新时代、新阶段高等教育人才培养的主攻方向，对社会的发展、经济增长方式的转变具有重要的价值。一个人所具备的聪明才智、学历、头衔光环并不能判定其是否为应用型创新人才，判断一个人是否为应用型创新人才的主要标准应是看此人在实际工作中为社会的变革、经济的转型和新技术的研发做出的贡献。著名的科学家爱因斯坦（Albert Einstein）这样说过："不要试图想要成为一个成功的人，我们应该更加努力地成为一个有价值的人。"这里所说的应用型创新人才就应该成为这样的人，就应是对个人、社会、国家的发展和进步有价值的人。应用型创新人才与职业型人才的根本区别在于知识技术的创新。

三 理性审视：应用型创新人才之培养

从"产学研结合"到今天的"协同创新"的提出，我国从来没有停止探索一条既合理又有效的应用型创新人才的培养道路。经过不同阶段、不同层次的探索之后，人们认识到，只有确保产业组织、高等教育发展、科技研发与文化发展等各方面实现全面协同创新，才可能创造中国经济第4个10年高速增长的奇迹。培养应用型创新人才可以让各方力量实现有效结合。社会的急剧转型、经济的集约式发展，是培养应用型创新人才的新诉求。过去，在探索应用型创新人才的培养中，取得了一些成效，但还远远不能满足当下社会经济政治文化的发展诉求。究其原因，主要是在培养应用型创新人才的过程中存在一定误区。就人才培养的规格和方向来说，其落脚点是能上岗的从业者，关注的焦点并不是人的和谐培养和社会的持续更新，人们需要明确，应用型创新人才培养的人依然是社会不同领域中的精英，只是精英的类型从一元转向多元。就其培养方式来说，其并未打破"看不见的手"的一味地控制，应用型创新人才的培养需要以市场意识、市场的需要为引导，但同时更需要"看得见的手"的协调。一味地以市场攻关方向的人才培养方式来培养人，那么，社会真正需要的应用型创新人才是难以培养出来的。这样的人才培养方式不仅不符合产业优化升级的需要，更加不符合培养"人"的要求和人的成长规律。因此，在培养应用型创新人才的过程中一定要将"看不见的手"与"看得见的手"结合起来，同时遵循人的教育价值观念和成长规律，让其在适性的领域中尽其才。在应用型创新人才的培养过程中，要坚持因时而变的教育理念、因人而异的专业设置模式、博专并举的课程设置，同时强调课堂教学与实践操练的有效结合。只有这样，应用型创新人才的培养目标才能实现。只要坚持从人的发展需要出发，相信不久的将来各个行业领域都会涌现大批应用型创新人才。教育从来都是一项知难而行更难的实践活动，因此，对应用型创新人才的培养就更加任重而道远了。

四　面向未来：对应用型创新人才之思考

应用型创新人才的出现是时代的诉求和历史的必然，应用型创新人才的培养既有利于应对知识经济时代对人才提出的新挑战，同时也顺应了对建设具有中国特色社会主义人才培养的要求，应用型创新人才的培养对我国更好地参与全球化竞争具有重要价值。应用型创新人才的培养对高校未来的发展和建设同样具有重要的意义。因此，培养应用型创新人才势在必行。

协同创新理念的提出确实可以很好地解决我国经济发展过程中原创性不足的困境，对提升我国的经济实力和促进经济转型具有重大效力。相对于产学研结合模式培养人才来说，协同创新中的合作更具精细性，可以很好地深入合作机体内部，对人才的培养更具意义。协同创新战略的实施,需要大批多元创新人才,学术型、研究型创新人才是基石,大批专门型、应用型的创新人才作为践行者,在实践活动中会发挥重大的作用。相信在各方力量的共同努力下,不久的将来,应用型创新人才一定会像雨后春笋一样不断"冒"出来。

应用型创新人才是极富时代色彩的概念。因此,应用型创新人才的内涵及特征也不是固定不变的,是处在动态变化发展中的,是要随时代和人的发展需要改变的。而且仅仅从学理的角度来讨论应用型创新人才的培养是不够的,更需要从人文关怀的视角去审视应用型创新人才的培养。正如范多伦(Charles Van Doren)所说:"教育不仅仅要使人学会'做事',更重要的是要使人学会'做人'。"[1] 应用型创新人才培养的人不仅是懂得如何做事的人,而且是一个懂得如何做人的人。从这个意义上来讲,古训中的"君子不器"是有一定道理的。在应用型创新人才的培养过程中如何让人不成为"器"是值得我们深入思考的问题。就像约翰·斯图亚特·密尔(John Stuart Mill)声称的一样,人首先是一个人,然后才是商人、企业主或者专家。[2] 因此,从人文情怀的视角去关注应用型创新人才的培养,可以更好地实现应用型创新人才的培养目标。

应用型创新人才的培养对实现社会经济、科技、文化等方面和谐、持续良好发展具有重要的意义。时下,社会急剧转型,经济科技快速发展,如何走出一条更高效的新型工业化道路,实现产业结构的快速优化升级,需要大批具有研发精神、市场意识的专门人才来支撑。"高等教育成了科学技术、工程师和农场人员的来源","为教育而教育正在被为就业而教育取代"[3]。由此可

---

[1] 约翰·S. 布鲁贝克:《高等教育哲学》,王承绪等译,浙江教育出版社 2001 年版。
[2] 邹吉忠:《大成智慧与元创:探寻破解钱学森问题之道》,《哲学动态》2010 年第 4 期,第 15—19 页。
[3] 克拉克·克尔:《大学之用》,高銛、高戈等译,北京大学出版社 2008 年版。

见，培养大批的应用型创新人才对实现我国的高速发展具有重要意义。

（该文原载《高校教育管理》2015年第1期，第81—85页）

第六节　特色型大学在高等教育中的地位与作用

社会对专门人才的需求是多样化的，在知识经济时代，既需要高新尖的专家型人才，也需要大批的应用型人才。故此，我们就应当举办多样化的高等教育来满足多样化人才培养的需求。每所学校应根据自己的传统、特色、优势以及经济社会发展的需求进行科学定位，实施特色办学，在各自的学科领域和人才培养领域追求卓越、争创一流，而不应贪大求全。

一　什么是特色型大学

所谓特色型大学，是指以行业为依托，围绕行业需求，针对行业特点，为特定行业培养高素质专门人才的大学或学院。特色型大学是与市场、产业、行业和岗位群密切联系的大学，其依据普通院校本科办学的基本规律，围绕学科建设，针对行业、岗位与技能需要设置专业，以培养专业性高级人才。

特色型大学的基本特征主要表现在其富有特色的学科专业设置、理论密切联系实际的教学、学生有明确的就业去向、教师的知识结构与行业对应、相对稳定的科研领域以及善于经营的学校管理等方面。特色型大学面向国民经济发展的需要，根据行业特点设置应用性学科专业；以就业为导向，构建学术、技术和职业相结合的人才培养模式，因材施教，强化实践实训教学，提高学生的应用能力；重视应用研究，依托行业实现产学研的结合，培养具有适应生产、建设、管理及服务需要的应用型人才。建设特色型大学，必须突出行业性特点、培养高素质应用型人才、打造应用性学科专业、开发应用性课程、建设应用性师资队伍、重视应用性研究。

二　建设特色型大学的几个问题

1. 培养目标与定位问题

定位不明，是当前中国整个高等教育发展中的一个令人困惑的问题。办好特色型大学，首先要明确其目标与定位。只有明确了目标、找准了定位，才能确立发展方向。特色型大学要有适合学校自身实际和发展需要的科学定位，要有科学的、先进的教育理念，要建立有利于特色形成的制度和机制。

在我国的高等教育体系中，特色型大学还没有具体的评估指标体系，也没有形成相对明确的建设目标。定位缺失、特色不明，导致特色型大学的教育理念模糊。本文认为，"特色型大学"的定位应该体现在：①目标定位：为特定行业培养全面发展的应用性高级专门人才，办成行业性的多科性或单科性院校；②类型定位：办成应用型、专业型院校；③层次定位：以培养本科生为主，有些学科专业，特别是作为特色核心的专业可培养研究生；学科专业定位：始终坚持学科专业的行业特色，围绕其主干学科设置相关专业；⑤服务面向定位：为行业的生产、建设、管理等提供直接和间接的服务。

2. 人才培养的特色问题

作为一所以本科教育为主的特色型大学，既不能像综合性重点大学那样完全按照传统大学的模式培养理论型人才，也不能像职业技术学校那样一味突出职业技能训练，培养纯粹的实务型、操作型人才，而应当结合精英教育和大众化教育两方面的特点，走特色发展的道路,使学生的基础知识宽于高职院校、实践能力强于传统大学,努力培养适应社会主义市场经济要求的、具有较强竞争能力、创新精神和实践能力的应用型人才。要鼓励学生按照自己的特长、志趣和爱好,结合社会对人才的实际需求,自主设计发展方向和目标,充分体现人才培养的多样化,不断扩大学生的选择空间,积极鼓励学生的个性发展,充分满足学生的成才要求,尽可能为各类学生的成才提供机会、创造条件。

要树立特色型大学的人才培养特色,必须理清以下两个关系。

(1) 通才与专才之间的关系

特色型大学应在重视搭建通识课(公共课、专业基础课)教学平台的基础上,强调应用型人才的培养。一方面,按照"强调基础、注重融合、拓展视野、开阔胸襟"的要求设置通识教育课程,保证课程结构合理、层次规范,使学生的知识转换与迁移能力进一步得到加强,为学生的后续发展夯实基础;另一方面,从应用型人才培养的实际要求出发,增加复合类、应用类课程的比重,设计不同的课程模块,通过分流不断增强学生的适应性,逐步提高应用型人才的培养质量。

特色型大学应按照培养目标多样化的要求,对学生进行分类指导、分层培养,把有学术潜力的学生培养成为学科学术型人才;把动手能力强的学生培养成技能型人才;把其余学生培养成具有宽厚基础、良好素质和较强实践能力的应用型人才。

(2) 学生的全面发展与社会需要之间的关系

特色型大学应将人的知识、能力、素质结构优化与明确的就业导向有机结合起来,把就业教育、创新创业教育、职业技能教育等渗透到教育的全过程,注重提高学生自主创业、灵活就业的素质和能力,不断增强应用型人才的就业市场竞争力,使学生通过有效学习,主动适应社会主义市场经济的发展需要。

3. 学科建设与专业设置的特色问题

办好特色型大学首先要建设好行业的核心学科专业，其他学科专业要尽可能围绕核心学科专业设立，共同形成一个有机整体。特色型大学应根据自己的独特优势发展某些重点学科，使之成为优势学科，并率先在优势学科上培养一批有特色、高素质的复合型应用人才，产生一批国家和社会需要的科技成果，从而进一步强化自己的特色。特色优势学科的建设是特色型大学形成自己特色的基本点。

4. 课程设置问题

特色型大学的主要任务是培养应用型人才。因此，其课程建设应在提高学生理论修养的同时，着重加强学生的实践能力培养。课程设置要突出应用性，注重理论与实践相结合。教学内容要根据市场需要，反映本学科应用领域的最新成果和前沿要求。高职院校的某些教学要求如强化实训、培养"双师"等，对特色型大学有借鉴意义，但不是要求特色型大学都办成高职模式，其应以提升学生的应用能力为基础进行课程设置。

5. 师资队伍建设问题

特色型大学师资队伍的特色与特色型大学的办学特色是一致的。办好特色型大学，需要一批熟悉技术业务和专业知识的"双师型"教师，要求其不仅能够传授本学科的基本知识，还要熟悉岗位操作，并通过恰当的教学方法培养合格人才。特色型大学的教师、特别是专业教师，既要有较深厚的理论基础，又要有较强的实践能力和特长。其他类型大学的师资不能胜任特色型大学的教学和科研工作，因此需要大力培养特色型大学的师资队伍。

6. 科学研究取向问题

特色型大学的科学研究注重应用研究，包括应用理论研究和开发研究，要解决的是科技成果怎样转化为现实生产力的问题。特色型大学要注意发挥科学研究在学校发展中的推动作用，应在加强基础理论研究的同时，努力形成应用研究的特色和优势，并利用科研成果和发明专利积极为经济建设服务，从而提升办学层次、提高办学水平。

三 特色型大学的地位与作用

新中国成立初期，伴随着社会主义现代化建设事业的全面铺开，在借鉴苏联高等教育模式的基础上，我国组建了一批特色型（单科性或多科性的工学院、农学院、师范学院等）的大学，为我国的社会主义建设培养了大批高级专门人才。改革开放以来，为适应国民经济发展的需要和产业结构的调整，特色型大学为社会主义现代化建设培养了大量高级人才。可以预见，今后随着社会经济的进一步发展和社会分工的深化，各类应用型高级专门人才的需求将继续增长，这就为特色型大学的发展提供了良好的发展前景。需要特别指出的是，发展特色型大学，不是简单回到20世纪50年代的苏联模式，而是在综合基础上的提高和深化，在综合的基础上凸显行业特色。

1. 特色型大学有利于应用型人才的培养

特色型大学在人才培养、专业设置、科学研究等方面能够满足不同行业的特殊需要，为我国高等教育专门人才的培养做出了特殊的贡献。如果我们保留其特色，扬长避短，有利于我国高等教育结构体系的建立与完善，有利于满足广大人民群众不断增长的对高等教育的需求、使其成为我国高等教育体系的重要组成部分。

现代社会对人们的职业素质提出了越来越高的要求。新的职业不断诞生，新的要求不断增加，不仅需要高层次的研究型人才，还需要大量能将成熟技术转化为生产力的应用型人才、技术专家和管理专家。从我国的实际情况看，特色型大学的毕业生大多在生产一线从事技术开发、技术应用和生产管理工作，为经济建设发展做出了重要的贡献。这说明特色型大学更有利于应用型人才的培养，其人才培养目标应以就业为导向，以本、专科学生为主体，以能力为重点，以行业为依托，以理论联系实际为着力点。

2. 特色型大学有利于教、学、研相结合

特色型大学教学的突出特征就是强化对学生实践能力的培养，强调理论教学与实践教学紧密联系，把实践教学过程当作消化理论、强化应用、拓展知识、锤炼技能的过程。通过教学计划的安排，有组织地进行实践教学，加强对学生实践能力的培养，这是特色型大学办学的一个主要特色。

特色型大学有条件实施实践教学，主要是通过以实验、实训为主要教学形式的课程设置与教学环节，可以更好地将理论与实践相结合，在实验、实训中锻炼学生的动手能力。应将实验、实训与教师的科研开发工作相结合，围绕实验、实训建立相应的研究机构，既可为教师的科学研究工作服务，也可为学生提供实际锻炼的机会，从而有效地提高特色型大学人才培养的质量和规格，并能进一步提升教师的专业水平。在实训项目的选择上，应考虑不同学校的特点，因地制宜。不能将所有的实践教学环节都放在实训基地，应根据实际情况，采取校内实训与校外实训相结合的方法，加强与行业多种形式的、灵活的、全方位的立体式合作，既吸收、利用企业先进的技术、设备，也要考虑为企业创造相应的环境。通过开展教、学、研相结合的教育，将对学生创新能力的培养渗透到基本教学环节中去。

特色型大学也可以通过有计划地安排教师到对口行业或单位进行专业实践和实地考察等方式，支持教师把教、学、研结合起来，帮助教师提高专业实践能力，以满足教学需要。同时还可以通过广泛吸引企事业单位既有实践经验，又有较扎实理论基础的高级技术人员、管理人员和有特殊技能的人员到学校担任专、兼职教师等方式，提高具有相关专业技术职务资格的教师比例，充实"双师型"教师队伍。

3. 特色型大学有利于大学生就业

随着高等教育步入大众化阶段，大学生就业问题日益凸显。其原因是多方面的，其中不可忽视的因素之一是结构性失业：学生所学理论知识与实践脱节，甚至学非所用，造成学生自身就业取向模糊，就业过程困难重重。而特色型大学由于其办学面向特定行业，人才培养过程注重与行业的实际发展相结合，学生在入学时就基本上有了较为明确的职业定向。因此，学生就业时，依靠其专门的行业知识和实践，较容易实现社会需求和个人愿望的最佳结合。从用人单位的情况反馈来看，特色型大学培养的人才也是比较受欢迎的。

特色型大学在学科专业设置上的灵活性、人才培养上的独特性、科学研究上的应用性，都充分显示了其在高等教育中的不可替代性，这证明特色型大学已经成为我国高等教育的重要组成部分。为此，应认真研究特色型大学的定位问题、进一步探讨特色型大学在建设和发展中面临的机遇与挑战、认清特色型大学在我国高等教育发展中的地位与作用、探寻特色型大学的办学规律，为特色型大学的改革与发展提供理论支持。

（该文原载《国家教育行政学院院报》2008年第4期，第33—35页）

附　录

附录一：兰州文理学院转型发展案例研究访谈提纲

校长、书记、发展规划处处长访谈提纲：

1. 请您介绍一下学校的发展演变历程及办学定位的转变；
2. 学校如何走上转型发展之路？
3. 学校针对转型制定了哪些战略规划？
4. 学校转型发展的目标是什么？
5. 针对应用型人才培养学校采取了哪些改革措施？
6. 学校在转型过程中得到了哪些方面的支持？
7. 学校在转型过程中遇到了哪些困难？
8. 转型与更名二者间是否存在冲突？

二级学院院长访谈提纲：
1. 请您谈谈对学校目前实施转型发展的看法；
2. 学院在落实应用型人才培养方面进行了哪些新的尝试？
3. 现阶段采取了哪些具体的教学改革措施？
4. 学院在改善实践教学方面有何做法？
5. 学院在师资队伍建设方面进行哪些改革？

附录二：访谈人员目录名单

序号	简称	职务	所属单位	访谈时间	访谈时长
1	S 书记	校党委书记	兰州文理学院	2015.12.30	60 分钟
2	Z 院长	副校长	兰州文理学院	2015.12.22	45 分钟
3	Q 处长	发展规划处处长	兰州文理学院	2015.12.22	90 分钟
4	D 院长	师范学院院长	兰州文理学院	2015.12.22	40 分钟
5	Y 院长	新闻传播学院院长	兰州文理学院	2015.12.30	85 分钟

第 五 章

地方高校特色学科生态化发展研究

在高等教育大众化时代，作为我国高等教育的主体部分，地方高校的建设和发展影响着国家高等教育的总体质量水平和未来走向，关系着国家高等教育强国目标的最终实现。"双一流"建设背景下，面对日益激烈的校际竞争，采取差异化发展战略，走特色立校、特色兴校、特色强校之路，已经逐渐成为地方高校普遍接受与认可的一种策略共识。尽管高校特色化发展的模式多样、路径多元，但基于学科在高等学校建设和发展中所能产生的基础性和全局性影响，特色学科就成为地方高校实践特色化战略，创建办学特色，走内涵式发展道路的一个比较理想的突破口。

在生态学视野下，地方高校的特色学科可以被看作是一个生态系统，地方高校特色学科生态化发展主要体现为特色学科生态位适宜、特色学科内部生态因子完善、特色学科与其他学科协同共生以及特色学科与外部环境相互适应四个方面。某种程度上，特色学科生命力的增强、地方高校竞争力的提升以及高等教育的多样化都要依赖于特色学科的生态化发展，由此可见其意义与价值。

藏学、高寒生物化学、民族教育学是引领甘肃民族师范学院特色化发展的三大学科，学院在特色学科的选定、特色学科生态位的确立和巩固以及特色学科制度环境的营造等方面积累了有益经验，为特色学科生态化发展创设了有利条件，同时，也存在着一定问题。对于多数地方高校而言，由于历史和现实因素的制约，特色学科生态化发展面临着学科生存空间狭窄、学科发展内力不足、学科发展活力缺失、学科发展外力短缺等诸多困境。这些困境的摆脱，不能单纯依靠某一方力量，只有政府、社会、学校和学科组织的共同参与，才能使地方高校特色学科真正走上生态化发展之路。

第一节 绪论

一 问题的提出及研究意义

爱因斯坦曾说："提出一个问题往往比解决一个问题更为重要"。在综合分析地方高校外部环境变化和现实发展需要的基础上，提出问题，开展研究，具备一定的理论意义与实践意义。

（一）问题的提出

1. "双一流"背景下国家对地方高校的关注

地方高校是我国高等教育体系的主体部分，其改革与发展关系到我国高等教育整体水平的提高，关系到高等教育强国目标的最终实现，理应成为我国高等教育发展战略的重要组成部分。然而，长期以来，与中央高校相比，地方高校的发展一直处于劣势。其原因主要在于，为了使我国高等教育水平在短时间内得到较大提升，国家层面选择集中有限资源，优先、重点发展中央部署高校。由此，中央高校被陆续、全部纳入国家级各大教育规划——"211工程""985工程""985工程优势学科创新平台""2011计划"等。国家重点建设"工程"的不断推进造成了严重的"马太效应"，高等教育系统内部的分化现象越来越明显：占据得天独厚优势的中央高校的实力不断提升，顺利成为中国大学的"先行军"和"领导者"；反观地方高校，除少数入选"211工程"的大学之外，多数高校都由于未能获得国家承认的"重点"身份而受到严重束缚，发展动力日渐丧失，发展前景不容乐观。高等院校身份固化、千校一面、竞争缺失等突出问题逐渐引起社会各界的理性反思，在此背景之下，国家对整个高等教育体系进行重新审视，并开始关注广大地方高校的发展。

这一关注始于2010年启动的"特色重点学科项目"，发展于2011年实施的"2011协同创新计划"，成熟于2015年11月5日出台的《统筹推进世界一流大学和一流学科建设总体方案》。致力于在建设世界一流的过程中，带动我国高等教育整体质量水平提升，并最终实现从高等教育大国向高等教育强国转变的"双一流"战略的启动，给地方高校的外部发展环境带来了巨大改变：高校身份壁垒被打破，国家把建设"一流"的目光从原来的少数重点高校投放到了整个高等教育系统[①]，"双一流"建设有望辐射到全国不同类型、不同层次的高校。"总体规划，分级支持"和"强化绩效，动态支持"的措施，使地方高校不再具有等级束缚，在国家战略层面获得了与中央高校平等的发展权利和机会。所有具备实力、有特色的高校和学科，不论其"出身"如何，都将有机会跻身"双一流"行列。在"双一流"战略的影响下，原启动于2006年的"111计划"也在2016年首次向地方高校开放。

诚然，多数地方高校在短时间内，还并不具备与中央高校一较高下的实力，但其外部环境所发生的变化却将在很大程度上激发地方高校办学的积极性和主动性。领会国家建设"一流"的精神，结合自身特点借力发展，久久为功，提升水平，努力在不同层次、不同类型上办出特色、争创一流，将成为今后地方高校的主要发展方向[②]。

---

① 蔡宗模等：《全球化视野下的"双一流"战略与地方院校的抉择》，《重庆高教研究》2016年第1期，第24—32页。

② 国务院：《国务院关于印发统筹推进世界一流大学和一流学科建设总体方案的通知》，http://www.gov.cn/zhengce/content/2015 – 11/05/content_ 10269. htm，2015 – 11 – 05/2017 – 12 – 05。

2. 特色学科是地方高校建设一流学科的突破口

《国家中长期教育改革和发展规划纲要（2010—2020年）》中就曾明确指出，要引导高校合理定位，克服同质化倾向，形成各自的办学理念和风格。[①]《统筹推进世界一流大学和一流学科建设方案》又提出"双一流"建设要以"中国特色，世界一流"为核心，鼓励和支持不同类型的大学和学科差别化发展。归纳起来，今后我国高等教育改革和发展的一个内在重要逻辑，就是引导高校"办出特色"。因此，树立"品牌"意识[②]，实施特色化发展战略，走特色化办学道路就成为各高校，特别是人才、教学、科研等办学资源相对匮乏的地方高校在新一轮竞争中实现异军突起的绝佳选择，而最能体现一个学校办学特色的就是其学科建设，尤其是特色学科建设。

具体来说，特色学科建设之所以成为新形势下地方高校发展的突破口，有以下两个方面的原因：首先，地方高校植根于地方，其办学的出发点和归宿就是要为地方服务。这样的特性和使命使得地方高校可以在其长期办学过程中紧紧依靠区域经济、社会、文化以及自然环境等方面的特色，逐渐发展形成其他高校不可替代的特色学科。其次，一流大学以一流学科为基础，更具开放性和包容性的"双一流"战略更是将一流学科建设提到了与一流大学建设同等重要的位置，各省份相继出台的方案也都明确指出，今后要"面向普通高等学校，分别实施高水平大学建设项目和一流学科建设项目"。因此，难以从总体上将"世界一流"作为发展目标的地方高校，就

---

① 教育部：《国家中长期教育改革和发展规划纲要（2010—2020年）》，http：//www.moe.edu.cn/srcsite/A01/s7048/201007/t20100729_171904.html，2010 – 07 – 29/2017 – 12 – 05。

② 冯志敏、单佳平：《地方大学特色学科的发展策略》，《中国高教研究》2010年第2期，第53—55页。

可以选择在某些或某一学科上集中力量，单兵独进，参与全国竞争。① 对于地方高校而言，以国际、国内学术研究的热点学科、学科发展的前沿和重要领域作为学科建设目标，显然不太现实。因此，地方高校只有变"跟着学"、"求同存异"的学科发展思路为"立特色"、"求异存同"的学科建设思路②，抢抓机遇，想方设法开垦学科"处女地"，通过培育、建设极具潜力和辨识度的特色学科，并将其作为突破口，才更容易形成自身发展的亮点和制高点。

但由于缺少必要的政策以及与政策配套的其他资源的支持、缺少系统科学的发展规划，目前，地方高校特色学科的发展面临以下几个方面的问题：首先，支撑特色学科建设与发展的软、硬条件不足，突出表现为：特色学科的学科平台建设落后，无法满足学科生存和发展的需要，学科人才缺失，学科文化氛围不浓厚，学科制度不完善，尤其是统一化、单一化的学科评价制度严重僵化。其次，特色学科的发展受到其他学科牵制。一方面，在高等教育大众化进程中，地方高校盲目追求规模效应，在学科门类设置上求大、求全，分散了本来就有限的教育资源，造成财力、物力、人力的浪费，不仅导致增设学科的发展动力不足，而且在一定程度上又牵制了特色学科的发展；另一方面，为了在校际竞争中占据有利地位，地方高校更倾向于大力发展校内的重点、优势学科而忽略了更能凸显其自身办学特色的特色学科的建设，特色学科发展受到其他重点学科和优势学科的牵制。再次，特色学科被孤立。地方高校进行学科交叉与融合的意识不强、能力不足，在这种情况下，原本就"特殊"的特色学科更是"孤军作战"，学科视野和研究方向逐渐窄化。最后，特色学科社会敏感度较低。与其他学科相比，地方高校

---

① 阎凤娇：《我国高等教育"双一流"建设的制度逻辑分析》，《中国高教研究》2016年第11期，第46—50页。

② 姚林如、袁碧欣：《特色学科在地方高校发展中的作用及发展模式》，《南昌航空大学学报》2011年第4期，第94—97页。

特色学科的形成、发展与当地自然环境、经济、社会或者文化传统等方面的关系更加密切，因此，检验特色学科发展成果的主要指标之一就是其服务地方的能力，具体地说，就是该特色学科是否为地方经济、社会发展输出了足够且高质量的人才、科研成果和社会服务。但就目前看来，部分地方高校的特色学科与外界信息互动不够，交流不畅，缺乏对社会、市场需求的深入了解和研究，导致其人才培养缺少适切性、科学研究成果转化率较低。[①]

可见，尽管特色学科是地方高校在新形势下求突破、谋发展的重要抓手，但其建设和发展现状却并不乐观，地方高校特色学科建设道阻且长。

（二）研究意义

特色学科建设是地方高校在新形势下寻求突破的重要战略选择，而生态学是联系自然科学和社会科学、人文科学的一座桥梁[②]，将生态学的思想、观点和原理恰到好处地运用于发现和解决学科建设问题，开展对地方高校特色学科生态化发展的研究，具有一定的理论意义和实践意义。

1. 理论意义

本研究基于生态学的视角，将生态学理论与高等教育理论相结合，用于解决地方高校特色学科建设和发展的相关问题，在拓宽高等教育研究视野和学科建设研究视野的同时，也在一定程度上补充、丰富了高等教育理论和学科建设理论。

2. 实践意义

如何发挥并不断强化特色学科的"特色"之优，逐渐将特色学科转化为具备强大竞争力的优势特色学科，是地方高校开展学科建

[①] 余为、黄琨：《地方高校优势特色学科建设问题分析与对策》，《中国高校科技与产业化》2010年第10期，第27—29页。

[②] 秦谱德、崔晋生、蒲丽萍：《生态社会学》，社会科学文献出版社2013年版。

设工作的重点。特色学科成长为优势特色学科的关键就是要进行科学、合理、有效的学科建设，而"地方高校特色学科生态化发展"在本质上就是一个学科建设问题，因此，围绕其进行的一系列研究可以为地方高校特色学科的建设和发展提供一种新的思维和一定的理论指导。

二 文献综述

通过兰州大学电子图书馆进入中国 CNKI 学术总库，以地方高校、特色学科、学科建设、生态化、学科生态及其相互组合为关键词，获取 2000 年以来的相关文献。此外，在图书馆查阅有关学科建设、教育生态学、高等教育生态论等方面的著作以做参考。

（一）地方高校特色学科相关研究

通过对文献的搜索、整理和分析可以发现，已有的地方高校特色学科研究多数都从"学科建设"角度入手，在阐明特色学科建设对于地方高校发展的意义的基础上，分析特色学科建设面临的困境，进而探索特色学科建设的策略和具体路径。

1. 地方高校特色学科建设意义研究

大学是以学科为基础构建起来的学术组织。[1] 因此，学科建设是大学建设和发展的核心内容，是大学提高其自身在人才培养、科学研究、社会服务、文化传承等方面能力的最主要渠道。就地方高校而言，基于特色学科在提高其自身知名度方面所发挥的独特作用，除了宏观层面的整体学科建设，微观层面的特色学科的建设尤其重要。已有的关于特色学科建设意义的研究，也多从特色学科本身在地方高校发展中的地位与作用入手。概括而言，地方高校的特色学科在彰显高校办学特色以及提升高校核心竞争力两个方面发挥

---

[1] 罗云：《论大学学科建设》，《高等教育研究》2005 年第 7 期。

着至关重要的作用。"特色"是地方高校的"立校之本",是其长远发展的基础,走特色化道路是地方高校求生存、图发展的核心理念,而特色学科建设在其中起主导作用,是高校办学特色形成的根本和核心。① 此外,受高等教育内外部关系规律的指引,特色学科建设不仅是高校自身发展内在规律的要求,更是"后天生育,先天不足"的地方高校在高等教育大众化背景下、在新一轮的改革发展热潮中,实现异军突起、出奇制胜、与其他同类高校一较高下的必然战略选择。②

2. 地方高校特色学科建设困境研究

地方高校特色学科建设是一项集特色理念、学科方向、学术队伍、科学研究、社会服务、平台基地、人才培养于一体的复杂的系统性工程,在很多方面面临着不同程度的问题或困境。王京曾在其硕士论文中直接指出,部分地方高校的特色学科生命力脆弱,甚至已经"名存实亡"。③ 对文献进行梳理后发现,有关地方高校特色学科建设困境的全面且深入的研究并不多,除徐临阳在其硕士论文中单列一章进行论述之外,余为和黄琨的《地方高校优势特色学科建设问题分析与对策》也对其进行过分析,虽然后者在表述时存在将"优势学科"与"特色学科"的概念相混淆的问题,但其观点仍有可借鉴之处。徐临阳以特色学科自身为着眼点,指出地方高校特色学科建设存在的四大问题:学科专业设置趋同,忽略特色构建;学科方向定位不准,淡化特色内涵;学科制度日渐僵化,削弱特色形成;优质教育资源短缺,特色条件保障不足等。④ 余为和黄

---

① 赵修渝、王庆:《加强高等学校特色学科建设的战略研究》,《重庆大学学报》(社会科学版) 2006 年第 4 期,第 122—126 页。
② 吴毅:《地方普通本科高校特色学科建设的途径与思考》,《渭南师范学院学报》2007 年第 6 期,第 71—76 页。
③ 王京:《地方高等学校特色学科建设研究》,硕士学位论文,浙江师范大学,2007 年。
④ 徐临阳:《基于地域特色的地方高校特色学科建设研究》,硕士学位论文,西北大学,2010 年。

琨则从地方高校学科建设的整体出发，分析特色学科建设面临的困境：首先，高校定位不准确，贪大求全的学科设置导致特色学科被忽视、建设资源被分散；其次，高校学科队伍结构不合理、人才引进机制不健全，特色学科建设面临严峻挑战；最后，国家倾斜政策和地方有限投入使得特色学科建设动力不足等。[1]

3. 地方高校特色学科建设策略与路径研究

对特色学科建设策略和具体路径的探析是每一个以"地方高校特色学科"为研究对象的研究者的共同归宿，自然也成为研究的重点。理论分析是实践探索的前提，对特色学科构成要素、特点及建设原则的分析是研究者们探索实践层面措施的理论基础。一部分研究者从宏观角度，立足于特色学科成长和发展的外部环境，提出特色学科建设策略：如陈烨在《特色学科建设促进地方跨越式发展》中提出，通过综合分析以制定规划、通过政策保障以优化环境、通过构建平台以服务地方是地方高校开展特色学科建设的主要途径[2]；李雪在《基于提升核心竞争力的地方高校特色学科建设研究》中认为，特色学科建设要坚持科学发展观，要实现学科与区域的互动发展，要凸显特色并实现差异化发展和错位竞争[3]；王京提出，地方高校要通过"选择特色，发掘优势"、"培育特色，形成优势"、"强化特色，积累优势"三个递进的过程，进行特色学科建设，他还指出，学科建设的最终目的是将特色学科发展成为优势学科；孙兆扬在《地方高校特色学科建设的对策思考》中认为，特色学科建设要以深刻把握学校办学特色的内涵为基础，立足传统学科优势和

---

[1] 余为、黄琨：《地方高校优势特色学科建设问题分析与对策》，《中国高校科技与产业化》2010年第10期，第27—29页。

[2] 陈烨：《特色学科建设促进地方高校跨越式发展》，《宁波大学学报》（教育科学版）2008年第2期，第134—135页。

[3] 李雪：《基于提升核心竞争力的地方高校特色学科建设研究》，硕士学位论文，南京农业大学，2012年。

地方经济社会发展需求，采取不均衡发展战略，走与传统学科建设不同的路径。① 另一部分研究者则从微观角度，立足于特色学科自身，从学科建设的几个主要内容（学科方向、学科队伍、学科平台、科学研究、人才培养和社会服务等）着手，探索地方高校特色学科建设的具体路径：娄玉珍等人在《大学优势学科、特色学科建设的原则及途径探讨》中提出了建设优势学科、特色学科的共同途径，即培育高水平的师资队伍和学科带头人、提高科研水平、加强基地建设、注重创新等；吴毅认为，树立特色发展理念、凝练特色学科方向、构建特色学科队伍、开展特色学科研究、培养特色人才是地方普通本科高校开展特色学科建设的有效途径；梁候明等人提出，要以引进和培养相结合优化学科队伍、以交叉和融合培育学科新增长点、以整合内外资源强化学科平台、以校企合作增强成果转换能力、以对外交流与合作提升学术荣誉，这些既是地方高校特色学科建设的主要路径，也是促进特色学科向优势学科转变的重要措施。

（二）生态学原理、方法运用于教育领域的相关研究

1. 教育生态研究

1932 年，美国教育学者沃勒（Waller, W.）在其著作《教学社会学》中提出"课堂生态学"的概念，是为"生态学"一词在教育研究中的首次使用。1976 年，时任美国哥伦比亚大学师范学院院长克雷明（Cremin, L. A.），在《公共教育》一书中正式提出"教育生态学"这一术语，并单辟一章进行讨论。其教育生态学思想的核心在于，把"教育"视为一个复杂的、统一的系统，该系统中的各因子都有机地联系在一起。此后，教育生态学研究的范围不断拓宽，程度不断加深，逐渐发展成为一门新兴交叉边缘学科。相比于西方，我国的教育生态研究起步较晚，南京师范大学吴鼎福于

---

① 孙兆扬：《地方高校特色学科建设的对策思考》，《淄博师专学报》2011 年第 4 期，第 19—22 页。

1990年出版了我国大陆第一部教育生态学著作《教育生态学》，受自身学术背景的影响，作者在该书中大量借用生态学的概念、术语和理论，以新的思路分析教育的生态结构和生态功能，不仅阐述了教育的宏观生态与微观生态，而且通过纵向层次、横向水平分布，对教育的个体生态、群落生态和生态系统进行细致深入地剖析。[①] 1999年，华东师范大学教授范国睿在其所著的《教育生态学》中，尝试从人口、文化、资源和环境等方面构建教育生态学的学科体系，并对教育生态学独特的研究领域进行确定。自此，我国学者在教育生态方面的研究进展加快，相关学术论文不断涌现。

2. 高等教育生态研究

1966年，英国学者阿什比（Ashby, E.）提出"高等教育生态学"的概念，开运用生态学的原理、方法研究高等教育之先河。在国内，贺祖斌于2005年出版的《高等教育生态论》是我国第一部对高等教育生态进行系统研究的专著。作者在确立高等教育生态观的基础上对高等教育系统的生态性进行研究，并阐释高等教育生态系统的内涵和生态特征，而后对高等教育系统中比较突出的一些生态现象进行分析、研究，力图从高等教育制度生态环境的角度去规范、控制和优化高等教育，实现高等教育系统的生态平衡。[②] 此后，高等教育生态研究不断拓展、深化：部分研究者就高等教育生态展开思辨性研究，他们或对高等教育生态化、高等教育生态观的内涵进行深刻解读，或对高等教育生态系统进行构建并论述其合理性，或对高等教育的生态结构、生态环境、生态承载力等进行具体分析；另一部分研究者则在理论构建的基础上进行实证研究，将研究视角聚焦到某一区域、某一高校、某一学科甚至某一课堂之上，尝试运用生态学的方法描述具体的高等教育现象、解决高等教育

[①] 吴鼎福、诸文蔚：《教育生态学》，江苏教育出版社1990年版。
[②] 贺祖斌：《高等教育生态论》，广西师范大学出版社2005年版。

问题。

潘懋元教授在其著作《多学科观点的高等教育》中曾指出，"多学科研究方法是繁荣高等教育的必由之路"①。高等教育学直接以各门学科发展为背景，以各门学科为研究对象，这就注定了高等教育必须首先研究多学科的知识和方法，这样才能使其自身具有更实在的内容。于研究者而言，从多学科、多视角对高等教育问题进行审视和探索，有利于我们更加全面和深入地理解其本质、内涵、功能和价值，从而更好地掌握高等教育的内外部关系规律。此外，潘教授还明确指出，在多学科研究方法中，生态学方法是对高等教育研究影响较大的方法之一。② 在生态学看来，任何一个高等教育系统的产生都有自己最适宜的生长环境，一所大学兴衰的关键取决于它与环境之间的相互适应性及机体内部各要素之间的相互适应性。这样的思维方式可以引导人们从关注显在的外部制约因素向关注内部的隐含要素转变，启发人们尊重高等教育自身内在的规律，给人以耳目一新的感觉。

3. 学科生态研究

围绕学科生态展开的研究并不多，已有成果的研究内容也比较集中。首先，"生态系统"是生态学中的一个重要概念，不少研究者将这一概念与"学科"相结合，由此便产生了以"学科生态系统"为对象的研究。研究者们将学科置于生态学视野下，类比生态系统与学科的构成要素和一般特征，对学科生态系统进行模拟、建构，并在此基础上提出学科建设或管理的新思路、新方法。如翟亚军《基于生态学观点的大学学科建设应然研究》、葛少卫《高校学科生态系统及其管理研究》、武建鑫《学科生态系统：论世界一流学科的生长机制》等；此外，部分研究者将"生态位"原理运用

---

① 潘懋元：《多学科观点的高等教育研究》，上海教育出版社2001年版。
② 潘懋元：《高等教育研究方法》，高等教育出版社2008年版，第324页。

于对高校整体学科建设或单一学科建设的评价之中，如蒲星权《重庆高校市级重点学科生态位适宜度研究》和孙国强《基于生态位理论的高校学科建设评价研究》等；最后，还有部分研究者将"生态化"理念与学科相结合，对"学科生态化发展"进行研究，追溯学科生态化发展的理论，阐明学科生态化存在的问题，提出学科生态化发展的举措，如王玉良《生态学视角下的大学学科建设刍议》、向冬春《基于生态学的现代大学学科发展特质与路径分析》和罗静《教学服务型大学学科生态化发展探讨》等。

（三）对已有研究的评价

首先，就地方高校特色学科的相关研究而言，虽然各学者开展研究的基本思路正确，但仍然存在着对"特色学科"的概念、内涵把握不准确，甚至出现了在行文过程中将"特色学科"与"优势学科"、"学科特色"混淆使用的问题。而已有对特色学科建设路径的研究又普遍停留在表面且多有重复，仅有极个别的学者结合具体案例进行了分析。

其次，就学科生态的相关研究而言，研究者所构建的学科生态系统生态学色彩浓厚，且都是以宏观层面的学科生态系统为研究对象，尚未涉及针对某一具体学科的生态系统的构建和分析。此外，已有的专门针对学科生态化发展的研究却又没有建立在对学科生态系统进行构建的基础之上，因缺乏有力的理论支撑而稍显突兀。

三 核心概念界定

对研究中涉及的概念进行科学、合理、恰当的界定，可以使研究者的目光聚焦，思路清晰，是研究得以顺利进行的前提条件。

（一）地方高校

随着高等教育改革的不断深化，我国确立了"中央和地方两级办学、以地方管理为主"的高等教育行政管理体制。① 据此，可将我国高校划分为中华人民共和国中央部门（单位）直属高等学校（简称"中央高校"）和地方所属高等学校（简称"地方高校"）两大类。据教育部官方网站发布的最新统计数据显示，截至2017年8月24日，我国普通本科高等学校共计1237所（不含独立学院），其中，115所高校直属于中央部门（单位）管理，其余均为地方所属高校，地方高校占我国高校总数的90%以上。② 两类高校在我国高等教育的发展与改革中扮演着不同角色：中央高校位于金字塔顶端，在探索改革上先行一步，是最先实践国家高等教育重大发展战略的主体，在提高教学、科研和服务社会能力等方面发挥示范、引领作用，是我国高等教育冲击世界一流的"排头兵"；地方高校位于金字塔的塔身部位，植根于地方，以服务所在区域的经济、社会发展为主要目标，着力为地方培养高素质人才，办学层次以本科教育为主，部分兼有研究生教育。作为我国高等教育体系的主体部分，地方高校在推进高等教育大众化进程中发挥着关键作用，地方高校的建设与发展关系到我国高等教育整体水平的提升，关系到高等教育强国目标的最终实现。因此，我国今后高等教育的改革和发展须兼顾中央高校和地方高校两大主体，在充分发挥中央高校"顶天"作用的同时，也要重视地方高校的"立地"作用。

综上，"地方高校"是与"中央高校"相对应，隶属于各省（自治区）、直辖市或港澳特区管理，主要由地方行政部门进行经费划拨的高等学校。在高等教育改革和发展过程中，部分地方政府为做强地方高等教育而大力支持部分具备一定实力的地方高校积极争取相关中央部委的资源支持，以最大限度破解其发展受限的不利局

---

① 陈权：《我国高等教育管理体制改革：回顾、反思与建议》，《长春大学学报》2017年第2期，第38—42页。

② 中华人民共和国教育部：《2016年教育统计数据》，http://www.moe.cn/s78/A03/moe_560/jytjsj_2016/2016_qg/，2017-08-24/2017-12-06。

面。由此，地方高校就形成了省属国家"211 工程"重点大学、"省部共建"大学和地方性直属高校三大模式。其中，与单纯由地方政府投资、管理的地方性直属高校相比，省属国家"211 工程"重点大学和"省部共建"大学因得到来自国家层面一定的政策、资金支持而获得较快发展，但即便如此，其整体实力始终无法与中央部属高校相比较。

（二）特色学科

1. 学科

学科所对应的英语词汇——"discipline"，有包括学科、纪律、训练、惩罚等在内的多重含义。我国学者关于"学科"概念、内涵的说法见仁见智。在众多观点中，较具代表性及概括性的是学科的"双重形态说"，即认为学科有两种不同形态的存在方式——"形而上"的知识形态的存在和"形而下"的组织形态的存在。[①] 前者强调学科是相对独立的知识体系，是对知识进行划分的单位，是一定科学领域或一门学问的分支；后者强调学科是大学的基层学术组织，是划分、组织学术活动的基本方式，是大学的细胞。相比之下，从知识形态层面对学科进行的界定，适用于对学科范式、学科制度、学科文化等较为抽象问题的研究，而从组织形态层面对学科进行的界定，则更适用于对学科建设和学科发展等实践性较强的问题的研究。但值得注意的一点是，就学科的产生和发展而言，这两种存在方式都是必不可少的，知识形态的存在是学科产生的必要前提，学科在产生以后的成长、发展在很大程度上又依赖于其组织形态的存在方式，且学科组织形态的存在以知识形态的存在为基础。

2. 特色学科

在对已有相关文献进行梳理、分析的过程中发现，研究者们在

---

① 宣勇：《"学科"考辨》，《高等教育研究》2006 年第 4 期，第 18—23 页。

对"特色学科"这一概念进行界定时表现出两种倾向：其一是把特色学科完全等同于优势学科，将特色学科定义为是"一所高校区别于其他高校，且得到社会广泛认可的优势、强势学科"[①]，部分研究者直接将二者进行组合，以"优势特色学科"为研究对象；其二是将特色学科与学科特色相混淆，在表达和论述时交替使用。在此，有必要对这两组概念进行区分。

（1）优势学科不等于特色学科。无论哪一所学校在学科建设和发展过程中，都会出现自己的优势学科。所谓优势学科，只是目前在学科队伍、物质技术基础、组织运行机制、人才培养、科学研究等方面，与校内的其他学科相比，表现出明显优势的、发展形势较好的学科。[②] 但是，某一地方高校优势学科的"优势"很可能仅仅局限于该校内部，而在与同层次其他高校的同一学科或与高一层次其他高校的同一学科相对照的时候，这种优势就不是那么明显。而一所高校的特色学科以其学科建设区别于其他高校的内在鲜明特质，是构成高校办学特色的重要因素。可见，优势学科的竞争力主要表现在"质量"上，而特色学科的竞争力主要表现在"个性"和"不同"上。因此，优势学科并不等于特色学科。

值得注意的是，这两个概念也并非完全对立。某一高校的优势学科也可能同时就是它的特色学科，即便不是如此，经过进一步创新，优势学科也可以被打造成特色学科，此时，便形成了优势特色学科；特色学科可能是优势学科，也可能是众多非优势学科中的"亮点"，因其在某一或某些方面占据一定的相对优势（特色本来就是一种优势），从而又很有可能成为新的优势学科的"生长点"。[③] 换

[①] 冯志敏、单佳平：《地方大学特色学科的发展战略》，《中国高教研究》2010年第2期，第53—55页。
[②] 王京：《地方高等学校特色学科建设研究》，硕士学位论文，浙江师范大学，2007年。
[③] 娄玉珍、赵鹏大、徐士元：《大学优势学科、特色学科建设的原则及途径探讨》，《中国地质教育》2006年第2期，第37—40页。

言之，特色学科经过科学、合理的学科建设，也有望成为具备强大学科竞争力的优势学科，如此同样可以催生优势特色学科。因此，"特色学科"与"优势学科"虽然不能完全等同，但却有着相通之处，二者可以在一定条件下相互转换。这种转换依赖于学科建设工作人员主动性的发挥，依赖于学科建设战略的合理制定和落实。"质量"和"特色"兼备的"优势特色学科"可以被看作这种转换的理想结果。

（2）学科特色不等于特色学科。广义上的学科特色是指一所高校的学科建设在整体上区别于其他高校的特点、亮点，代表整个高校的个性特征。该层面上的学科特色又具体表现在两个方面：学科结构体系的特色和学科文化的特色。前者主要体现在高校学科门类的设置和学科资源的配置上，后者主要体现于各学术共同体经过一定的时间积淀而形成的制度规范、行为习惯、思想观念和主张等方面。此语境下的学科特色是一个用来描述高校所有学科（包括特色学科）的上位概念，此时，特色学科可以成为彰显高校学科特色的一个重要载体。狭义上的学科特色指的是，某一学科经过长期发展建设形成的，在研究方向、人才培养模式、制度建设等其他方面表现出来的区别于本校其他学科、区别于他校同类学科的特征。[1] 此语境下的学科特色可以作为一个描述特色学科的下位概念，即特色学科自身在某一方面或某些方面的特点。

因此，地方高校的特色学科，是地方高校在办学实践过程当中，培育起来并得到一定发展的，能够充分展现学校独特的办学风格，能够显著提高学校辨识度，甚至能够成为学校"标签"的学科。就其产生路径而言，特色学科的形成可能源于地方高校对其校内传统学科或优势学科的进一步改造和创新，也可能源于地方高校

---

[1] 蒋开东：《地方高校学科特色的培育及其实现——以宁波大学为例》，《学位与研究生教育》2009年第1期，第58—61页。

对所处区域内独具特色的自然资源或人文资源的充分挖掘与利用，也可能源于地方高校对其他高校尚未触及的新兴学科、交叉学科、边缘学科的探索与尝试。① 一所地方高校的特色学科并不一定是其校内发展历史最久远、发展形势最好、发展势头最强劲的学科，也并非一定已经受到国家、地方政府甚至学校本身的重视，但却是其最具潜力和上升空间最大的学科。

（三）生态化

我国古代诗歌中就有"生态"这一词汇的出现，在《东周列国志》第十七回中，"目如秋水，脸似桃花，长短适中，举动生态，目中未见其二"，和南朝梁简文帝所著《筝赋》中，"丹荑成叶，翠阴如黛。佳人采掇，动容生态"，"生态"皆用来形容"显露姣好的姿态"。而现代汉语中的"化"常被用作词语后缀，意为"使变得，使成为"，是一种使动用法。因此"生态化"就可以被解释为"使变得生态"，亦即使某一事物变得美好。可见，该语境下的"生态化"强调的既是一种发展趋势和方向，也是一种理想状态和结果。

自然科学中的"生态"一词则源于古希腊词汇 oikos，意指"住所或生活所在地"②，它揭示的是生物之间、生物与其无机环境之间存在着的一种复杂的相互关系。随着生态学在各个领域的渗透，"生态化"作为一种理念和思维方式应运而生，它超越了一般意义上的自然生态内涵，是一种超越了机械论而转向整体性、系统性、动态性的世界观，旨在引导人们运用生态学的原理和方法思考、解决生活中遇到的各种问题。实际上，我们可以把这种现代科学语境下的"生态化"简单理解为"生态学化"，作为一种新理念

---

① 苏宇：《地方高校特色化发展战略论析》，《国家教育行政学院学报》2015 年第 3 期，第 13—16 页。

② 戈峰：《现代生态学》，科学出版社 2002 年版，第 1 页。

和新视阈，它强调的是思考和处理问题的方式与方法。对于"生态化"一词产生的意义，有研究者曾明确指出，"如果说生态学的繁荣，促进了生态政治运动的兴起和发展，那么'生态化'这一概念的提出，则标志着人类思维范式的重大转换"[①]。

结合上述两种语境下"生态化"的内涵，"生态化"可以被定义为：将生态学的观点、原理、原则和方法运用于探讨某一事物发展变化的规律，以促使该事物实现可持续发展的一种理念，可视为研究视角上的一种创新。

四 研究思路与研究方法

（一）研究思路

首先，进行理论分析，在构建地方高校特色学科生态系统并对其生态特征进行分析的基础上，从理论层面探析地方高校特色学科生态化发展的具体表现，分析地方高校特色学科生态化发展的意义。其次，开展案例研究，对甘肃民族师范学院特色学科的生态现状进行分析，总结、概括出甘肃民院在推动校内特色学科生态化发展过程中所采取的可供其他地方高校借鉴的有益经验。最后，进行路径探索，指出地方高校特色学科生态化发展面临的困境，并在此基础上识别出地方高校特色学科生态化发展过程中的责任主体，而后从这几大责任主体出发，全方位探讨地方高校特色学科生态化发展的对策和建议。

（二）研究方法

1. 文献研究法

多渠道收集、整理并分析与研究目的、研究内容相关的文献资料，包括著作、期刊、报纸、学位论文、电子文献等，了解前人已

---

① 彭福扬、邱跃华：《生态化理念与高等教育生态化发展》，《高等教育研究》2011年第4期，第14—18页。

有的研究成果，形成对地方高校特色学科建设、对学科生态化发展的理论认识，为后期研究的展开奠定基础。

2. 案例研究法

选取甘肃民族师范学院作为案例院校，对其三大特色学科——藏学、高寒生物化学、民族教育学进行深入研究，了解这三大特色学科的生态现状，并归纳、总结出该校特色学科生态化发展的有益经验，为最终提出地方高校特色学科生态化发展的对策与建议提供借鉴。

3. 调查研究法

在采用案例研究法的同时，辅之以调查研究法之中的访谈法。通过事先制定访谈提纲，有计划、有目的地对甘肃民族师范学院的中高层领导干部，以及每一特色学科的学科带头人、学术带头人或普通学科成员进行访问，以期掌握一定的一手资料。

4. 多学科研究法

把学科建设和发展问题置于生态学的视角之下，在研究过程中以高等教育学和生态学的相关原理为主，并综合运用了社会学、管理学等多个学科的相关知识，探索地方高校特色学科生态化发展的策略，尝试为地方高校特色学科建设提供新的思路和方法。

第二节 地方高校特色学科生态化发展理论分析

一 地方高校特色学科生态化发展的理论基础

（一）高等教育相关理论

从本质上来讲，"地方高校特色学科生态化发展"是一个属于高等教育研究领域的学科建设问题。因此，高等教育相关理论是研究开展的重要理论基础和依据。

1. 高等教育质量观

人们对于高等教育质量的基本看法和判断即高等教育质量观。在高等教育大众化发展阶段，高等教育的质量问题备受关注。转变传统的高等教育质量观，树立符合高等教育大众化时代实际的新型质量观，是提升高等教育质量，推动高等教育健康、持续发展的先决条件。

潘懋元教授提出的，从高等院校分类与定位着眼的特色化高等教育质量观是本研究开展的一个重要理论基础。特色化的高等教育质量观认为：在高等教育大众化发展阶段，政府应该鼓励不同层次、不同类型的高校彰显个性、办出特色。高等教育的特色化带来高等教育体系的多样化，多样化的高等教育体系又会反过来推动高等教育大众化的深入发展；各高校应该依据自身的办学条件和实力水平，进行科学、合理的定位，明确发展方向，主要依靠学科建设、专业建设办出特色，发挥比较优势，提高竞争力。特色化的高等教育质量观在推动高等学校办出特色、办出水平的同时，还能催生高等教育发展的新局面。

学科是大学的基石，正因为如此，特色学科在增强高校辨识度方面发挥着不可替代的关键作用。在特色化高等教育质量观的引导下，以特色学科的培育和建设为抓手，就成为地方高校实践特色化发展战略的最佳选择。因此，培育什么样的特色学科，如何科学、合理地开展特色学科建设，如何实现特色学科的可持续发展，从而使特色学科的学科价值得到充分体现，学科功能得到充分发挥，这些都将成为地方高校需要认真思考和着力解决的问题。

2. 高等教育发展观

高等教育发展观是人们对于高等教育发展的基本观点与认识，是对高等教育发展的含义、方式和速度等的基本理解。高等教育发展观大致经历了由"数量取向发展观"到"结构—功能取向发展观"再到"可持续发展观"三个发展过程①。学科建设是高等教育改革和发展的重要内容,通过科学合理的学科建设实现学科的可持续发展,是高等教育可持续发展观的内在要求。

"可持续发展"本是20世纪80年代,自然科学家们在面对由工业时代大发展所造成的环境污染、资源浪费、生态恶化等一系列全球性问题时,探索出来的人类社会与自然界和谐共存的新道路。世界环境发展委员会将其定义为"既满足当代人的需要,又不会对后代人满足其需要的能力构成危害的发展"。可持续发展既是一种观念也是一种战略,既是一个过程也是一个结果。② 在联合国倡议下,可持续发展成为当代最重要的价值选择之一,得到国际社会的广泛认同,我国也于20世纪90年代将其确定为国家经济、社会发展的重要战略之一。

尽管"可持续发展"的原生意义是协调人与自然环境的关系,但在理论研究与实践过程当中,人们发现其所蕴含的价值观和基本原则对人与社会的关系同样有着重要意义。经济、社会的可持续发展要求社会的各个子系统,包括教育系统,都能实现可持续发展。因此,高等教育界也将"可持续发展"引入高等教育研究领域。归纳起来,高等教育与可持续发展的关系主要表现在两个方面:首先是可持续发展的高等教育,即把高等教育视作一个"因变量",探讨其在经济、社会可持续发展中的作用;再者是高等教育的可持续发展,即把高等教育视作一个"自变量",探讨其自身如何根据可持续发展的观念与原则进行改革和发展。只有在高等教育自身实现可持续发展的前提条件下,它才能强有力地承担起推动经济、社会

---

① 韩映雄:《科学发展观视野下的高等教育发展观》,《湖南师范大学教育学科学报》2005年第1期,第35—38页。
② 白玫:《对高等教育可持续发展的反思》,《高教探索》2009年第5期,第56—59页。

可持续发展的使命。[①]

可持续发展观指导下的高等教育要能够确保发展的延续性、持久性，而高等教育的可持续发展自然要求高等教育领域的各个方面，如高校的学科建设、制度建设、师资队伍建设等，都能实现可持续发展，此外，每一方面的发展还都要相互协调、良性互动。

(二) 生态学相关理论

生态学本是生物科学的一个分支学科，德国生物学家海卡尔（Ernst Haeckel）将其定义为"研究生物有机体在生活过程中与其周围环境的相互关系的科学"，它强调的是生物有机体与周围环境的互补互摄和协同进化。[②] 随着人类认识的不断深入，生态学所蕴含的整体、多样、平衡、和谐等思想使其升华为一门在一定程度上具有普适作用的、开放的方法论学科。生态学作为纯自然科学的性质也因此被改变，逐渐渗透于自然科学、社会科学和人文科学等诸多领域之中，而这一趋势也成为生态学发展的现代意蕴。于是，不断有研究者开始尝试用生态学的理论、观点和方法来解决自然的、社会的和人文的问题，且取得了较为丰硕的成果，并由此产生了人类生态学、社会生态学、企业生态学、教育生态学等诸多新兴交叉学科。可见，生态学既作为一门研究生物与环境辩证统一关系的科学而存在，也作为一种科学的思维方法而存在。[③]

学科建设是一项复杂的系统工程，其影响因素的多元性、建设路径的多样性共同决定了学科建设实践的复杂性和理论研究视野的多维性。[④] 教育生态学的产生为生态学理论运用于高等教育相关问

---

① 杨移贻：《可持续发展的教育与教育的可持续发展》，《高等教育研究》1999年第4期，第16—20页。
② 戈峰：《现代生态学》，科学出版社2002年版。
③ 贺祖斌：《中国高等教育系统的生态学分析》，博士学位论文，华中科技大学，2004年。
④ 翟亚军、王战军：《基于生态学观点的大学学科建设应然研究》，《科学学与科学技术管理》2006年第12期，第111—115页。

题研究提供了理论基石，而就单体学科而言，其所经历的诞生、成长、成熟、衰落、消亡的整个过程又与生物的生命周期高度相似，这些都在一定程度上为生态学理论运用于学科建设问题研究提供了可能。因此，树立生态世界观，借助生态学的思想、观点和原理，把特色学科建设问题置于生态学视野下，可以为特色学科建设提供新的思路和方法，有助于研究者探索特色学科建设的有效途径，促进特色学科可持续发展。

作为一门成熟的学科，生态学拥有一套完整的理论体系。在此，仅选取部分有代表性的生态学理论进行阐述，具体而言，都是与特色学科生态系统的构建及特色学科生态化发展的具体表现有直接或间接关系的理论。

1. 生态系统理论

"系统"是指由彼此间相互作用、相互依赖的事物，有规律地联合起来而形成的集合体。一般认为，构成系统至少需要满足三个条件：其一，系统是由多个成分组成的；其二，各成分间不是孤立的；其三，系统具有独立的、特定的功能。[①] 以"系统"为基础的系统论产生之前，人们在研究问题时，一般都会把事物分解成若干个部分，从中抽象出最简单的因素，然后以部分的性质对复杂事物进行窥探。这种思维方式既不能如实说明事物的整体性，也不能反映事物之间的联系和相互作用，因而只适合认识较为简单的事物，却不能胜任对复杂问题的研究。系统论的出现使人类的思维方式发生深刻变化，它提倡用系统的观点看问题，把所研究和处理的对象当作一个系统，对其结构和功能进行分析，并研究系统、要素和环境三者之间的相互关系和规律。因系统是普遍存在的，系统论也就发展成为一种横断科学，贯穿于众多领域之中，其中就包括生态学

---

① 李博：《生态学》，高等教育出版社 2000 年版，第 197 页。

的研究领域。

1935年，英国生态学家坦斯利（A. G. Tansley）首先提出并使用了"生态系统"一词。经过多位学者的完善、补充和发展，生态系统已经成为现代生态学中最重要的概念和最受人们重视、最活跃的研究领域之一。其内涵可以表述为：在一定的时间和空间范围内，生物内部、生物与生物之间、生物与外部环境之间，通过不断的物质循环、能量流动和信息传递而形成的相互作用、相互依存的生态学功能单位。在地球上，生态系统的范围与大小并没有严格限制，大到整个海洋、整块大陆，小至一片森林、一块草地、一个池塘、甚至一滴水，都可以被称为是一个生态系统。任何一个生态系统，无论其规模大小，都具备以下四个基本特征：

（1）复杂性。就组成成分来说，任何一个生态系统都是由生命物质和非生命物质两大部分组成的，生命物质部分主要包括初级生产者、消费者和分解者，它们是生态系统的主体。非生命物质部分即生命物质的外部环境，亦称生态环境，主要包括阳光、温度、水分、空气和土壤等生态因子。就层次结构来说，任何一个生态系统都可以被细分为更多的子系统，而与此同时，其自身也从属于其他更为高级的系统，是其他高级系统的子系统。总之，生态系统是一个有时空概念的，由多个要素、多个变量构成的复杂系统，在各种要素和变量之间又存在着复杂的物质交换、能量流动和信息传递，这种复杂性有利于生态系统的稳定和自我调节。

（2）整体性。"系统"本身就有"整体"的意蕴，因而，整体性是任何一个系统表现出来的最基本，也是最显著特征。生态系统是一个由生物及其生活环境组成的有机的、不可分割的统一整体。整体大于它的各部分之和，由各要素按照一定规律组织起来的生态系统所具有的功能，是任何一个要素在其独立存在时所没有的。生态系统的整体性主要表现在两个方面：首先，生命物质与非生命物质之间构成一个有机的整体，离开了由非生命物质所构成的生态环境，生命物质就不能生存，也就无所谓生态系统；其次，生物和生物之间又以食物关系为基础，构成了相互依赖的食物链或食物网。总之，系统中各要素之间时刻关联，相互调适，任何一个组成成分或要素的变化，都会直接或间接影响到其他成分或要素，甚至会影响到整个生态系统的功能发挥。

（3）开放性。生态系统的开放性主要表现为其与外部环境之间不断进行着的物质、能量和信息交流。就物质循环而言，生物生存所必需的诸如水、氮、磷、二氧化碳等营养元素均来自外部环境，又经生产者、消费者、分解者在体内利用后，通过呼吸、排泄等方式重新回到环境当中，以供生产者（主要是植物）再次吸收利用，如此循环往复。就能量流动来说，太阳能是所有生物进行生命活动最根本的能量来源，它通过植物的光合作用进入生态系统，然后转移到各级消费者身上。能量流动是生态系统的动力，一切生命活动都伴随着能量的变化，没有能量的流动，就没有生命和生态系统。就信息传递而言，包括物理信息、化学信息、营养信息和行为信息等在内的生物信息的传递，是沟通生物与生物之间、生物与其外部环境之间的纽带。由开放性导致的系统各要素之间的不断交流，使得生态系统表现出明显的动态变化性，总是在经历着从简单到复杂、从不成熟到成熟的演替过程。[①]

（4）自我调节性。自我调节性是生态系统为了维持自身的动态平衡所表现出来的特性，也可被理解为是生态系统的自组织功能。当生态系统受到一定程度的干扰时，如果基本结构未改变，可以设想其将一部分物质或能量，用于抵抗干扰，进行自我补偿，从而使平衡状态再度建立起来，这就是生态系统的自我调节。生态系统的

---

① 郭树东：《研究型大学学科生态系统发展模型及仿真研究》，博士学位论文，北京交通大学，2009年。

这一特性使得其对外界条件和环境的变化表现出弹性和可塑性。但需要指出的是,生态系统的自我调节性是有一定"阈限"的,在外界条件变化太大或系统内部结构发生严重破损时,这种自我调节能力就会减弱甚至丧失,从而引起生态失衡,甚至导致生态危机的发生。①

2. 生态位理论

生态位是现代生态学中的又一重要概念,主要指自然生态系统中的某一物种,在时间、空间上占据的位置及其与相关生物单位之间的功能关系。② 它反映的不仅仅是生物的活动区域范围和生存空间,也包含着生物本身在生态系统中的功能与地位。生态位理论起源于 20 世纪早期的西方,在漫长的发展过程中,曾有多位研究者从不同角度对其概念进行过界定。1917 年,美国生态学家格林内尔(Joseph Grinnell)最早将生态位定义为"物种最终的分布单位",侧重的是物种的空间分布,因此也被称为"空间生态位"。1927 年,英国植物生态学家埃尔顿(Charles Elton)将生态位定义为"生物在其生存环境中所处的地位及其与食物、天敌之间的关系",强调的是生物在群落中的功能、角色及营养关系,因而也被称为"功能生态位"或"营养生态位"。1958 年,英国动物学家哈钦斯(G. E. Hutchinson)又从空间和资源利用等维度,借助坐标系,对生态位予以数学的抽象,将其定义为"一个生物单位生存条件的总集合体",又被称为"多维超体积生态位"。③ 此后,生态位研究日趋兴盛,很多研究者都提出了具备一定影响力的生态位理论,促进了生态位理论的多元化与体系化,丰富、拓展了生态位概念的内涵

---

① 秦谱德、崔晋生、蒲丽萍:《生态社会学》,社会科学文献出版社 2013 年版,第 58—59 页。

② 成雁瑛:《我国高校生态位研究:概念、应用及发展趋势》,《大学教育科学》2016 年第 4 期,第 39—43 页。

③ 戈峰:《现代生态学》,科学出版社 2002 年版,第 134 页。

与外延。纵观生态位概念与理论的发展史，虽然迄今为止，学者们未能对其定义达成统一意见，但生态位理论始终揭示着一个核心定律，即自然界的每一物种都有最适合其生存与发展的生态位，每一物种只有找准属于自己的生态位，才能有效规避恶性竞争，才能积极应对生存挑战，才能在有限的资源环境中获得可持续的生存与发展。①

3. 共生理论

"共生"是生物学中研究种间关系的、与竞争相对的一个重要概念。自然界有这样一种现象：一株植物单独生长时，往往会显得单调、矮小，而当它与众多同类植物一起生长时，就会根深叶茂，生机盎然。学者们把这种生物与生物之间相互影响、相互促进的现象，称为"共生效应"。1879年，德国生物学家德贝里（De Berry）最先将"共生"定义为"不同生物在某种程度上的密切联系"。自此，生物进化领域的研究有了新视角，研究者们对"共生"的认识与理解不断深化，遂逐渐发展形成一套共生理论。一般意义上的共生理论包含三个要素：共生单元、共生模式和共生环境，共生就是由不同的共生单元，在共生环境之下，依赖某种特定的共生模式形成的一种关系。② 对于自然生态系统中的共生关系而言，共生单元指的是不同的生物个体或物种，它们被看作构成共生关系的基本能量单位和物质基础。共生环境指各共生单元以外的所有因素，共生环境对共生关系的影响作用主要通过物质、信息、能量等一些环境变量来实现。共生模式指的是共生单元之间相互作用的方式，反映共生单元之间的物质交换、能量流动和信息传递关系。总之，共生是共生单元之间的相互吸引、补充和促进，共生单元的协同进化是

---

① 成雁瑛：《我国高校生态位研究：概念、应用及发展趋势》，《大学教育科学》2016年第4期，第39—43页。

② 彭婷：《共生理论视阈下教师学习共同体分析》，硕士学位论文，西南大学，2016年。

共生关系发展的最为理想的结果。①

4. 平衡理论

生态平衡即生态系统的平衡，它是现代生态学发展在理论上提出的新概念。其具体内涵指的是，一定时间内生态系统中的生物与生物、生物与环境之间，通过能量流动、物质交换和信息传递，所达到的一种高度适应、协调和统一的状态。生态平衡的实现依赖于生态系统的自我调节能力，但这种能力是有一定限度的，这一限度被称为"生态阈限"②，一旦超越了这个限度，生态系统的自我调节能力就会降低甚至消失，生态就会失衡。生态平衡是生态系统发展、进化所达到的一种理想状态，但由于能量在不断地流动，物质在不断地循环，生物个体在不断地更新，因此，生态平衡是动态的、相对的，是一个运动着的而非静止的状态。生态系统总会因其某一部分发生变化而产生不平衡，而后再依靠其自身的自我调节能力，恢复到原初的稳定状态或进入新的平衡状态。在自然条件下，生态系统总是朝着生物种类多样化、结构复杂化和功能完善化的方向发展，直到使生态系统达到成熟的最稳定状态为止。③ 正是这种由平衡到不平衡再到新的平衡的反复过程，才推动了生态系统整体和各组成部分的发展、进化。因此，在面对生态危机时，人类对生态平衡的维护并不只是保持其原初的稳定状态，更要在人为的有益的影响下，建立新的平衡，达到更合理的结构、发挥更高效的功能和取得更好的生态效益。

二 地方高校特色学科生态系统及其特征分析

类比和借用、联想和借鉴是自然科学影响社会科学的效应机

---

① 黄敏：《基于协同创新的大学学科创新生态系统模型构建的研究》，博士学位论文，第三军医大学，2011年。
② 李振基、陈小麟、郑海雷：《生态学》，科学出版社2004年版，第36页。
③ 傅桦、吴雁华、曲利娟：《生态学原理与应用》，中国环境科学出版社2008年版，第11页。

制①。将所要研究的对象生态学化，进而将其模拟构建成一个生态系统，进行重新审视，是运用生态学观点观察现实世界，研究现实事物的理论起点。因此，只有在对地方高校特色学科生态系统进行构建，并对其所具有的生态特征进行分析的基础上，才能进一步探讨地方高校特色学科生态化发展的具体表现及意义。

（一）地方高校特色学科生态系统

在生态学视阈下，学科具有生长性。② 与自然界的生命体相类似，特色学科也经历着诞生、成长、成熟乃至衰落、消亡这一系列过程。特色学科内部、特色学科与其他学科、特色学科与外部环境之间的交流、互动贯穿于特色学科发展演变的每一阶段。参照生态学中"生态系统"的概念，对地方高校的特色学科生态系统进行构建，将其定义为：在一定空间和时间范围内（即在地方高校的某一发展阶段内），在某一特色学科内部、特色学科与其他学科之间、特色学科与外部环境之间，通过物质交换、能量流动和信息传递而形成的统一整体。

（二）地方高校特色学科生态系统的特征

地方高校特色学科生态系统具有同一般自然生态系统相似的几个生态特征：

1. 复杂性

特色学科生态系统的复杂性首先表现在其组成成分上。特色学科生态系统的组成大体可以被划分为特色学科内部成分和特色学科外部成分两类。特色学科内部成分主要包括学科方向、学科队伍、学科平台等生态因子；特色学科的外部成分即其外部生态环境，它不仅包含经济环境、政治环境、科技文化环境等瞬息万变的宏观层

---

① 杨玲丽：《共生理论在社会科学领域的运用》，《社会科学论坛》2010 年第 16 期，第 149—157 页。
② 王玉良：《生态学视角下的大学学科建设刍议》，《黄冈师范学院学报》2011 年第 1 期，第 140—144 页。

面的社会大环境，还包含由办学理念、管理规范、战略规划等构成的中观层面的校内制度环境和文化环境。再者，在同一高校内部，与特色学科产生相互关系的其他学科，也是特色学科生态系统的重要组成部分。

此外，特色学科生态系统的复杂性还体现在其层次结构上。一方面，特色学科生态系统本身包含着多个下属的子系统，如学科方向系统、学科队伍系统、学科平台系统等；另一方面，特色学科生态系统又是高校内部，包括所有学科在内的宏观学科生态系统的一个子系统，更是再高层次的高等教育生态系统、教育生态系统乃至人类社会生态系统的一个更小的子系统。

2. 整体性

特色学科生态系统的整体性表现在其存在方式上。从特色学科内部来看，学科队伍是培育、建设特色学科的直接行为主体，学科方向是学科队伍从事的具体学术研究领域，学科平台又是学科队伍开展学术研究的重要依托，它们是贯穿于特色学科产生、发展全过程，缺一不可的、起基础性作用的生态因子。除此之外，特色学科外部环境中的经济、政治、科技、文化等生态因子又会以各自独有的方式作用于学科内部各因子，如经济和科技发展水平对学科平台建设的直接影响和对学术队伍建设的间接影响，又如社会发展需求对学科方向确立和凝练的影响等等。总之，各生态因子之间密切、复杂的关系使得特色学科生态系统表现出明显的整体性，其中任何一个要素的缺失，都会对特色学科生态系统的继续存在和特色学科生态系统功能的正常发挥构成威胁。

3. 开放性

特色学科生态系统的开放性集中表现为特色学科与其他学科、与外部环境之间进行的物质、能量和信息交流。

首先，特色学科生态系统从属于高校内部学科生态系统，因此，共处于同一个生态系统之中的特色学科与其他学科就会不可避免地产生相互关系。在生态学视阈下，这种关系又被称为生态关系，具体表现为竞争与共生两种形式。同一高校内部，任何一个学科的存在和发展都需要依赖于院系、政策、资金、师资队伍、图书、实验室等资源的支撑，不同学科相同或类似的生态需求以及上述生态资源的有限性，导致特色学科与其他学科之间存在一种普遍的竞争关系。适度的竞争有利于激发学科提升自身建设水平，而长期的激烈竞争则容易导致参与竞争的每一学科个体对资源的可利用程度降低，最终限制学科发展。当然，竞争关系的存在并不意味着特色学科与其他学科之间的完全"敌对"。特色学科与其他学科之间可以通过学术人员的交流活动、学科知识的共享及学科文化的相互碰撞，进行物质交换、能量流动和信息传递，并在此基础上建立起共生关系，形成共生模式。

此外，特色学科与外部环境之间也存在着物质、能量、信息等方面的交流和互动。一方面，外部环境向特色学科输入物质、能量和信息（即学科发展所需的政策、资金和制度），它们在很大程度上影响、制约着特色学科建设的规模、方向、速度和水平。另一方面，特色学科在建设和发展过程中也会对外部环境所输入的物质、能量和信息进行处理，而后将新的物质、能量和信息（即社会经济发展所需的人才、科学研究成果和社会服务等）输出到外部环境当中去。这些新的物质、能量、信息的输出，是衡量特色学科生产力水平高低的重要指标。

4. 动态平衡性

在这里之所以使用"动态平衡性"而非"自我调节性"，是因为与自然界的生态系统相比，特色学科生态系统并不具备非常明显的自组织功能，不论是特色学科的产生、建设还是发展均表现出较大的人为性，是一个人类有目的介入的过程。自然界中生态系统的生态平衡是通过生态系统的自我调节实现的，而特色学科生态系统的平衡则要依赖于各学科建设主体在特色学科建设和发展过程中的主动作为。在一定条件下和较长时间内，特色学科内部各生态因子是否相互协调、相互配合，特色学科与其他学科之间的合作、交流是否通畅，外部环境向特色学科的物质、能量和信息输入与特色学科向外部环境的物质、能量和信息输出在数量上、质量上是否相近或相同，这些都是影响特色学科生态系统能否趋向或达到平衡的重要因素。由于具有主观能动性的"人"在特色学科产生、建设中的全程参与，加之特色学科外部环境的复杂性和不确定性，特色学科生态系统的平衡自然也表现出一种动态性，总是在经历着"不平衡—平衡—不平衡—平衡"这样一个循环往复的过程，但每一次由不平衡到平衡的过程都可以被看作是特色学科的发展和进步，可视为学科水平的提升。

三　地方高校特色学科生态化发展的应然表现

通过以上对地方高校特色学科生态系统及其特征的分析，结合高等教育学科建设的相关理论和生态学相关理论，特色学科生态化发展的具体表现可以归纳、概括为以下几点：

（一）特色学科生态位适宜，发展空间广阔

从生态学的观点来看，学科也存在生态位问题。参照生物生态位的概念，某一学科的生态位，就是指该学科在其所处学科生态系统中占据的空间位置和具有的功能。与生命体类似，每一学科都有一个最适合自己发展的、独特的生态位，只有找准并占据这一生态位，学科才具有生存空间，也才能获得进一步发展。

地方高校特色学科的生态位以校内其他学科为参照，主要是指该学科在其所处高校内部，整个学科生态系统中占据的位置和具备的功能，简而言之，就是特色学科在高校整个学科体系中的地位。

这一地位直接影响到特色学科自身建设和发展所能获得的财力、物力和人力投入的多少。在资源本就比较有限的地方高校中占据适合自己发展的生态位，避免对与其他学科建设所需的共同资源的过度依赖，寻找和开发不同资源，并积极拓展资源生态位、调整需求生态位，是特色学科获得生存和发展空间、避免恶性竞争，从而实现生态化发展的前提条件。可以说，如果没有适宜的生态位，特色学科的生态化发展也就无从谈起。

（二）特色学科内部生态因子完善，发展内力强劲

学科方向、学科队伍、学科平台是特色学科内部的重要组成部分，这三大生态因子的完善以及在此基础上形成的强劲内力，是特色学科生态化发展的重要表现。

学科方向是支撑特色学科建设和发展的学术研究领域，也是特色学科之"特色"的集中体现，确立面向学科前沿、满足区域经济社会发展需要而又富集特色的学科方向，是特色学科建设的起点和基础。学科队伍是影响特色学科建设与发展最为直接、最为关键的因子，学科队伍的建设是特色学科建设的核心内容，一支理想的学科队伍应该具备整体水平较高、梯队完整、结构合理、凝聚力强大等特点。学科平台是特色学科建设的载体，对特色学科发展水平的提高起着巨大的支撑与推动作用。学科方向建设、学科队伍建设、学科平台建设三者各有侧重，彼此无法代替：学科方向建设侧重于学科组织对其开展学科建设的价值目标的选择；学科队伍建设侧重于学科组织的壮大、学科组织内部的分工合作及结构优化；学科平台建设则侧重于为学科组织开展学科建设提供研究手段和物质保障。但与此同时，学科方向建设、学科队伍建设和学科平台建设三者又密切相关，相互依赖，共同构成特色学科发展的强劲内力：学科方向如果没有学科队伍作为承担者，如果没有学科平台加以支撑，就只能是空想的学科方向；学科队伍如果没有学科方向加以凝

聚，如果没有学科平台作为阵地，也不能称之为有组织的学科队伍；学科平台如果没有学科方向加以规制，如果没有学科队伍进行运作，也只不过是学术资料、设备和仪器的简单堆积。[①]

（三）特色学科与其他学科协同共生，发展活力迸发

德国物理学家马克斯·普朗克（Max Planck）曾指出，"科学本是内在的统一体，它之所以被分解成一个个单独的部分，其实并不是由于事物在本质上的不同，而是因为人类认识能力的有限性。实际上，存在着从物理到化学，从生物学、人类学到社会科学的连续链条。"简言之，各学科之间并非是割裂存在的。[②] 20世纪以来，人类所面临的社会、经济等方面的问题日益复杂，许多新出现的学术问题已不是单一传统学科所能解决，它们往往需要多个学科发挥合力以给予有力支撑。[③] 由此，传统经典学科间的界限就逐渐被打破，学科与学科之间的横向联系、渗透、交流与互动不断展开，学科合作、学科交叉、学科融合已然成为创新性科学研究成果产生的重要途径和学科发展不可规避的一大趋势。

因此，对于地方高校特色学科而言，与共处于同一学科生态系统中的其他学科协同共生，合理利用学科之间的相关性、相融性和互补性，最大限度地化竞争关系为共生关系，将本来的竞争对手转变为可以支撑自身发展的重要资源，在学科边缘中寻求学科话语间的共鸣和创新，实现与其他学科之间的知识对流、理论互鉴和方法碰撞，从而赋予自身活力与生命力，是其生态化发展的又一表现。

（四）特色学科与外部环境相互适应，发展外力充足

外部环境是特色学科生态系统代谢功能得以实现，并不断进

---

① 申仲英：《论学科方向建设》，《法学教育研究》2010年第2期，第21—44页。
② 李枭鹰：《世界一流大学学科建设的基本理路》，《高等教育研究学报》2009年第2期，第45—47页。
③ 向东春：《基于生态学的大学学科发展特质与路径分析》，《中国高教研究》2013年第10期，第71—75页。

化升级的必备条件。特色学科与外部环境相互适应，在物质交换、能量流动、信息传递等方面保持畅通与平衡，形成巩固、推动学科建设与发展的强大外力，是特色学科生态化发展的又一重要表现。

外部环境适应特色学科，即政府、社会和学校各个层面能够为特色学科的建设和发展提供政策支持、资金投入和制度保障。首先，在政策支持方面，政府重视地方高校在高等教育体系中的主体地位，重视地方高校在区域经济社会发展中的引领作用，有意识地将地方高校的发展纳入国家和地方发展战略规划，并出台相关政策引导、支持地方高校对特色学科进行培育和建设。由此，自上而下形成一套比较完整的、支撑特色学科产生、建设和发展的政策体系。此外，资金投入方面。在相关政策的指引下，政府加大对高校的经费投入，社会企业积极与高校开展合作，地方高校合理安排学科建设资金，共同助力于特色学科的建设和发展。最后，制度保障方面。各级政府不断完善人才流动机制，鼓励和引导优秀人才向地方高校流动，地方高校进一步完善人才聘用和考核制度，并建立健全学科建设的组织领导体系、管理体系和资金保障体系，为特色学科的建设和发展提供制度保障。

特色学科适应外部环境，即特色学科既能在促进地方高校发展中发挥应有作用，又能为区域经济社会发展提供所需的高素质人才、创新性科研成果和社会服务。首先，特色学科是地方高校的特色学科，因此，特色学科建设和发展所取得的成果就是地方高校建设和发展所取得的成果，在提升高校整体实力，扩大高校影响力等方面具有重要意义。再者，人才培养、科学研究、社会服务既是高等学校的三大职能，亦是特色学科的价值和功能所在。发展到一定阶段的特色学科，除了通过不断地从外界吸纳必备资源，以弥补和抵消学科内部消耗以外，还要通过向外部环境输出人才、科研成果和社会服务，以促进地方经济社会发展，真正发挥自身的价值和功能。特色学科价值的体现、功能的发挥是其从外部环境持续获得政策、资金和制度等方面支持的前提条件，而政策、资金和制度等的持续输入又能够成为特色学科进一步体现其价值与发挥其功能的保障，二者互为因果。

四　地方高校特色学科生态化发展的意义

地方高校特色学科生态系统的层次性，决定了其生态化发展所产生的影响具有连锁性，在增强特色学科自身生命力，提高地方高校竞争力，促进高等教育多样化等方面都能发挥其应有的作用。

（一）增强特色学科生命力

学科生命力是学科所具有的生存和发展能力，是该学科能够与其他学科展开竞争，并在竞争中保持一定相对优势的能力。曾有学者指出，某一学科生命力的获得来源于该学科的内部活力、该学科与其他学科之间的合作交流能力、该学科与其所依托的外部环境之间的适应能力、融合能力三者的有机结合。[①] 可见，这与特色学科生态化发展的具体表现"不谋而合"。因此，增强特色学科生命力就成为特色学科生态化发展的首要意义。一般而言，生命力的持续获得和增强能使特色学科之"特色"得以不断强化，能使特色学科健康、持续、有效地发挥其作为学科的功能和价值，能使特色学科得到其他学科和社会各界的广泛接受和认可。

（二）提升地方高校竞争力

近年来，我国地方高等学校的数量不断增加，规模不断扩大。在整体实力水平相差并不是很大的情况下，以特色学科建设引领学

---

① 沈清基：《论城乡规划学学科生命力》，《城乡规划学刊》2012年第4期，第12—21页。

校形成独树一帜的办学特色,在大学的林立竞争中"出奇制胜、异军突起",理应成为地方高校提高自身核心竞争力的理想选择。① 然而,部分地方高校在学科建设过程中或是无视对特色学科的培育,或是急功近利,忽视学科发展规律,未能真正给予特色学科以应有的持续关注和支持,导致培育起来的特色学科发展后劲严重不足,发展动力严重缺失,有的特色学科甚至已经"名存实亡"。如此一来,特色学科应有的功能就难以正常发挥,地方高校也会失去借助特色学科提高自身竞争力的大好时机。特色学科生态化发展既是一个过程,也是一个目标,它实际上意味着特色学科建设水平的不断提高,而特色学科是产生、成长于地方高校内部的学科,特色学科建设和发展所取得的成果及时反哺于其他学科、反哺于地方高校,是特色学科生态化发展的应有之义。换言之,特色学科生态化发展所产生的效果不仅仅局限于特色学科,它带来的是学校学科建设水平和学术声誉的整体提升,是学校在汇聚人才、引领科研、服务社会等方面的能力提高,因而也是地方高等学校整体竞争力的提升。

(三) 促进高等教育多样化

宏观层面的高等教育多样化指的是高等教育机构在类型、层次、形式、办学主体和服务面向等方面的不同,微观层面的高等教育多样化指的是高等教育机构在学科与专业设置、人才培养目标和管理制度等方面的不同。实际上,不论是宏观层面还是微观层面,高等教育的多样化发展都是各高等院校选择不同分类和定位的结果。② 特色学科生态化发展要求地方高校既能通过充分利用所处区域内的自然、经济、社会、文化资源培育和建设特色学科,又能够借助特色学科,源源不断地为当地经济社会发展输送人才,产出科

---

① 冯志敏、单佳平:《地方大学特色学科的发展策略》,《中国高教研究》2010 年第 2 期,第 53—55 页。
② 汤俊雅:《潘懋元高等教育质量观的特性分析》,《西南交通大学学报》(社会科学版) 2015 年第 5 期,第 45—49 页。

研成果，提供社会服务。可见，特色学科生态化发展的实现能够在一定程度上将地方高校与所在地区更加紧密地联系在一起，这种相互依赖关系的建立和不断巩固，对地方高校理清办学思路、明确责任、认准方向、确立符合自身发展实际和未来预期的办学定位有着重要意义。因此，从某种意义上来讲，特色学科生态化发展的实现可以助推广大地方高校各安其位，各尽其责，从而促进高等教育多样化发展。

第三节 地方高校特色学科生态化发展案例研究

一 案例院校的选取

在案例研究中，案例的选取是至关重要的一步，所选用的案例是否合适，关系到案例研究所得出的结论是否有价值。从研究对象和研究目的出发，在综合考虑学校性质、特色学科建设发展状况以及笔者自身因素的基础之上，选择甘肃民族师范学院作为案例院校进行研究。首先，就学校性质而言，作为省内唯一一所省属民族师范院校，甘肃民族师范学院是一所典型的地方高校。其次，就其特色学科建设和发展状况而言，甘肃民族师范学院始终坚持立足藏区，面向全省及周边民族地区，在办学过程中培育、建设了藏学、高寒生物化学和民族教育学三大特色学科。目前，这三大学科发展势头良好，在彰显学院办学特色、提升学院知名度、增强学院核心竞争力等方面发挥着积极作用。最后，就笔者自身而言，选取位于甘肃省省内的地方高校作为案例院校，不论是在联系访谈对象，还是在进行实地访谈方面，都是比较可行的。

二 案例院校资料的获得

（一）确定资料获取方式

虽然案例研究现在多被认为是一种与调查法、实验法相提并论的独立的研究方法,但在某一个案例单位内部,仍然可以采用,而且有必要采用其他研究的方法以满足研究需要。① 在此,因"特色学科"的建设和发展含有很多可操作化程度较低的变量,所以并不适宜使用问卷调查法,故而采用访谈法作为资料获取的主要方式。

(二) 访谈准备

1. 选择访谈对象

根据研究需要,采用"目的性抽样"的方法,将案例院校的中高层领导人,如校长(副校长)、发展规划处处长(副处长),以及各学科的学科带头人或学术带头人及其他学科成员作为访谈对象。

2. 制定访谈提纲

针对案例院校中高层领导人和各学科的学科带头人或学术带头人及普通学科成员,分别制定访谈提纲。具体而言,在对学校中高层领导人进行访谈时,侧重于从宏观层面认识和把握特色学科,比如,了解特色学科的发展历史和现状,了解学校培育、建设特色学科的初衷与背景,了解学校对特色学科的定位,了解学校层面采取的特色学科建设举措,了解学校层面对特色学科建设和发展的未来预期和规划。在对包括学科带头人或学术带头人以及其他学科成员在内的学科组织成员进行访谈时,则要侧重于从微观层面,更加深入地认识特色学科,如了解学科组织成员对特色学科历史、现状和未来的认识、评价和期望,了解特色学科的"特色"所在,了解特色学科在建设和发展过程中所存在的困难和相应的解决措施,了解特色学科从学校、政府以及社会层面获取的资源和支持。

3. 协商有关事宜

通过邮箱或电话与访谈对象取得联系,说明访谈目的,争取被

---

① 张红霞:《教育科学研究方法》,教育科学出版社2009年版,第398页。

访者的合作，商定访谈的具体时间和地点。而后发送访谈提纲，根据被访者的反馈，对提纲进行调整和修改（最终确定的访谈提纲见附录）。

（三）访谈实施

笔者于 2017 年 10 月 12 日至 13 日，前往甘肃民族师范学院，先后对民族教育学学术带头人 W 教授、高寒生物化学学科带头人 C 教授、学校发展规划与社会合作处 B 处长、藏学学术带头人 S 研究员以及 Z 校长进行一对一访谈，访谈平均时长 51 分钟。在征得被访者同意的情况下，使用录音笔记录访谈内容，并辅之以访谈人员的现场笔录（访谈对象具体情况见附录）。

三　案例院校资料的分析

在访谈结束以后，及时对收集到的资料进行归并与整理，在整体把握资料的基础上，根据研究内容需要，将所获得的资料分为学校整体发展状况、藏学生态现状、高寒生物化学生态现状、民族教育学生态现状四个部分，从而使资料更加逻辑化、条理化。

（一）甘肃民族师范学院整体发展状况

甘肃民族师范学院位于内地通往藏区的门户——甘、青、川三省交界之处的甘南藏族自治州首府合作市，是甘肃省唯一一所省属民族地方师范院校。学院前身是始建于 1984 年的合作民族师范高等专科学校，在 2009 年升本改建，2013 年被正式确定为国家民族事务委员会与甘肃省人民政府共建学校。目前，学院共设有 16 个教学院系（部），49 个本科专业及方向，覆盖了包括教育学、理学、文学、法学、历史学、艺术学等在内的 9 个学科门类。学校招生以甘肃省为主，同时面向青海省、四川省、云南省、西藏自治区、内蒙古自治区、宁夏回族自治区、陕西省、山西省、贵州省、广西省、山东省、河南省、黑龙江省、吉林省和辽宁省等16个省区。现有各类普通在校学生共计10897人,由汉族、藏族、回族、裕固族、保安族、东乡族等25个民族组成,少数民族学生约占学生总人数的68%,是内地藏族学生人数最多的高校之一。①

近年来,甘肃民族师范学院遵循高等教育规律,以科学发展观为统领,全面贯彻党的教育方针,落实《国家中长期教育改革和发展纲要(2010—2020年)》,基于自身办学基础和相对优势,进一步厘清办学思路、明确办学定位、突出办学特色,努力提高自身办学水平和服务区域经济社会发展的能力,致力于把学校建设成为区域内高水平、有特色的应用型民族大学。经过全校上下的共同努力,甘肃民族师范学院办学规模迅速扩大,多学科多功能的办学格局逐步形成,人才培养质量不断提高,科学研究成果显著,学科特色进一步凸显,人才成长机制逐步完善,教师队伍结构明显优化,条件装备不断加强,学生教育管理模式不断创新,合作办学领域不断扩展,社会声誉逐年提升。立足高原、开拓创新、与时俱进,甘肃民族师范学院有效发挥着其自身作为人才培养基地、科学研究平台、文化传承窗口和维护社会稳定的阵地作用,在促进民族团结、维护民族地区社会稳定,加快民族地区经济社会发展与进步等方面做出了应有贡献。

对收集到的资料进行整理和分析后可以得出这样一个结论:甘肃民族师范学院虽偏处一隅,却从不妄自菲薄,而是充分发挥主观能动性,牢固树立特色化理念,巧妙应对日渐激烈的校际竞争。也正是在这一理念的指引下,学院将特色学科的培育、建设和发展确定为其各项工作的重中之重。如今,以特色学科为牵引而形成的鲜明办学特色,已俨然成为甘肃民族师范学院一种独特的竞争力。

---

① 《甘肃民族师范学院简介》,甘肃民族师范学院官方网站,http://www.gnun.edu.cn/xxgk/gywm/xxjj.htm,2010 - 06 - 28/2018 - 01 - 15。

(二) 藏学生态现状分析

藏学是甘肃民族师范学院在建校之初就着手培育和建设的学科之一，不仅是学校的传统学科，更是支撑学校发展的龙头学科，在 2014 年获批成为"国家民委重点建设学科"。

以安多藏文化研究中心（2010 年获批为"甘肃省高等学校人文社会科学重点研究基地"）、甘肃省藏文古籍文献编译中心、中国藏学研究中心《中华大典·藏文卷》甘肃民族师范学院编纂工作站和藏区非物质文化遗产数字化保护技术研究重点实验室（2014 年获批为"省级高校重点实验室"）等五个平台为依托，甘肃民族师范学院藏学学科充分发挥区位资源优势，突出地域特色，不断发掘、整合藏文化资源，尤其是安多藏文化资源，在加强基础研究的同时，扩大应用研究，逐步确立了包括藏族语言文学研究、安多历史与文献研究、藏族文化与安多民间艺术研究、安多地区宗教文化研究、安多藏文化遗产保护与开发研究等在内的五个内在联系密切、相互影响、相互补充的学科方向，开设有藏语言文学、汉藏翻译和戏剧影视文学三个专业，其中藏语言文学专业在 2010 年被教育部评定为国家级特色专业建设点。

目前，该学科已形成了以藏文化集大成者——赛仓·罗桑华丹教授为学科带头人，以张俊宗教授、道周教授和桑吉克研究员为学术带头人的学科建设领导团队，并汇聚了毕业于中央民族大学、西北民族大学、青海民族大学等国内知名民族院校的一批中青年学术骨干作为学科建设的主要和后备力量。整个学科团队共计 36 人，其中教授（含研究员）、副教授各 9 人，讲师 18 人；3 人拥有博士学位，23 人拥有硕士学位；35 岁及以下的青年教师 12 人，36—50 岁的中年教师 19 人，51 岁及以上的教师 5 人。除上述专任教师外，学院还对外聘请了来自兰州大学、中央民族大学、西藏大学、青海民族大学、青海师范大学、西北民族大学等院校的 23 位具有藏学背景的优秀学者作为兼任教师，以进一步扩充藏学学科队伍。整个学科团队教研并举，造诣精深，成为藏学学科建设与发展的中流砥柱。迄今为止，共承担国家社科基金项目、教育部人文社会科学重点研究项目、厅级各类项目及其他横向课题40余项，其中《赛仓·罗桑华丹文集（1—9卷）》获教育部高校科研人文社会科学优秀成果二等奖，《中小学藏语词典》、《藏方言比较教学系统》等项目已走在国内学术前沿水平；整理古籍作品2部，参编工具书6部，出版学术专著和教材54部，其中《藏族文学史》入选"十二五"普通高等教育本科国家级规划教材；在国家级、省级刊物发表学术论文400余篇；获得省级科研成果奖15项；获中国藏学研究珠峰奖一等奖1项、三等奖2项。

藏学学科建设和发展所取得的瞩目成就，使甘肃民族师范学院成为藏学研究领域区域性地方文化研究的重要学术阵地，为甘肃民族地区及周边藏区的文化教育发展和社会进步做出了重要贡献，为提升甘肃省社会科学研究水平、弘扬优秀民族文化、推动民族地区教育事业发展和社会和谐稳定做出了积极贡献。

（三）高寒生物化学生态现状分析

甘肃民族师范学院高寒生物化学学科始建于2002年，自建立伊始，该学科就被学院定位为服务地方的重要窗口之一。2009年，高寒生物化学被评为学院升本后的第一批校级重点学科之一；2010年，又被列为学院在"十二五"期间重点建设的特色学科之一；2013年，顺利获批成为"甘肃省省级重点培育学科"。自此，高寒生物化学学科的研究领域进一步拓宽，学科优势也更加明显和突出，逐渐发展成为学院教学与科研力量最强的学科之一和特色学科之一。

高寒生物化学坚持立足于甘南藏区经济建设和社会发展，依托下设于化学与生命科学系的高寒生态系统研究所，以青藏高原地区独特的自然生态环境和生物资源为研究对象，重点开展高寒生态与环境保护、高寒特色植物资源和高寒特色家畜选育改良及营养调控三个方向的研究，开设了生物、化学和动植物检疫三个专业。目前，已在校内顺利建成了畜牧学实验室、分子生物学实验室和专门的图书资料室。学科现共有专职教学科研人员32人，其中教授3人，副教授8人，博士1人，硕士18人，享受国务院特殊津贴专家2人，甘肃省"555"人才2人，已基本形成了一支职称结构、学历结构、年龄结构和专业结构都比较合理的学术队伍，并聘请多名重点大学知名教授、研究所研究员、企业研发人员为该学科的客座教授或兼职教授。迄今为止，开设校级精品课程4门；承担国家科技部、甘肃省科技厅、甘肃省农牧厅、甘肃省教育厅、甘肃省教科所等国家级、省部级项目共计44项；完成教材、专著8部；发表论文198篇，其中4篇收录于SCI来源期刊；发明实用新型专利31项；获甘肃省高校科技进步三等奖20项，甘南州科技进步奖6项。

以"产学研"结合为导向，坚持"内外联动"，是高寒生物化学学科在开展人才培养、科学研究、社会服务和科技传播工作中的重要原则。几年来，学院积极与甘南藏族自治州农牧局（畜牧科学研究所、农业科学研究所、合作市畜牧工作站）、甘南藏族自治州环境保护局、甘肃省藏医药研究院和甘肃安多投资集团等联合，建立了藏中药材引种驯化试验示范基地、青藏高原动植物标本馆和"联村联户，为民富民"项目技术培训基地，在开发藏药材、循环开发与利用农畜产品、培训专业技术人员等多个方面进行深入合作，逐步实现了人才、资源、成果的共享和优势互补。随着校企合作的深入开展，高寒生态系统研究所开发的"欧拉型藏羊改良合作实验研究示范推广"、"甘肃安多投资集团三个熟肉产品企业标准及规程制订"、"肉类微生物快速检测技术测试方法验证协议"和

"青稞与小麦杂交育种方法"逐渐产业化,并取得了显著的经济效益。

在高寒生物化学学科的推动下,甘肃民族师范学院正逐渐发展成为甘南地区应用基础研究和人才培养基地、学术交流基地、科技合作和辐射基地,在保障民族地区社会稳定,促进民族地区经济社会发展中发挥了重要作用。

(四)民族教育学生态现状分析

甘肃民族师范学院民族教育学学科是2013年甘肃省批准建设的"省级重点建设学科"。从培育和建设时间来看,民族教育学属于学院的后发学科,但它却迅速成为集中体现学校民族性、师范性特征的特色学科之一。

民族教育学以西北少数民族教育发展研究中心(2014年被批准为第二批"国家民委人文社会科学重点研究基地")为主要依托,始终坚持立足甘南藏族自治州、临夏回族自治州,面向全省及周边民族地区,在瞄准民族教育研究前沿的同时,兼顾藏区教育发展的实际需要,确立了涵盖民族高等教育研究、民族地区藏汉双语教育研究、民族地区基础教育研究、少数民族学前教育研究和民族教育信息化研究在内的五大学科方向,开设有现代教育技术、学前教育、小学教育(藏汉双语方向)三个专业。在学科队伍建设方面,民族教育学得到学院层面的大力支持,将来自教育系和全校相关教学院系学科教学论教研室的教师汇聚起来,组成庞大的学科团队,共同致力于学科建设。短时间内,就在人才培养、科学研究、社会服务与文化传播等方面取得了显著成果。2013年以来,获省级教学成果奖16项,校级教学成果奖22项,建成省级精品课程1门,校级精品课程4门,校级优秀课程10门;申报获批立项课题96项,截至2015年12月,共完成课题19项;出版专著(教材)十余部;发表学术论文150多篇。

通过培育、建设和发展民族教育学，甘肃民族师范学院正逐渐成为甘肃乃至甘、青、川藏区基础教育人才培养基地和民族教育研究文献信息资料中心，为提高少数民族地区的教育质量和少数民族成员整体的文化素养以及构建少数民族地区创新型、和谐型社会提供人才和智力支持。

四 案例院校特色学科生态化发展的经验总结与思考

（一）甘肃民族师范学院特色学科生态化发展的经验总结

1. 培育充分彰显地域特征的学科作为特色学科

培育能够充分彰显地域特征的学科作为特色学科，是特色学科从外部环境（主要指宏观社会环境）获得自身发展所需的政策、资金、人力等资源以实现生态化发展的重要前提条件。这是因为，真正能够彰显地域特征的学科，往往是建立在对地域内的特色资源充分挖掘的基础之上，这使得特色学科在建立伊始，就与当地的文化、经济和社会发展有着密切关系，学科发展的走向和目标与当地政府、社会的契合度也比较高。因此，这样能够充分彰显地域特征的特色学科就更容易获得来自当地政府各部门和社会各企业的支持。

甘南藏族自治州地处黄土高原西部与青藏高原东北边缘的过渡地段，是汉、藏化的交汇带，被著名社会学家费孝通先生称为"青藏高原的窗口"和"藏族现代文化的跳板"。特殊的地理位置赋予其丰富且别样的地域资源，如藏、汉、回、土、蒙等24个民族的文化在相互碰撞与融合下形成的、具有独特风格的藏文化，又如在高寒气候下形成的丰富的动物资源和植物资源。因此，恰好位于甘南州中心地带的甘肃民族师范学院在特色学科的培育和建设方面就拥有天然的地缘优势和资源优势，学院在办学实践过程中紧紧依靠并充分利用地域特色资源，培育了藏学、高寒生物化学和民族教育学三个特色学科。三大学科与地域之间天然的、密不可分的联系，使学科的建设和发展得到了来自甘南州政府和社会层面的大力支持，校地合作、校企合作不断深化和拓展，逐渐形成了推动特色学科生态化发展的强大外力。

2. 确立并巩固特色学科生态位

是否拥有适宜的生态位，是特色学科能否生态化发展的基本前提。甘肃民族师范学院从自身发展战略出发，确定并不断巩固特色学科在整个学科体系中的地位，举全校之力为特色学科的建设与发展"保驾护航"，这是其三大特色学科实现生态化发展的重要保障。

作为西部地区一所典型的地方高校，政策、资金等办学资源的相对短缺在很大程度上制约着甘肃民族师范学院的发展，造成了其在较长时间内无法从总体上与部署高校及其他老牌实力院校一争高下的现实。在高等教育大众化阶段，面临地方高校数量不断增加，规模持续扩大的竞争压力，学院审时度势，努力规避"同质化"风险，从"十二五"规划开始，将"差别化"发展作为提高自身核心竞争力的战略选择，坚持以特色立校，走特色化发展之路。为此，甘肃民族师范学院坚持"整体性、前瞻性、必要性、可行性"的学科建设原则，树立了"突出重点、增强特色、强化应用、按需发展"的学科建设理念。学院充分利用地处安多藏区这一明显的比较优势，大做文章，继续做大、做强原本就是学校支撑学科的藏学，培育、建设了凸显民族性、师范性特征的民族教育学，以及集中体现学校"面向地方、服务地方"的办学定位的高寒生物化学。三个学科中，藏学建立的时间最早，教学和科研成果显著，现已成为引领学院发展的龙头学科。另外两个学科起步较晚，但其建设均得到来自学校层面的大力支持，发展迅速、势头强劲。自"十二五"开始，藏学、民族教育学、高寒生物化学三个学科的建设就成为学校事业发展规划的重要内容，成为学校各项工作的重中之重。

"十三五"期间，学院还将通过设立"学科建设专项资金"和"学科人才培养专项资金"等措施，配套支持特色学科的建设和发展，到"十三五"末，争取建立特色学科硕士学位授权点，力争推动藏学进入甘肃省一流学科建设项目。

藏学、民族教育学、高寒生物化学三大特色学科已然成为甘肃民族师范学院实践其特色化发展战略的着力点，成为支撑学校特色化发展的三大支柱性学科。这种学科地位与功能的确立和不断强化，是特色学科优先获得较为充足的建设资源的前提条件，更是特色学科实现可持续发展的根本保证。

3. 营造适宜特色学科生长的制度环境

面对无法全面掌控的宏观层面的社会大环境，甘肃民族师范学院从可控的校内环境入手，充分发挥主观能动性，营造适宜特色学科生长的制度环境。

自2009年升本改建以来，学院决心弱化行政色彩，努力推进内部管理从"管制"向"服务"转变，在不断完善学术组织权力结构体系的基础上，实施了三大学科建设保障体系工程。首先，建立健全学科建设领导组织体系，一是通过逐级遴选和学校认可的形式，确立学科带头人人选，研究并科学决策学科研究方向、主要研究内容和发展目标；二是根据"统一领导、分级管理、层层负责、高效运行"的原则，构建完善的学科建设校系两级行政分管、学术委员会监督指导和学科团队自我运行的组织体系。再者，建立健全学科建设管理制度体系，一是建立学科建设情况通报制度；二是建立健全学科建设的奖惩和问责、问效制度；三是实施学科建设工作年度计划、年终检查、建设周期中期考核制度。最后，建立健全学科建设资金保障体系，一是积极争取中央财政等各种专项资金的支持；二是设立学科建设专项资金、学科基础设施建设专项资金、学科人才培养专项资金、院长项目建设专项资金、标志性成果奖励专项资金；三是按照国家有关规定，严格执行仪器设备购置招标、投标制，建立严格的资金预、决算制和资金使用过程审计管理责任制。尽管这些制度的建立和完善所针对的并非仅仅是特色学科，但其对特色学科生态化发展的影响却是不言而喻的，在促进特色学科内部各生态因子的完善与相互配合，推动特色学科与其他学科之间的协同共生和提高特色学科资源利用效率方面发挥着重要作用。

（二）甘肃民族师范学院特色学科生态化发展的思考

1. 地域环境是"双刃剑"

甘南藏族自治州独具特色的地域环境孕育了甘肃民族师范学院的特色学科。一方面，藏区得天独厚的动、植物资源和文化资源，为特色学科的产生提供了天然"土壤"。另一方面，出生、成长于藏区的一些特殊人才又是支撑特色学科建设和发展的中坚力量，正是他们的存在，才使特色学科的建设和发展成为可能。以藏学为例，该学科之所以能在国内甚至国际藏学界享有盛誉，就是因为它不仅汇聚了包括赛仓教授、道周教授、龙布杰教授、桑吉克研究员等在内的一批杰出藏学学者，还拥有一批来自藏族且具有藏学学科背景的优秀青年学者作为后备力量。此外，藏区经济社会发展的实际需要与藏区学生的实际需求也催生着特色学科的产生，推动着特色学科的成长。国家民委出台的《关于进一步支持甘肃省民族地区经济社会发展的意见》、甘肃省委提出的"加快建设和谐藏区、繁荣藏区、幸福藏区、美丽藏区"的目标任务以及国务院作出的《关于加快发展民族教育的决定》等，都为甘肃民族师范学院建设和发展特色学科提供了很好的发展机遇与契机。

然而，不可否认的是，甘南藏族自治州的地域环境也在很大程度上制约着甘肃民族师范学院特色学科的进一步发展。这主要体现在，由藏区地理位置偏远、气候条件恶劣、信息闭塞、经济发展水平落后而导致的学科资源获取不易、学科人才引留困难、学科对外交流合作较少等一系列难题。地方高校本就处于国家高等教育战略的边缘地带，加之甘肃民族师范学院所处地区地理位置偏僻、经济发展水平落后，学院在获取特色学科建设所需的政策和资金支持方面始终处于不利地位。工作环境、科研条件、薪酬待遇是影响学科人才引、留的重要因素，因此，各方面条件相对比较艰苦的甘肃民族师范学院在引进人才方面往往力不从心。不仅如此，已有人才也会因寻求更好的工作、生活环境，追求更高的工资、福利待遇等而流失。对于学院来说，如何引进更多的人才是难题，如何留住已有的优秀人才同样是难题。视野开阔，信息开放，是学科进行对外交流合作的前提，学院地处内陆，交通的不便造成信息的闭塞，与外界交流互动相对而言较少，特色学科人才的学科视野不够宽阔，进行学术交流的意识也比较淡薄。

总之，地域环境对于特色学科的生态化发展而言是一把"双刃剑"。如何采取有效措施，继续扬地域环境之优，而避地域环境之短，是甘肃民族师范学院亟待解决的问题。

2. 学科队伍是"短板"

学科队伍是开展特色学科建设最为直接和关键的力量。然而，对于甘肃民族师范学院来说，学科队伍却始终是其特色学科生态系统的一块"短板"。之所以说它是短板，并非是因为学科队伍中学科人才的数量不多，而是因为学科队伍的积极性、主动性不够，凝聚力不强。

甘肃民族师范学院特色学科的培育、建设和发展工作都是自上而下进行的，特色学科的设立与否、特色学科建设采取怎样的战略措施以及特色学科建设的人力、财力、物力资源如何分配等都是由学校层面讨论决定的，学科组织只需负责根据学校出台的学科发展规划制定具体的学科建设规划。如此一来，学科组织就处于一个比较被动的局面，学科组织在特色学科建设中的地位与作用并未得到重视，相应地，也就使得学科队伍的积极性和主动性被压抑。此外，在学科组织内部，由于功利主义的存在，学科成员往往更看重学科建设在短时间内所能给他们带来的外在物质利益，而忽视了学科使命。这种在利益驱动下汇集起来的学科队伍，往往"形聚"而"神散"，这样的学科队伍是难以形成合力投入到学科建设之中的，这样的学科队伍的积极性和主动性也是不稳定的，具体表现为有利可图时一哄而上，无利可谋时又一哄而散。

学科队伍的积极性、主动性以及学科队伍的凝聚力对学科建设的影响往往是隐性却又不可忽视的。学科队伍这一块"短板"关系着特色学科生态化发展的全局，甘肃民族师范学院要想继续做大、做强特色学科，就必须要考虑应该如何增强学科队伍的凝聚力，如何培养和激发学科队伍中每一位学科成员参与特色学科建设的积极性和主动性。

3. 科学研究是"软肋"

科学研究是学科建设的重要一环，科学研究水平直接反映着学科建设水平，是学科建设成效最为显著的标志。然而，对于甘肃民族师范学院而言，科学研究却是其特色学科生态化发展的"软肋"，这主要是由于：其一，甘肃民族师范学院不论是在升本改建以前，还是在升本改建以后，都以人才培养为主要职能，以教学为主要任务，因而科研基础相对薄弱。其二，学院教师承担着相当重的教学任务，甚至成为"上课机器"，因而无法妥善处理教学与科研之间的关系，科研精力不充沛。其三，由于科研条件落后，学术声誉不高，学校及各学科组织在争取和设立学科项目方面总是处于不利地位。以民族教育学学科为例，如图5.1所示，2013年至2017年间，该学科科研项目立项共计96项，其中国家级项目0项；省部级项目23项，约占项目总数的24%；厅市级项目31项，约占项目总数的32%；立项最多的是校级项目，约占项目总数的44%。从中可

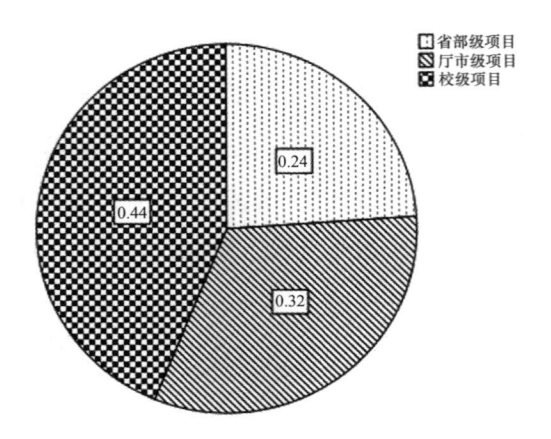

图 5.1　民族教育学科研项目级别百分比图

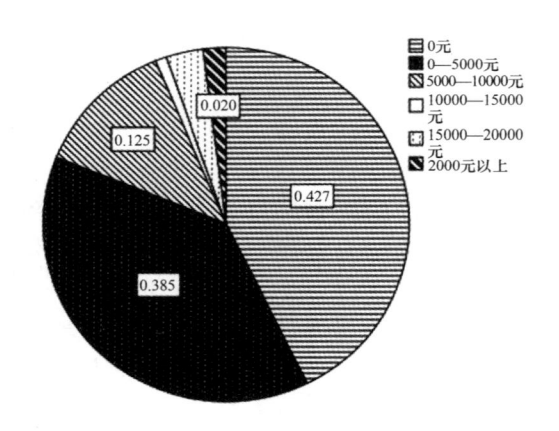

图 5.2　民族教育学科研项目经费百分比图

以看出，五年来，尽管民族教育学学科立项总数较多，但所立项目多为校级项目，项目级别总体水平偏低。此外，在科研项目经费方面，如图 5.2 所示，获批立项的 96 个课题中，有 41 项课题需要项目负责人自筹经费，约占总项目数的 42.7%；有 37 个项目所获经费在 0—5000 元之间，约占项目总数的 38.5%，该类项目多为校级课题，项目经费来源于校长科研基金；有 12 个项目所获经费在 5000—10000 元之间，约占项目总数的 12.5%；有 1 个项目所获经费在 10000—15000 元之间，约占项目总数的 1%；有 3 个项目所获经费在 15000—20000 元之间，约占项目总数的 3.3%；有 2 个项目所获经费在 20000 元以上，约占项目总数的 2%。可见，民族教育学获批立项的课题，科研经费较少且多为自筹。

上述三方面因素之间相互联系、相互作用。科研基础薄弱、科研意识淡薄、科研力量单薄，加之科研条件落后，是甘肃民族师范学院特色学科无法成功获批国家、省部级重大科研项目、无法争取到充足科研经费的主要原因，而没有重大科研项目的支撑，没有充足科研经费的保障，就很难产生有重大影响的科研成果，就很难增强学科成员的科研意识、改善科研条件、增强科研基础。如此，就会形成一个恶性循环。因此，对于甘肃民族师范学院而言，开展特色学科建设，除了常抓人才培养和社会服务之外，还需要特别重视科学研究，重视科学研究成果的转化。

第四节　地方高校特色学科生态化发展路径探索

一　地方高校特色学科生态化发展面临的困境

受诸多历史和现实因素的制约，学科建设一直是地方高校的短板。从生态学的角度来看，地方高校特色学科生态化发展面临着学科生存空间狭窄、学科发展内力不足、学科发展活力缺失、学科发展外力短缺等一系列困境。

（一）特色学科生存空间狭窄

某一地方高校的特色学科有可能原本就是其校内早发的、已经具备一定实力的传统学科或优势学科，也有可能是其后发的、目前实力尚显薄弱的新兴学科。但无论哪一种形式的特色学科，其生态化发展目标的实现都首先要求该学科具有能够满足自身发展需要的生存空间。这一生存空间的大小在很大程度上意味着特色学科建设所能获得的各种资源的数量多少和质量高低。

地方高校拥有的学科总数的多少间接影响着特色学科生存空间的大小。作为我国高等教育由精英阶段向大众化阶段迈进过程中最为活跃的群体，地方高校自1999年以来，承担了全国90%以上的高等教育扩招任务，在校生人数不断增加①。因此，为适应规模发展，多数高校都在征地建房、增购教学设备、引进教师等方面耗费了巨大财力，相应地，就导致学校在学科建设中投入资金的严重不足。而面对日益激烈的校际竞争，不少地方高校又不安于自我定位，盲目向综合型大学看齐，脱离自身办学的实际条件和基础，不惜代价"上层次、上水平"，想方设法追求"大而全"的学科布局，争相增设热门学科。最终，学科设置上的贪大、求全进一步分散了原本就非常有限的学科建设资源，从而窄化了包括特色学科在内的每一个学科的生存空间。

特色学科在地方高校整个学科体系中地位的高低则直接影响着其生存空间的大小。在高等教育改革和发展的大潮中，不少地方高等院校抢抓机遇，经过省市共建、联合办学或体制升格赢得了新的发展机会，有的甚至一跃成为区域内规模庞大、影响显赫的高校。随着办学层次的提升和内涵式发展要求的提出，地方高校的学科建设意识逐渐增强，但就整体而言，其学科基础还较为薄弱，尚处在学科建设的探索阶段。在这一阶段，盲目性成为地方高校学科建设中存在的主要问题，不少高校对"特色"的内涵与意义认识不到位，他们或是错将特色学科视为生僻冷门学科而在培育和建设的过程中犹豫不决，或是贸然将校内已经具备一定基础和实力的优势学科或传统学科等同于特色学科，而忽视了真正意义上的特色学科的建设。不论哪种情况，都不利于特色学科地位的确立，不利于特色

---

① 李喆：《谈地方大学的发展与"突破"》，《中国高等教育》2011年第2期，第30—31页。

学科生存空间的获得与拓展。

（二）特色学科发展内力不足

学科方向、学科队伍、学科平台是构成特色学科发展内力的重要生态因子。而学科队伍是开展学科建设的直接行为主体，学科方向的确立、学科平台的搭建都要依赖于学科队伍主动性的发挥。因此，学科队伍就成为影响特色学科发展内力的关键因素。地方高校特色学科生态化发展的内力不足，主要表现为特色学科队伍建设的落后。

首先，学科队伍整体水平不高。高水平学科人才在洞悉特色学科发展趋势、确立和凝练特色学科发展方向、推动特色学科平台建设上层次、上水平等方面发挥着至关重要的作用。然而，学科队伍整体水平不高却是地方高校特色学科建设面临的一大现实困境。一方面，由于地方高校，尤其是新建地方本科院校的大多数教师长期从事教学工作，缺乏承担和参与重大科研项目的经历，缺少参加各种学术交流活动的经验，导致其科学研究视野狭窄，学术能力和学术水平还有待提升。另一方面，地方高校与中央高校相比，在地域环境、学术声望、资金获得、政策支持、科研项目获批等方面存在着明显差距，这些差距使其在校际人才竞争中一直处于劣势地位。随着"双一流"建设序幕的拉开，高校之间空前激烈的人才争夺战也随之打响，千万经费、百万年薪、高额住房补贴等诱人政策已经成为一些实力高校抢、挖高层次优秀人才的标配[1]。在这种形势下，地方高校高水平特色学科人才的引、留工作都变得异常困难。

其次，学科队伍结构不合理。能力结构、年龄结构、学历结构、职称结构、学缘结构是学科队伍是否具有战斗力的关键[2]。然

---

[1] 谭光兴、王祖霖：《处境与策略："双一流"战略背景下地方高校的学科建设》2017年第8期，第53—58页。

[2] 刘虹、马佳林：《高水平大学学科队伍建设的思考》，《清华大学教育研究》2007年第3期，第65—69页。

而，地方高校为了应对招生规模的快速扩张和各种教学评估检查，出于功利性目的，在人才引进时往往只看重应聘人员的职称、学历等表层比例，而忽视了特色学科队伍建设的内在结构需要，尤其是忽视了学科队伍的能力结构和学缘结构。从能力结构来看，部分地方高校对学科带头人、学术带头人、学术青年骨干和普通学科成员在学科建设中的地位与作用认识不到位，简单地将学术带头人视为学科带头人，忽视对学科带头人的选拔与培养，往往导致特色学科拥有多位学术带头人但却缺乏真正能够起组织、领导和协调作用的学科带头人，特色学科建设群龙无首。从学缘结构来看，地方高校特色学科队伍的学缘分布较为集中，相似或相同的教育背景导致学术研究气氛沉闷，"近亲繁殖"现象严重，不利于学术争鸣和思维创新。

最后，学科队伍中部分成员开展学科建设的主动性和积极性不高。在高等学校内部，行政权力与学术权力之间存在的冲突由来已久。地方高校的学术意识淡薄，行政权力泛化现象仍然比较严重，学科建设受行政权力驱动的情况较为普遍[1]。在行政力量的主导下，将学者们捆绑在一起的往往是外在的物质利益和硬性的行政命令，而非共同的学科使命，这样聚集起来的学科队伍，学科成员松散、拖拉，学科力量分散。在很多时候，特色学科建设工作都被学者们看成仅仅是管理层面的事情，因此经常陷入管理层"一头热"，学者们却"不为所动"的尴尬局面，从而就导致管理层制定的学科建设目标难以有效转化为学科成员有意识的学科建设行动，特色学科发展缓慢。

（三）特色学科发展活力缺失

在当今科技进步和社会发展速度空前加快、知识信息数量激增

---

[1] 刘小强、孙桂珍：《"双一流"建设背景下地方高校学科建设的机制创新》，《学位与研究生教育》2017年第11期，第30—35页。

的时代，与共处于同一学科体系中的其他相关学科保持密切且迅捷的信息交流，不断从其他学科汲取"养分"，及时更新自己的知识、理论和方法，是特色学科保持发展活力，避免成为"无源之水"和"无本之木"的重要途径。然而，因与其他学科之间交流、互动与合作的不畅而导致的活力缺失，却成为部分地方高校特色学科生态化发展面临的一个困境。这主要是由于：一方面，地方高校用于学科建设的资源比较有限，但学科众多，学科之间因争夺发展资源而形成的竞争关系逐渐在学科关系中占据了主导地位，各学科组织都急于明确自己的学科界限以达到封锁和控制学科资源的目的，因此造成不同学科在利益上的相互割据、在学科建设上的相互割裂[①]。学科之间的相互独立性和自然封闭性在人为作用下变得愈加明显，最终造成同一高校内部，学科壁垒高筑，特色学科与其他学科之间的交流与互动难以顺利开展。另一方面，多数地方高校的学科建设还尚未超越传统意义上的直线职能式的组织结构的限制，单学科组织体系依然处于主导地位。地方高校管理者习惯性地过度关注每一单个学科的发展，却忽视了学科与学科之间的交流合作所能产生的建设成效。多数地方高校尚未搭建起能有效推动学科交流与合作的平台，也尚未创建出有利于推进学科交流与合作的制度环境与文化环境，导致各学科各自为战、故步自封。

（四）特色学科发展外力短缺

学科建设是一项非常复杂的系统"工程"。特色学科的持续、健康发展离不开政策支持、经费投入和制度保障。但政策缺失、经费投入不足、制度保障不到位，造成学科发展外力短缺，是地方高校特色学科生态化发展面临的又一现实困境。

首先，特色学科是地方高校的特色学科，地方高校所能从外部

---

① 张园园：《地方高校学科竞争力研究》，硕士学位论文，陕西师范大学，2015年。

环境中获得的资源的多少，在很大程度上影响着校内特色学科的建设和发展所能获得的资源的多少，因而也影响着特色学科生态化发展目标的实现。作为典型的高等教育后进国家，我国高等教育的改革与发展之路实际上是政府力量主导下，自上而下推进的重点建设之路。隶属于中央各部委直接管理的中央高校在获取国家政策支持、资金投入和制度保障等诸多方面都占据绝对优势，而在隶属于各地方政府管理的地方高校中，除少数地方高水平大学能在国家出台的高等教育发展战略中分得一杯羹外，很大一部分整体实力并不突出的地方高校则一直处于我国高等教育资源分配的边缘地带①。在现行的高等教育管理体制下，地方政府是地方高校建设与发展的后盾。随着高等教育逐渐由社会的边缘走向中心，越来越多的地方政府也将发展地方高等教育纳入区域经济社会发展规划，然而，这并不直接意味着地方高校就一定能获得自身发展所需的足够资源。多数地方高校位于经济并不发达的中小城市，囿于财政实力限制，这些城市在支持地方高校发展方面往往心有余而力不足，而其他位于省会城市或大城市的普通地方高校在资源获取能力上，又总是落后于与其处于同一区域的"211大学"和省部共建大学。因此，从总体上来讲，包括政策、资金、制度等在内的办学资源不足，既是地方高校建设和发展面临的主要困境，也是地方高校特色学科建设和发展面临的主要困境。

此外，学校层面给予特色学科的政策支持、经费投入和制度保障则直接影响着特色学科生态化发展目标的实现。地方高校虽然也有多年的办学历史和经验，但却在学科建设方面起步较晚，学科意识落后、学科观念模糊、学术积淀不深，导致学科建设的步伐缓慢、成效低微。随着高等教育特色化发展理念的提出，不少地方高

---

① 郭丽君：《地方高校发展的困境与战略选择》，《现代大学教育》2009年第5期，第102—106页。

校尽管对特色学科建设的地位与作用有一定认识，对特色学科建设的基本思路和基本任务也有所把握，但其实际开展的特色学科建设工作却缺乏统筹规划和战略思考，表现出较大的随意性，且短期化、功利化倾向严重。特色学科建设抓抓停停、断断续续，学科所需的政策、资金和制度等资源甚至会因学校领导班子的调整而出现脱节、断层现象，阻碍着特色学科发展外力的形成，也阻碍着特色学科的生态化发展。

二 地方高校特色学科生态化发展的责任主体

地方高校特色学科生态化发展是一个复杂过程，不论是从其应然表现来看，还是从其面临的现实困境来看，都存在着包括政府、社会、学校、学科组织等在内的多方利益主体，而这些利益主体同时也是推动地方高校特色学科实现生态化发展的责任主体。只有明确了责任主体，才能进一步系统而深入地探讨地方高校特色学科生态化发展的对策与建议。

（一）政府

虽然政府不能够也不应该主导大学学科建设，但国内外历史经验表明，任何一所高校的任何一个学科都不可能脱离政府而完全独立存在。政府通过恰当的方式和途径有效地介入大学学科建设，是学科发展的必要力量。[①] 目前，地方高校自身开展学科建设的能力还比较有限，在以特色化战略谋求跨越式发展的新阶段，地方高校特色学科的培育、建设和发展就更加需要政府层面不缺位、不越位、不错位，给予必要的导向和支持。作为社会各项事业的管理者，政府不仅能够调动特色学科建设各方主体的积极性和主动性，还能在协调各主体利益关系和资源配置等方面发挥重要作用。因

---

① 张金福、吴倩、骆晓：《我国大学学科建设中的政府介入现状、特点及其治理对策》，《现代大学教育》2012年第4期，第18—23页。

此，地方高校特色学科生态化发展离不开政府的主动作为。

（二）社会

随着知识社会的来临，作为存储知识、创造知识、应用知识的主阵地的高等学校逐渐从社会边缘走向社会中心，独立于社会之外的、纯"象牙塔"式的大学不复存在，高校内部各项事业的改革与发展都不同程度地受到社会力量的影响。地方高校植根于地方，地方高校所处的区域社会是其开展学科建设，尤其是特色学科建设的重要依托。一方面，社会掌握着一定的特色学科建设资源；另一方面社会又是检验特色学科建设成效的一把标尺。因此，包括社会公众、社会行业企业在内的社会力量理应在地方高校特色学科生态化发展中扮演重要角色。

（三）学校

特色学科与地方高校唇齿相依。一方面，地方高校彰显办学特色、寻求跨越式发展、提高整体竞争力的关键在特色学科，特色学科的发展事关地方高校的命运。另一方面，特色学科是产生、成长于地方高校内部的学科，地方高校又掌握着特色学科的命运。因此，地方高校就在特色学科生态化发展中发挥着其他各方责任主体都无法替代的重要作用，地方高校也理应在推动特色学科生态化发展中承担起更多的义务。

（四）学科组织

虽然培育、建设和发展特色学科是地方高校主导的自上而下的办学实践活动，但这并没有否认学科组织在推动特色学科建设和发展过程中的特殊地位与作用。作为高校开展学科建设的基点，学科组织是实施特色学科建设规划、执行各种具体的特色学科建设行为的主体，特色学科方向的确立、特色学科队伍的凝聚、特色学科平台的建设以及它们三者之间的协调配合，都要在特定的学科组织内部进行。因此，特色学科生态化发展的实现，除了需要借助政府、社会、学校层面的力量之外，还必须以学科组织为依托。

三 地方高校特色学科生态化发展的对策与建议

学科建设并非学科本身能够自为之事。① 地方高校特色学科生态化发展需要特色学科内、外部各要素之间的有效统合，而这一统合的实现则要依赖于包括政府、社会、学校及学科组织在内的各个责任主体的协同支持，当然，不同的责任主体介入特色学科生态化发展的切入点和侧重点不同。因此，有必要继续从这几大责任主体入手，探讨地方高校特色学科生态化发展的具体对策与建议。

（一）政府层面

1. 做好顶层设计

"概念界定"部分已经指出，"特色"和"优势"是两个既互相区别又互有交叉的概念，特色学科可能是优势学科，也可能是非优势学科，但鉴于其在提升地方高校辨识度和竞争力中所能发挥的独特作用，特色学科在高校学科体系中的地位本不应该因其是优势学科或非优势学科而有所改变。长期以来，在以追求效率为首要目的的"扶优""助强"学科建设路径的影响下，各学科建设主体往往倾向于将学科建设的目光集中在已经具备较强竞争力的优势学科身上，如此一来，相当一部分目前尚未表现出明显优势的特色学科就被戴上了隐形枷锁。政府介入地方高校特色学科的建设和发展，并不意味着其对特色学科的完全控制。做好顶层设计，关注特色学科的独特价值和作用，在高等教育发展战略和规划中有意识地引导学科建设思路由单纯的扶优、扶强向扶优、扶强、扶特相结合转变，是政府在推动地方高校特色学科生态化发展中主动作为的重要方式。2015 年国家出台的"双一流"建设方案已经明确指出，今

---

① 李力：《从学科构建到卓越学术共同体的形成》，《中国高教研究》2012 年第 4 期，第 65—70 页。

后的一流学科建设要以"扶优、扶强、扶特"为价值取向①，在各省域相继出台的"双一流"建设政策中，也有海南、甘肃、安徽和河南四省明确提出要将特色学科作为地方高校开展一流学科建设的主攻方向。

2. 协调多方主体

学科组织、地方高校、社会及政府在特色学科生态化发展中承担着不同的任务，有着不同的利益诉求。因此，只有明确各主体的责任及责任边界，并协调好他们之间的关系，引导各主体相互配合，以最大程度地发挥合力，才能真正推动特色学科生态化发展。政府虽不是直接主导特色学科资源配置的主体，也不是制订特色学科发展计划的主体，更不是执行具体的特色学科建设行为的主体，但作为统筹规划社会各项事业的公共管理机构，政府完全可以从宏观层面对特色学科建设活动进行有效的引导和干预。具体来说，就是在对包括自身在内的各责任主体的职能进行科学、合理定位的基础之上，通过出台相关政策法规、建立联动机制，着力解决好特色学科生态化发展过程中各主体的权责划分、风险防控等关键性问题，并充分调动各方参与特色学科建设的主动性和积极性，统筹各方力量共同推进，全方位支持地方高校特色学科的建设和发展。

3. 增加经费投入

经费不足是制约地方高校特色学科生态化发展的重要因素。增加经费投入，为地方高校开展特色学科建设提供有力的经费保障，需要中央和地方两级政府的共同作为。地方政府是地方高校的投资者和管理者，地方政府的财政支持，是地方高校办学经费的主要来源，也是地方高校学科建设经费的主要来源。因此，地方政府应积极主动地将地方高等教育纳入区域发展规划，切实加大对地方高校

---

① 柯进:《"双一流"建设的一道"必答题"》，《中国教育报》2017年2月13日第1版。

的财政投入力度,并尝试设立针对特色学科的专项建设资金,推动特色学科持续发展。此外,中央政府在将地方高校的管理权下放到地方政府的同时,并不意味着它就可以放弃自己应该承担的义务。中央政府在大力支持中央高校发展的同时,也应兼顾地方高校,为地方高校特色学科的建设与发展提供各种形式的财政补助,充分发挥公共财政的利益补偿与导向作用,进一步激发地方政府投资地方高校特色学科建设与发展的积极性。

(二) 社会层面

1. 引导社会舆论

从哲学观点看,舆论属于意识范畴,对相应的行为具有能动作用。社会舆论是社会全体成员或大多数成员在充分沟通信息之后形成的一种共鸣,因其往往在一定的社会意识或群体意识中占据优势地位,能够极大地影响处于其中的人们的观念与行为,从而能够在某一事物的发展变化过程中起到评论、指导和鼓动作用。事实证明,在信息传播日益便捷的今天,社会舆论对某一事物的影响与制约作用极为显著,适宜的社会舆论促进事物发展,而不适宜的社会舆论则会阻碍事物发展。① 因此,在培育、建设和发展特色学科还尚未得到各方高度关注的情况下,借助各类媒体,特别是在舆论导向方面具有较高权威性和较大影响力的官方媒体及主流媒体,营造有利于激励、促进地方高校特色学科建设和发展的社会舆论,如"特色化是地方高校的生命线""特色学科是地方高校实践特色化发展战略的突破口""特色学科建设是地方高校提升竞争力的关键""地方高校特色学科的建设水平影响着地方经济社会的发展水平"等等,增进社会公众和行业企业对地方高校、对特色学科的认同,增强学科建设主体开展特色学科建设的信心,是社会力量介入

---

① 刘在洲、徐红:《地方高校特色化进程中的四大外部支柱》,《河北师范大学学报》2010年第8期,第37—40页。

地方高校特色学科生态化发展的有效方式。

2. 加强校企合作

校企合作是掌握资金优势的社会企业与掌握智力优势的高等学校，基于长期生存和发展的共同需要而展开的合作，它是社会力量参与高等教育的有效途径和方法。随着高等教育分类发展理念的提出，地方高校与所处区域社会之间的关系日益密切，受此影响，校企合作也将呈现出合作领域不断拓宽、合作内容不断丰富、合作形式不断创新、合作程度不断加深以及合作质量不断提高的新局面。这一发展趋势为社会力量通过校企合作的方式参与、助力地方高校特色学科建设提供了可能。在特色学科建设过程中，校企合作既能够为学科建设的定位提供新思路，又能够为学科建设提供更多的资源①，更为重要的是，校企合作还是特色学科向社会输送人才、输出科研成果、提供社会服务以彰显学科价值和功能的重要平台。因此，社会企业应积极、主动地与地方高校增进信息沟通，建立并不断完善对接机制，搭建校企联盟，形成稳固的校企战略合作伙伴关系，联合组建科学研发平台和人才培养基地，推动特色学科的成果研究、成果转化和成果应用三个过程无缝衔接，使特色学科建设真正融入社会，在服务地方中获取学科资源，在服务地方中巩固学科特色。

（三）学校层面

1. 强化特色学科意识

地方高校开展特色学科建设工作，首先应该强化特色学科建设意识。地方高校不因自身办学层次而自轻，将学科建设工作摆在首位，通过广泛动员、组织校内行政管理人员和全体教师学习相关文件、文献知识，形成对特色学科建设重要性、紧迫性的认识，使特

---

① 朱东礼：《学科建设与服务地方经济互动模式探析》，《中国高校科技》2013 年第 8 期，第 43—45 页。

色学科建设既能深入人心，又能升华成为人们自觉、自主的行为，真正成为全校自上而下高度关注、高度重视的工作，为特色学科的建设和发展建立起雄厚的群众基础。具体而言，地方高校强化特色学科建设意识，可从以下三个层面展开：首先，在认识层面上，主要解决"什么是特色学科"的问题，以期通过明确特色学科的概念、内涵、本质和特征，准确识别和挖掘本校的特色学科。其次，在价值层面上，主要解决"为什么要进行特色学科建设"的问题，以期从战略高度深刻认识特色学科建设的价值和意义所在，赋予特色学科应有的学科地位。最后，在操作层面上，主要解决"如何进行特色学科建设"的问题，以期明确学科建设思路，提出可行的特色学科建设目标、方法、步骤和策略。

2. 选定特色学科

选择什么样的学科作为特色学科，关乎特色学科生态化发展能否顺利实现，这是因为，有的学科本身就具有较强的吸引力，在汇聚学科资源、促进区域经济社会发展等方面具有先天优势。一般来说，包括地方高校在内的所有高校，在确立特色学科时都有三条可供选择的路径[①]：其一，继承学校在长期建设和发展过程中积累形成的优势，不脱离自身的学科传统和发展基础，通过对校内原有的传统学科进行调整重组或改造提升，将其打造成为特色学科；其二，结合所处区域经济社会发展的历史、现状和未来趋势，立足区位优势，利用区域内的自然资源特色、历史文化特色、经济产业特色，将能够充分彰显区域特征且符合区域经济社会发展实际需要的学科确立为本校的特色学科；其三，通过前瞻性地把握当代科学发展趋势，抓住有利时机，将其他高校还尚未涉足或研究开发有限的交叉学科、边缘学科等新兴学科作为特色学科进行建设。

---

① 李枭鹰：《路径与机制：大学如何培育和发展特色学科》，《教育与现代化》2010年第1期，第15—19页。

地方高校在识别和挖掘本校的特色学科时，要从学校办学定位和总体战略出发，认真分析自身开展学科建设的比较优势与劣势，并进行广泛的调研和论证，最终选定真正能够明显提升学校辨识度、能够吸引多方资源投入的学科作为特色学科。与基础雄厚的部署院校相比，地方高校在发展传统学科与创设新兴学科方面并不具备非常明显的优势[①]，因此，立足地方，发挥地缘优势，尽可能地利用区域内独具特色的资源，将充分彰显区域特征的学科作为特色学科进行重点建设，应该成为地方高校在确立特色学科时的优先选择。

3. 确立特色学科战略地位

确立特色学科战略地位，是地方高校在选定特色学科之后的一项重要任务。特色学科在校内学科体系中地位的确立，关系到其能否获得满足自身建设发展需要的生存空间以实现生态化发展。就目前情况而言，不论是从学科建设的现实基础来看，还是从学科建设的效益和前景来看，地方高校都应该选择在特色学科上多做文章。[②]建设和发展特色学科理应成为今后相当长一段时间内，地方高校开展学科建设工作的重中之重。因此，地方高校有必要从学校发展的战略全局出发，充分考量建设和发展特色学科的价值和意义，及时出台相关规范性文件，确立并不断巩固特色学科的战略地位，以保证特色学科能够得到优先、重点建设。

4. 做好特色学科发展规划

预则立，不预则废。因此，"规划"的重要性不言而喻。学科规划是学科发展的长远计划，是学科建设的依据、蓝图和行动纲领。制定特色学科发展规划是地方高校开展学科建设的重要环节，事关特色学科生态化发展的全局。地方高校在制定特色学科发

[①] 李建华：《论地方大学的内涵式发展》，《中国高等教育》2012年第11期，第60—63页。

[②] 谭光兴、王祖霖：《处境与策略："双一流"战略背景下地方高校的学科建设》2017年第8期，第53—58页。

展规划时，既要科学分析和预测特色学科发展的未来趋势，又要客观理性地衡量已有的学科基础和学科建设能力，找准特色学科的定位，选好特色学科的主攻方向，尽可能避免学科建设的盲目性。此外，还要特别注意处理好特色学科建设的阶段性目标与长远目标、微观目标与宏观目标、分目标与总目标之间的关系，厘清特色学科建设过程中的基本任务和重点任务，通盘考虑、统筹安排，使特色学科战略规划既具有前瞻性，又具有可操作性。

5. 整合特色学科资源

受自身实力水平限制，地方高校的办学资源有限，然而，任何一个学科的建设和发展都需要源源不断的资源投入，如此一来，地方高校学科建设资源的有限性与学科发展无限性之间的矛盾，就决定了其学科建设工作应该遵循有所为、有所不为和有所先为、有所后为的思路，也决定了其在学科资源配置方面的不均衡性。而获得充足的、能够满足自身建设需要的资源，是特色学科生态化发展的必然要求。因此，拥有学科资源配置权利的地方高校就应当格外注重对特色学科建设资源的有效整合。这一整合首先要求地方高校明确学校可支配的特色学科建设资源有哪些，这些资源既包括人力资源、财力资源和物质资源，也包括制度资源、文化资源和信息资源等。在此基础上，根据特色学科发展规划，有目的、有计划地将学科建设资源适当地向特色学科倾斜。但需要注意的是，地方高校在整合特色学科建设资源的同时，还应该考虑到其他学科，尽可能地做到不剥夺其他学科建设和发展的权利，不对其他学科的正常建设和发展构成威胁。

6. 壮大特色学科队伍

"人"是特色学科建设中最为活跃、最为重要的因素，学科队伍是推动特色学科生态化发展的直接力量。由于学科队伍建设本身就是一项系统性、长期性的工作，应该有目的、有组织、有计划地进行。因此，地方高校特色学科生态化发展，需要借助学校层面的力量，壮大特色学科队伍。

(1) 汇聚特色学科人才

地方高校壮大特色学科队伍，首先要汇聚特色学科人才。在汇聚什么样的人才方面，综合考虑、认真分析特色学科建设与发展的现实和未来需要，不以单一标准对人才进行片面评判，不拘一格地汇聚真正有利于推动特色学科建设和发展的优秀人才，组建特色学科队伍。在如何汇聚人才方面，由于自身资源条件所限，地方高校既不能完全依靠向外引进，也不能完全依靠自主培养，而是应该坚持引进人才和培养人才并举。[①] 在延揽高学历、高职称人才加入特色学科队伍的同时，着眼于长远和未来，加大自主培养人才的力度，积极为本校原有教师，尤其是有较大发展潜质的中、青年教师提供进修、深造机会，鼓励他们参加国内、国际会议，进行学术访问和交流，提高其开展教学科研工作的能力，使他们尽快脱颖而出，担当特色学科建设和发展的重任。

(2) 组建特色学科梯队

地方高校壮大特色学科队伍，要组建合理有序的特色学科梯队。学科梯队是学科队伍的外在表现形式，通常来说，一支完整的学科梯队有四个层级，自上而下分别是学科带头人、学术带头人、学术骨干和其他普通学科成员[②]。其中，学科带头人兼具出色的学术研究能力与组织领导能力，是整支学科队伍的中坚和支柱，在学科建设中起着领导作用，一般而言，一个学科只有一个学科带头人；学术带头人具备较高的学术研究能力，每名学术带头人引领一个学科方向，有多少个学科方向就要有多少名学术带头人，稳定、

---

① 吕谷来：《地方高校特色学科建设策略研究》，《浙江理工大学学报》（社会科学版）2014年第4期，第264—268页。

② 韩卓玲：《地方高校创建优势特色学科研究》，硕士学位论文，河南大学，2015年。

凝练学科方向是学术带头人的主要职能；学术骨干是分布在每一学科方向之下的，用以支撑每一个学科方向的关键力量；其他普通学科成员又分布在各学术骨干之下，协助学术骨干开展具体的研究工作，他们同样是学科建设不可或缺的力量。地方高校必须认识到，对于任何一个学科的建设和发展而言，汇聚学科人才只是第一步，只有组建形成学科梯队，才能使学科建设工作按部就班地、有序地展开，否则，学科建设工作就很容易陷入混乱。因此，地方高校在扩充特色学科人才数量的同时，还要对这些学科人才的学术研究能力、组织领导能力和个人品质等进行全面评估，在此基础上组建形成合理有序的学科梯队，并明确每一梯队在学科建设中的权利与义务，才能使特色学科建设工作高效开展。

（3）优化特色学科队伍结构

地方高校壮大特色学科队伍，还需要重视特色学科队伍结构的优化。学科队伍结构主要包括学科成员的年龄结构、学历结构、职称结构和学缘结构。合理的学科队伍结构，是学科队伍是否具有战斗力的关键，也是学科队伍能否发挥整体优势的关键。地方高校壮大特色学科队伍，不可忽视对特色学科队伍结构的优化：在年龄结构上，要老、中、青相结合，以保证学科队伍的持续发展，保证特色学科建设后继有人；在职称结构上，既要有教授、研究员等正高级职称者，也要有副教授、副研究员等副高级职称者，还要有讲师、助理研究员等中级职称者，以保证不同的学科建设任务由不同的人来完成；在学缘结构上，要有来自不同高校、不同科研机构的学者，以实现不同学术风格和学术思想的相互渗透和取长补短，活跃学术空气，避免学术上的近亲繁殖。

7. 搭建多学科交流平台

与其他学科交流、互动是特色学科生态化发展的表现之一。因此，地方高校推动特色学科生态化发展，还需要搭建起可供特色学科与其他学科进行对话与合作的多学科交流平台。具体来说，就是通过营造宽松自由、开放包容、充满活力的学术氛围，鼓励各学科组织打破学科壁垒，调动特色学科与其他学科进行交流互动的积极性；通过定期举办学术交流研讨会、学术报告、学术沙龙、学术辩论等有效途径，为隶属于不同学科组织的学科成员提供互相学习的机会，实现特色学科与其他学科之间的知识共享、信息共享及方法共享；通过着手建立和健全学科沟通交流的长效机制，保证特色学科与校内其他学科交流、互动得以常态化开展。

8. 注重特色学科建设成果转化

特色学科与外部环境之间的物质、能量、信息交流是双向的，学科成果的及时转化是特色学科从外部环境中源源不断地获取建设、发展资源的保证，因此，特色学科生态化发展，需要地方高校在整合来自外部环境的学科资源用于特色学科建设的同时，积极、主动地拓宽特色学科成果转化渠道，做好特色学科成果转化工作。首先，在人才培养方面，改革人才培养模式，调整人才培养的规模、层次和类型，将特色学科建设成果转化为优质的教学资源，大力培养符合地方经济社会发展实际需要的高素质人才。其次，在科学研究方面，瞄准区域需求，在坚持基础性研究的同时加强应用性研究，并重视科研成果的应用和推广。最后，在社会服务方面，面向地方经济社会建设和文化建设需要，不断推进校地、校企之间的科技合作与协同创新，探索建立"政产学研用"战略合作联盟，扩大合作规模，提升合作层次，切实解决事关地方经济社会发展的科技问题和社会问题，努力将特色学科"立"于服务地方经济社会发展之"地"。

（四）学科组织层面

1. 增强特色学科队伍凝聚力

正如部分不等于整体，学科成员个人的水平和素质并不能代表学科队伍的整体水平和素质。地方高校特色学科生态化发展并不是依靠单个或少数几个学科成员的力量就可以实现的。只有具备强大凝聚力的特色学科团队，才能真正在确立、凝练特色学科方向和构筑特色学科平台中发挥作用。特色学科人才的汇聚、特色学科梯队的组建、特色学科队伍结构的优化要依赖学校层面，而特色学科队伍凝聚力的增强则主要在学科组织层面进行。

凝聚力是一种无形的精神力量，它牵引着处于学科队伍之中的每一位学科成员，正是这种精神力量赋予了学科成员对学科以及对整个学科组织的归属感，也正是这种精神力量使学科成员之间能够相互欣赏和认可，使学科成员之间的团结协作成为可能。一支没有凝聚力或凝聚力较低的学科队伍，不仅难以稳定存在，更难以高质量地完成学科建设任务和达到学科建设目的。[①] 为增强特色学科队伍的凝聚力，组建形成真正意义上的特色学科团队，学科组织要明确提出并不断强调特色学科建设和发展的共同愿景，激发每一位学科成员的兴趣和潜能，调动所有学科成员为实现学科建设的共同目标而努力；要培育和谐、民主的学术氛围，尊重每一个人的学术见解，确保不同个性、不同能力的学科成员都能获得锻炼自己、展示自己的舞台；此外，还要通过完善学科成员的管理规章制度和激励措施，来保证学科团队意志的延续。

2. 确立和凝练特色学科方向

科学发展的无限性决定了任何一个学科都有很多个发展方向，但人力、财力、物力的有限性又决定了任何一个学科组织都不可能在学科方向的设置上面面俱到。[②] 地方高校特色学科所依托的学科组织在确立特色学科方向时必须有所选择。特色学科方向的确立包括两个

---

① 姚建平、程凯：《关于学科队伍建设的思考》，《中国西部科技》2015年第4期，第52—55页。

② 罗云：《论大学学科建设》，《高等教育研究》2005年第7期，第45—50页。

方面，其一是确定学科方向的数量，其二是确定具体的学科方向。学科方向的数量要根据学科队伍的实际情况来确定，如果特色学科队伍强大、科研水平高，就可以多确立几个学科方向，反之，则要少确立几个学科方向，以免力不从心。具体学科方向的确定，则要建立在学科组织对学科现状和学科未来发展趋势的深入调查分析和认真论证的基础上，结合区位优势，确立和凝练出既能充分彰显特色学科之特色，又能与地方经济社会发展需求相适应的学科方向。

3. 构筑特色学科平台

以重点学科、人文社会科学研究基地、实验室和工程技术研究中心等为主要形式的学科平台，是学科组织开展学科建设工作的重要载体。地方高校特色学科生态化发展，要求学科组织层面能够发挥主观能动性，构筑特色学科平台。

特色学科平台的构筑工作包括两个方面，其一是要积极申报学科平台，其二是要对申报成功的学科平台进行后续建设。学科组织需要清醒地认识到，学科平台的申报成功只是特色学科建设所取得的阶段性成果，比申报学科平台更为重要的是对学科平台的进一步建设。学科组织要厘清各个学科平台建设的侧重点，从特色学科建设的整体高度统筹及合理调配学科资源，并对学科平台建设任务进行整体分工，在引导各学科平台按照任务要求分头开展建设的同时，鼓励各平台成果共享。此外，学科组织还需重视对学科平台建设的管理、监督及激励机制的建立健全与完善。通过对特色学科各学科平台的建设，使特色学科平台真正成为汇聚更多优秀学科人才进行学术交流与合作的"吸纳器"，成为产出科学研究成果、培养创新型人才的"孵化器"，成为培育特色学科新亮点、加快特色学科整体建设与发展的"点火器"。①

---

① 王葆华、冯佐海：《高校学科平台建设问题的思考与对策》，《高等理科教育》2011 年第 2 期，第 33—35 页。

结　语

　　特色学科是整体实力薄弱、学科建设后起的地方高校在高等教育改革与发展的新形势下求生存、谋发展的重要着力点。通过合理、有效的学科建设，将特色学科打造成为优势与特色兼备的、具备强大竞争力的优势特色学科，是广大地方高校特色学科建设的主攻方向。但需要注意的是，地方高校建设和发展特色学科，不能仅仅着眼于特色学科本身，还要考虑到特色学科与校内其他学科之间、特色学科与外部环境之间的交流和互动。特色学科生态化发展这一概念的提出，就是建立在对特色学科地位、特色学科内部各因子、特色学科与其他学科之间、特色学科与外部环境之间关系进行充分考虑的基础之上。究其本质，特色学科生态化发展是过程与结果的统一，是地方高校内部的特色学科在经历培育、建设等一系列复杂过程之后，所能达到的一种较为理想的状态和结果，它既是特色学科实现可持续发展以持续发挥特色之优、成长为优势特色学科的必要条件，也是地方高校得以借助特色学科充分彰显办学特色、提升整体实力的必要条件。因此，更新学科建设观念，树立生态化理念，推动特色学科生态化发展，是地方高校开展特色学科建设的一条行之有效的路径。

　　长期以来，地方高校普遍存在学科观念落后、学科人才短缺、学科壁垒高筑、学科资源不足等问题，导致其特色学科的生态化发展面临许多困境。这些困境的存在，使特色学科生态化发展的实现既不可能毕其功于一役，也不可能仅仅依靠高校自身来进行。因此，在特色学科生态化发展的实践中，地方高校除了要在特色学科的选定、特色学科地位的确立、特色学科资源的整合、特色学科队伍的壮大以及特色学科与其他学科之间的交流互动等方面作为之外，还要向外积极争取政府和社会层面的支持，充分发挥政府在顶层设计、利益主体协调和经费投入等方面的作用，充分发挥社会公众在舆论营造及社会行业企业在拓展、深化校企合作方面的作用。除此之外，特色学科生态化发展，还需要地方高校格外重视特色学科组织主体性的发挥，鼓励学科组织主动承担起相应的学科建设任务，做好特色学科方向的凝练、特色学科队伍凝聚力的增强以及特色学科平台的构筑工作。如此，才能形成政府宏观指导、社会公众和行业企业积极参与、地方高校和学科组织主动作为的多元建设格局，从而全方位地推动特色学科生态化发展。

总之，特色学科生态化发展是一项系统性工程。从参与主体来看，它牵涉政府、社会、学校及学科组织等在内的多方利益群体，从发展内容来看，它又涉及学科地位的确立、学科方向的凝练、学科队伍的组建、学科平台的构筑、学科关系的处理、学科资源的获取和学科功能的发挥等多个方面。参与主体的多元性、内容的复杂性，共同决定了特色学科生态化发展既要凝聚多方力量，又要有一定的时间积淀。因此，地方高校推动特色学科生态化发展，应该坚持两个基本点：其一，紧抓"双一流"建设战略机遇，善于争取和利用各方力量，突破先天条件不足、缺乏学科建设经验等一系列不利因素的制约，有效统合特色学科内、外部各要素；其二，对特色学科给予长期的关注和支持，避免特色学科建设中的短期性、功利性行为。最终，探索出一条符合学科发展规律、符合学校自身定位、符合区域经济社会发展需要的特色学科生态化发展之路。

本研究对地方高校特色学科生态化发展的具体表现及意义进行了探讨，对现阶段地方高校特色学科生态化发展面临的困境进行了分析，对地方高校特色学科生态化发展的责任主体进行了识别，最终在此基础之上，提出对策与建议。

附 录

附录一：地方高校特色学科生态化发展案例研究访谈提纲

（一）副校长、发展规划处副处长访谈提纲：

1. 请您介绍一下学校培育和建设藏学、高寒生物化学、民族教育学三大特色学科的初衷及背景。

2. 学校对三大特色学科的定位是什么？

3. 对于特色学科的建设和发展，学校层面有无特殊照顾？具体采取了哪些针对性措施？

4. 三大特色学科的发展现状如何？

5. 学校对三大特色学科建设和发展的未来预期是什么？有着怎样的规划？

（二）藏学、高寒生物化学、民族教育学学科带头人或学术带头人访谈提纲：

1. 请您介绍一下本学科的发展历程。

2. 您如何认识和评价本学科的发展现状？

3. 本学科建设得到了哪些来自政府、社会、学校层面的特殊支持与照顾？

4. 本学科建设和发展过程中，最值得其他特色学科借鉴的经验是什么？

5. 本学科建设和发展过程中面临的障碍、困难有哪些？采取的应对措施是什么？

6. 您如何看待本学科发展的未来走向？

附录二：访谈对象基本情况汇总表

访谈人员基本情况汇总表

序号	简称	职务	所属单位	访谈时间	访谈时长
1	W 教授	西北少数民族教育发展研究中心主任	甘肃民族师范学院	2017.10.12	60 分钟
2	C 教授	化学与生命科学系主任	甘肃民族师范学院	2017.10.12	45 分钟
3	B 处长	发展规划处副处长	甘肃民族师范学院	2017.10.12	60 分钟
4	S 研究员	安多藏文化研究中心主任	甘肃民族师范学院	2017.10.13	50 分钟
5	Z 校长	副校长	甘肃民族师范学院	2017.10.13	40 分钟

主要参考文献

一 著作

[1] [美]伯顿·克拉克:《高等教育新论:多学科的研究》,王承绪等译,浙江教育出版社2001年版。

[2] [美]伯顿·克拉克:《建立创业型大学:组织上转型的途径》,王承绪译,人民教育出版社2007年版。

[3] [美]德里克·博克:《走出象牙塔——现代大学的社会责任》,徐小洲等译,浙江教育出版社2001年版。

[4] [美]克拉克·克尔:《大学之用》,高銛、高戈等译,北京大学出版社2008年版。

[5] [美]沃尔特·艾萨克森:《爱因斯坦传记》,张卜天译,湖南科学技术出版社2012年版。

[6] [美]西奥多·W. 舒尔茨:《人力资本投资——教育和研究的作用》,商务印书馆1990年版。

[7] [美]约翰·S. 布鲁贝克:《高等教育哲学》,王承绪译,浙江教育出版社2001年版。

[8] [德]克里斯托夫·武尔夫:《教育人类学》,张志坤译,教育科学出版社2009年版。

[9] [印度]桑迪潘·德布:《印度理工学院的精英们》,黄永明译,北京大学出版社2010年版。

［10］别敦荣、王根顺：《高等学校教学论》，高等教育出版社 2008 年版。

［11］陈劲：《新形势下产学研战略联盟创新与发展研究》，中国人民大学出版社 2009 年版。

［12］茶世俊：《研究生教育制度渐进变迁》，北京大学出版社 2010 年版。

［13］常丽丽：《知识经济时代中国高等教育创新问题研究》，气象出版社 2010 年版。

［14］冯有朋：《创新人才研究》，西南交通大学出版社 2006 年版。

［15］风笑天：《社会学研究方法》，中国人民大学出版社 2008 年版。

［16］符华兴：《世界主要国家高等教育发展研究》，湖南人民出版社 2010 年版。

［17］顾永安：《新建本科院校转型发展论》，中国社会科学出版社 2012 年版。

［18］黄达人等：《大学的转型》，商务印书馆社 2015 年版。

［19］胡建华：《高等教育学新论》，江苏教育出版社 1995 年版。

［20］孔繁敏：《建设应用型大学之路》，北京大学出版社 2006 年版。

［21］孔繁敏：《应用型本科人才培养的实证研究——做强地方本科院校》，北京师范大学出版社 2010 年版。

［22］廖湘阳：《研究生教育发展战略研究》，清华大学出版社 2006 年版。

［23］刘鸿：《我国研究生培养模式研究》，中国海洋大学出版社 2007 年版。

［24］刘海峰、史静寰：《高等教育史》，高等教育出版社 2010 年版。

[25] 罗尧成:《研究生教育课程体系研究》,广东高等教育出版社 2010 年版。

[26] 潘懋元、王伟廉:《高等教育学》,福建教育出版社 1995 年版。

[27] 潘懋元:《新编高等教育学》,北京师范大学出版社 1996 年版。

[28] 潘懋元、车如山:《应用型人才培养的理论与实践》,厦门大学出版社 2011 年版。

[29] 潘懋元、王伟廉:《高等教育学》,福建教育出版社 2013 年版。

[30] 潘懋元、车如山:《做强地方本科院校的理论与实践研究》,高等教育出版社 2015 年版。

[31] 彭旭:《新建本科院校专业设置与挑战研究》,光明日报出版社 2013 年版。

[32] 郤承远等:《世界著名学府麻省理工学院》,湖南教育出版社 1988 年版。

[33] 王英杰:《国际视野中的大学创新教育》,山西教育出版社 2005 年版。

[34] 王复亮:《创新教育学概论》,中国经济出版社 2006 年版。

[35] 王玉丰:《中国新建本科院校转型发展研究——基于自组织理论的分析范式》,教育科学出版社 2011 年版。

[36] 王新凤:《欧洲高等教育区域整合研究——聚焦博洛尼亚进程》,社会科学文献出版社 2013 年版。

[37] 薛天祥:《研究生教育学》,广西师范大学出版社 2001 年版。

[38] 夏建国:《理想与现实:技术本科教育发展》,上海教育出版社 2008 年版。

[39] 夏鲁惠:《我国高等教育区域化发展研究》,广西师范大学出

版社 2009 年版。

[40] 肖知兴：《中国人为什么创新不起来》，中国人民大学出版社 2010 年版。

[41] 谢维和、王孙禺：《学位与研究生教育：战略与规划》，教育科学出版社 2011 年版。

[42] 谢桂华、许方：《研究生教育与国家创新体系》，光明日报出版社 2011 年版。

[43] 杨小微：《教育研究方法》，人民教育出版社 2005 年版。

[44] 叶茂林：《教育发展与经济增长》，社会科学文献出版社 2005 年版。

[45] 叶澜：《教育学原理》，人民教育出版社 2007 年版。

[46] 研究生专业学位总体设计研究课题组：《开创我国专业学位研究生教育发展的新时代——研究生专业学位总体设计研究报告》，中国人民大学出版社 2010 年版。

[47] 中国学位与研究生教育信息分析课题组：《中国学位与研究生教育信息分析报告》，中国人民大学出版社 2009 年版。

[48] 中国社会科学院语言研究所：《现代汉语词典》（2011 年版），商务印书馆 2011 年版。

[49] 潘懋元：《多学科观点的高等教育研究》，上海教育出版社 2001 年版。

[50] 潘懋元：《高等教育研究方法》，高等教育出版社 2008 年版。

[51] 张红霞：《教育科学研究方法》，教育科学出版社 2009 年版。

[52] 苏均平、江北：《学科与学科建设》（第 2 版），第二军医大学出版社 2014 年版。

[53] 安树青：《生态学词典》，东北林业大学出版社 1994 年版。

[54] 范国睿：《教育生态学》，人民教育出版社 1999 年版。

[55] 李振基、陈小麟、郑海雷、连玉武：《生态学》，科学出版社

2000年版。

[56] 贺祖斌：《高等教育生态论》，广西师范大学出版社2005年版。

[57] 戈峰：《现代生态学》，科学出版社2002年版。

二　期刊论文

[1] 别敦荣、陶学文：《我国专业学位研究生教育质量保障体系的反思与创新》，《高等教育研究》2009年第3期。

[2] 别敦荣等：《专业学位概念释义及其定位》，《高等教育研究》2009年第6期。

[3] 别敦荣、陶学文：《我国专业学位研究生教育质量保障体系设计》，《现代教育管理》2009年第8期。

[4] 别敦荣、万卫：《论我国专业学位研究生教育人才培养模式改革》，《研究生教育研究》2011年第4期。

[5] 车如山：《潘懋元高等教育观评述》，《西北成人教育学报》2010年第1期。

[6] 陈学敏：《对我国专业学位教育发展的思考》，《辽宁教育研究》2004年第3期。

[7] 陈婵、李晓强、邹晓东：《把造就应用型创新人才摆上战略地位》，《中国高等教育》2005年第2期。

[8] 陈兴德：《潘懋元：中国高等教育大众化的思想引领者》，《中国地质大学学报》（社会科学版）2008年第6期。

[9] 陈志刚、杨新海等：《地方高校工程类应用型创新人才培养模式研究——以苏州科技学院"五化"模式为例》，《高等工程教育研究》2012年第1期。

[10] 段丹：《关于加快专业学位教育发展若干问题的思考》，《河北学刊》2010年第4期。

［11］邓红星、孙凤英等：《基于现代工程理念的创新型人才培养》，《中国高等教育》2010年第15期。

［12］杜才平：《地方本科院校人才培养目标定位及实现路径》，《教育探索》2011年第10期。

［13］冯秀峰等：《在职人员攻读工程硕士专业学位两段制招生考试的实践与思考》，《学位与研究生教育》2006年第3期。

［14］范跃进：《面向创新型国家建设的应用型创新人才培养模式探索》，《中国大学教学》2006年第9期。

［15］傅大友：《新建期、应用型、地方性：新建本科院校转型发展的关键词》，《中国高等教育》2010年第22期。

［16］管庆智：《开展产学研合作教育培养应用型创新人才》，《教育科学研究》2000年第1期。

［17］国务院学位委员会办公室、教育部研究生工作办公室：《中国学位与研究生教育发展战略报告（2002—2010）（征求意见稿）》，《学位与研究生教育》2006年第6期。

［18］顾越桦：《全日制硕士研究生分类培养模式的构建研究》，《江苏高教》2012年第1期。

［19］黄宝印：《我国专业学位教育发展的回顾与思考》（上），《学位与研究生教育》2007年第6期。

［20］胡志明、黄玲娟等：《综合性大学应用型创新人才培养方案的构建与实施》，《湘潭师范学院学报》（社会科学版）2009年第1期。

［21］胡娟等：《"产学研"合作专业学位教育模式探索——以中国矿业大学（北京）为例》，《中国高校科技与产业化》2011年第Z1期。

［22］季桂起、李永平：《德州学院应用型创新人才培养体系的探索与实践》，《中国大学教学》2011年第6期。

[23] 蒋毅坚：《地方工科院校应用型创新人才培养的研究与实践》，《中国高等教育》2012 年第 13 期。

[24] 刘滨滨：《深化地方大学教育改革培养高级应用型创新人才》，《辽宁教育研究》2002 年第 2 期。

[25] 李达轩：《地方大学办学理念的困惑及其出路》，《湖南社会科学》2002 年第 4 期。

[26] 吕福源：《观测"三个代表"重要思想，加快发展专业学位教育》，《中国高等教育》2003 年第 3—4 期。

[27] 刘广明：《大学边界观发展概述》，《郑州大学学报》（哲学社会科学版）2009 年第 2 期。

[28] 李慧敏等：《我国硕士同等学力与专业学位教育发展研究》，《国家教育行政学院学报》2010 年第 9 期。

[29] 李伟明、邵辉等：《工程应用型创新人才教育的本质思考与实践》，《中国高等教育》2011 年第 10 期。

[30] 李新权：《专业学位硕士人才培养的若干思考》，《现代教育管理》2012 年第 8 期。

[31] 孟大伟、吴秋凤等：《"定制式"培养应用型创新人才的探索与实践》，《中国高教研究》2008 年第 9 期。

[32] 马陆亭：《为什么要进行高等学校分类》，《中国高等教育》2010 年第 20 期。

[33] 欧百钢等：《我国兽医专业学位研究生教育的现状、问题与对策——基于兽医专业学位研究生教育发展状况问卷调查分析》，《学位与研究生教育》2010 年第 5 期。

[34] 潘懋元：《新世纪高等教育思想的转变》，《中国高等教育》2001 年第 3 期。

[35] 潘懋元：《走向大众化时代的高等教育质量——在全国高等教育学研究会第六届学术年会开幕式上的发言》，《高等教育

研究》2001年第4期。

[36] 潘懋元:《规模、速度、质量、特色——中国当前高等教育发展中的若干问题》,《河北师范大学学报》（教育科学版）2007年第1期。

[37] 潘懋元:《新建本科院校的办学定位与特色发展》,《荆门职业技术学院学报·教育学刊》2007年第7期。

[38] 潘懋元:《探索本科教育人才培养新模式——"应用型本科教育学术研讨会"综述》,《教育发展研究》2007年第7—8期。

[39] 潘懋元:《产学研合作教育的几个理论问题》,《中国大学教学》2008年第3期。

[40] 潘懋元、石慧霞:《应用型人才培养的历史探源》,《江苏高教》2009年第1期。

[41] 潘懋元:《关于高等学校分类、定位、特色发展的探讨》,《教育研究》2009年第2期。

[42] 潘懋元、车如山:《略论应用型本科院校的定位》,《高等教育研究》2009年第5期。

[43] 任欣荣等:《全日制专业硕士研究生招考工作问题之归因》,《学位与研究生教育》2011年第5期。

[44] 眭依凡:《大学使命：大学的定位理念及实践意义》,《教育发展研究》2000年第9期。

[45] 斯荣喜、龚山平等:《独立学院应用型创新人才培养模式探索》,《高等工程教育研究》2005年第1期。

[46] 孙进、韦力:《网络文化环境下应用型创新人才的培养研究》,《黑龙江高教研究》2009年第11期。

[47] 申姗姗:《从"专业性"看专业学位教育的发展》,《学位与研究生教育》2009年第7期。

[48] 邵辉、龚方红等:《工程应用型创新人才教育培养活动的思考与实践》,《中国高教研究》2010年第9期。

[49] 孙丽、刘永臣、常绿:《地方高校应用型创新人才培养体系构建》,《实验室研究与探索》2011年第1期。

[50] [德]威廉·冯·洪堡:《论柏林高等学术机构的内部和外部学术组织》,陈洪捷译,《高等教育论坛》1987年第1期。

[51] 王英杰:《试谈理想的大学》,《比较教育研究》1988年(增刊)。

[52] 王培栋:《高等教育必须培养创新人才》,《现代大学教育》2001年第2期。

[53] 吴启迪:《转变观念 提高认识 积极促进专业学位教育的健康快速发展》,《学位与研究生教育》2005年第9期。

[54] 汪泓:《构筑产学研合作平台培养应用型创新人才》,《中国高等教育评估》2007年第4期。

[55] 王敏:《浅议财经类院校应用型创新人才的培养》,《国家教育行政学院学报》2007年第6期。

[56] 魏进平:《地方高校研究生培养模式——产学研合作教育的探索》,《国家教育行政学院学报》2008年第9期。

[57] 伍红军:《高等职业教育与专业学位教育的衔接途径刍议》,《中国职业技术教育》2008年第33期。

[58] 吴宇华:《工程硕士培养方案存在的问题与改革探讨》,《广西大学学报》(自然科学版)2008年第S1期。

[59] 王根顺、曹瑞红:《关于我国专业学位研究生教育发展的思考》,《江苏高教》2010年第3期。

[60] 汪泓:《打造卓越工程师摇篮 培养应用型创新人才》,《中国大学教学》2010年第8期。

[61] 吴江:《尽快形成我国创新型科技人才优先发展的战略布

局》,《中国行政管理》2011 年第 3 期。

[62] 汪少云:《美国威斯康星大学的教育理念对我国高校的启示》,《教书育人:高教论坛》2011 年第 4 期。

[63] 许为民、张国昌:《应用型创新人才培养四题》,《中国高教研究》2007 年第 6 期。

[64] 许劲松、朱蓉蓉等:《应用型创新人才的培养:理念·原则·机制》,《教育理论与实践》2011 年第 2 期。

[65] 徐蕾、黄淇敏:《专业学位医学研究生临床技能培训的实践与研究》,《上海交通大学学报》2011 年第 3 期。

[66] 熊玲等:《建立全日制专业硕士研究生奖助体系、实践教学基地的探讨》,《学位与研究生教育》2012 年第 2 期。

[67] 许常青:《专业硕士研究生教育质量发展评估报告:以华南地区研究型大学为例》,《现代大学教育》2012 年第 3 期。

[68] 袁建波、郑健龙:《普通本科院校应用型人才创新能力培养研究》,《高等工程教育研究》2008 年第 2 期。

[69] 严新平、谢峻林、李志峰:《应用型创新人才培养的构思》,《理工高教研究》2009 年第 2 期。

[70] 余世浩、欧阳伟、尚雪梅:《材料成型专业应用型创新人才培养的研究》,《理工高教研究》2010 年第 6 期。

[71] 杨明全等:《我国教育硕士专业学位教育课程设置的调查研究》,《全球教育展望》2010 年第 7 期。

[72] 杨微:《我国专业学位教育的现状、问题及发展策略》,《现代教育科学》2012 年第 7 期。

[73] 周其凤:《把中国专业学位教育工作推向一个新的发展阶段》,《学位与研究生教育》2002 年第 1 期。

[74] 朱科蓉:《应用型大学开展院校研究的必要性及其对策》,《北京联合大学学报》(自然科学版) 2005 年第 4 期。

［75］朱科蓉：《应用型大学的核心竞争力及其提升策略》，《北京联合大学学报》（人文社会科学版）2006年第4期。

［76］翟亚军、王战军：《我国专业学位教育主要问题辨识》，《学位与研究生教育》2006年第5期。

［77］郑健龙：《关于高等教育大众化条件下教育观、人才观及质量观的思考》，《高等工程教育研究》2007年第3期。

［78］张姮、沈宁：《我国护理学硕士研究生核心知识体系的研究》，《中华护理杂志》2007年第4期。

［79］张新跃、董世洪等：《本科应用型创新人才培养模式的思考》，《教育发展研究》2008年第3期。

［80］宗庆后：《关于加快我国科技成果向现实生产力转化的建议》，《2010年两会提案》。

［81］翟安英、成建平：《应用型高校服务地方经济和社会发展的思考》，《宁夏大学学报》（人文社会科学版）2010年第1期。

［82］邹吉忠：《大成智慧与元创：探寻破解钱学森问题之道》，《哲学动态》2010年第4期。

［83］周作宇：《创新人才培养的话语分析》，《现代大学教育》2010年第4期。

［84］张兄武：《责任共担、四方联动：构建新型工科应用型创新人才培养模式》，《高等工程教育研究》2010年第4期。

［85］张伟：《高层次创新人才成长的制度保障探索》，《中国高等教育》2010年第21期。

［86］张学洪：《应用型创新人才培养的实证研究》，《中国高校科技》2012年第5期。

［87］张兄武：《应用型创新人才培养模式探讨》，《中国高等教育》2012年第15期。

[88] 张英杰、刘赞英:《地方高校学科建设模式的探索与实践》,《黑龙江高教研究》2006 年第 5 期。

[89] 彭爱萍:《地方高校的学科建设要利用地域特色》,《中国高教研究》2006 年第 7 期。

[90] 侯俊华、汤作华:《提升地方高校核心竞争力的研究》,《中国高教研究》2007 年第 8 期。

[91] 杨小峻:《彰显特色:地方高校发展的必然选择》,《当代教育科学》2008 年第 1 期。

[92] 孔建益、杨军:《地方高校学科建设策略:差异化发展与错位竞争》,《中国高教研究》2008 年第 2 期。

[93] 陈烨、周伊萍:《特色学科建设促进地方高校跨越式发展》,《宁波大学学报》(教育科学版) 2008 年第 2 期。

[94] 单佳平:《地方高校学科建设发展战略探讨》,《中国高等教育》2008 年第 Z3 期。

[95] 蒋开东、戴晓敏:《论地方高校学科特色的培育》,《宁波大学学报》(教育科学版) 2008 年第 4 期。

[96] 刘正炼、李军红、吕一军:《关于地方高校特色办学的若干思考》,《中国高教研究》2008 年第 6 期。

[97] 叶怀凡:《地方高校学科建设的现状与途径研究》,《西华师范大学学报》(哲学社会科学版) 2008 年第 6 期。

[98] 蒋开东:《地方高校学科特色的培育及其实现》,《学位与研究生教育》2009 年第 1 期。

[99] 王晓纯:《地方高校如何提升核心竞争力》,《中国电力教育》2009 年第 1 期。

[100] 桑玉军:《行业背景地方高校应走特色发展之路》,《中国高等教育》2009 年第 17 期。

[101] 刘全利、李洪普、李恩:《以学科建设提升地方高校核心竞

争力》,《中国高等教育》2009 年第 11 期。

[102] 王磊:《积极探索地方高校发展新路》,《中国高等教育》2009 年第 22 期。

[103] 李枭鹰:《路径与机制:大学如何培育和发展特色学科》,《教育与现代化》2010 年第 1 期。

[104] 冯志敏、单佳平:《地方大学特色学科的发展策略》,《中国高教研究》2010 年第 2 期。

[105] 邹树梁:《实施特色发展战略 转变地方高校发展方式》,《中国高等教育》2010 年第 Z2 期。

[106] 余为、黄琨:《地方高校优势特色学科建设问题分析与对策》,《中国高校科技与产业化》2010 年第 10 期。

[107] 姚春梅:《教学型地方高校学科建设的困境与出路》,《教育探索》2010 年第 12 期。

[108] 王葆华、冯佐海:《高校学科平台建设问题的思考与对策》,《高等理科教育》2011 年第 2 期。

[109] 方光华:《重点突破带动整体提升 大力推进特色学科发展》,《中国高等教育》2011 年第 Z2 期。

[110] 姚林如、袁碧欣:《特色学科在地方高校发展中的作用及发展模式》,《南昌航空大学学报》(社会科学版) 2011 年第 13 卷第 4 期。

[111] 梁候明等:《加强地方高校优势特色学科建设》,《中国高校科技》2011 年第 11 期。

[112] 傅明星、雷勇、赵桦:《地方高等学校的学科建设与特色发展问题》,《陕西理工学院学报》(社会科学版) 2012 年第 4 期。

[113] 李建华:《论地方大学的内涵式发展》,《中国高等教育》2012 年第 11 期。

[114] 王超、张菁、肖玲莉:《特色学科建设：地方高校发展的"立校之本"》,《高教发展与评估》2013年第2期。

[115] 吕谷来、康锋等:《地方高校特色学科建设策略研究》,《浙江理工大学学报》2014年第4期。

[116] 刘尧:《地方大学从外延发展向内涵发展的转变》,《高校教育管理》2014年第4期。

[117] 马明中:《关于地方高校优势学科建设的思考》,《教育探索》2015年第1期。

[118] 高艳、吴森林、郭兴蓬:《论大学学科建设》,《中国高等教育评估》2015年第3期。

[119] 姚建平、程凯:《关于学科队伍建设的思考》,《中国西部科技》2015年第4期。

[120] 李志义:《论地方高校发展中战略层面的五种关系》,《中国大学教学》2015年第5期。

[121] 蔡宗模、吴朝平、杨慷慨:《全球化视野下的"双一流"战略与地方院校的抉择》,《重庆高教研究》2016年第1期。

[122] 杨兴林、刘爱生、刘阳、杨克瑞、黄启兵、张秋硕:《"双一流"建设笔谈》,《重庆高教研究》2016年第2期。

[123] 李军红:《地方高校以特色优势学科引领学校整体提升的实践与思考》,《高等工程教育研究》2016年第3期。

[124] 王永生:《地方高校"双一流"建设大有可为》,《中国高等教育》2016年第Z3期。

[125] 王洪才:《"双一流"建设的重心在学科》,《黑龙江高教研究》2016年第1期。

[126] 杨旸、吴娟:《地方高校"双一流"发展路径探寻》,《长江大学学报》(社科版)2016年第5期。

[127] 张德祥:《高校一流学科建设的关系审视》,《教育研究》2016年第8期。

[128] 蔡袁强:《"双一流"建设中我国地方高水平大学转型发展的若干思路》,《中国高教研究》2016年第10期。

[129] 阎凤娇:《我国高等教育"双一流"建设的制度逻辑分析》,《中国高教研究》2016年第11期。

[130] 沈满洪:《有为和有位:"双一流"建设中地方高校的定位》,《教育发展研究》2017年第7期。

[131] 谭光兴、王祖霖:《处境与策略:"双一流"战略背景下地方高校的学科建设》,《国家教育行政学院学报》2017年第8期。

[132] 孙粤文:《从平庸走向卓越:"双一流"建设视阈中地方本科高校发展抉择》,《当代教育科学》2017年第9期。

[133] 李明忠:《地方综合性大学特色学科发展路径探析》,《教育与教学研究》2017年第12期。

[134] 刘在洲、张应强:《多学科视野中的高校特色化理论分析》,《现代大学教育》2004年第3期。

[135] 李枭鹰:《生态学视野中的大学学科发展观》,《学位与研究生教育》2005年第7期。

[136] 翟亚军、王战军:《基于生态学观点的大学学科建设应然研究》,《科学学与科学技术管理》2006年第12期。

[137] 秦明、赵伯飞、龙建成:《学科生态系统模型的构建和解读》,《西安电子科技大学学报》(社会科学版)2007年第4期。

[138] 魏光兴、韦洪清:《管理学科生态化发展的逻辑体系》,《现代管理科学》2008年第3期。

[139] 郭树东、赵新刚、关忠良、肖永青:《研究型大学学科发展

战略选择的生态位策略》,《教育理论与实践》2009 年第 10 期。

[140] 靳占忠、王平:《以产业需求为导向 推进地方高校学科生态建设》,《中国高校科技与产业化》2010 年第 5 期。

[141] 彭福扬、邱跃华:《生态化理念与高等教育生态化发展》,《高等教育研究》2011 年第 4 期。

[142] 王玉良:《生态学视角下的学科建设刍议》,《黄冈师范学院学报》2011 年第 1 期。

[143] 陈映江:《基于生态位理论的学科生态位构建及其应用研究》,《高等农业教育》2012 年第 1 期。

[144] 罗静:《教学服务型大学学科生态化发展探讨》,《贵州社会科学》2015 年第 12 期。

[145] 张梅珍:《行业特色大学综合改革进程中的学科生态重构》,《中国高教研究》2015 年第 12 期。

三 学位论文

[1] 柴小娜:《印度理工学院发展研究》,硕士学位论文,兰州大学,2009 年。

[2] 曹瑞红:《专业学位研究生教育中创新人才培养的研究》,硕士学位论文,兰州大学,2010 年。

[3] 龙惜雨:《我国地方本科院校向应用技术型高校转型的困境与对策研究》,硕士学位论文,西南大学,2015 年。

[4] 毛志伟:《新建本科院校向应用型本科院校转型发展研究——以江西省地方本科院校为例》,硕士学位论文,江西师范大学,2015 年。

[5] 宋正恒:《建设应用技术大学——我国现阶段地方本科院校转型目标研究》,硕士学位论文,陕西师范大学,2015 年。

［6］王玉丰：《常规突破与转型跃进——新建本科院校转型发展的自组织分析》，博士学位论文，华中科技大学，2008年。

［7］王志伟：《试论民办本科院校的转型与发展》，硕士学位论文，华东师范大学，2009年。

［8］翁默斯：《我国地方院校向创业型大学转型的多案例研究》，硕士学位论文，浙江工业大学，2012年。

［9］苑金婷：《我国专业硕士研究生教育发展战略研究》，硕士学位论文，燕山大学，2010年。

［10］杨香萍：《我国专业学位教育发展现状及应对策略研究》，硕士学位论文，河南师范大学，2011年。

［11］周频：《我国专业学位研究生教育发展对策研究》，硕士学位论文，兰州大学，2008年。

［12］范成祥：《地方高校发展策略研究》，硕士学位论文，山东师范大学，2007年。

［13］张英：《社会需求视角下我国建设地方高校定位问题研究》，硕士学位论文，西南交通大学，2009年。

［14］徐临阳：《基于地域特色的地方高校特色学科建设研究》，硕士学位论文，西北大学，2010年。

［15］李雪：《基于提升核心竞争力的地方高校特色学科建设研究》，硕士学位论文，南京农业大学，2012年。

［16］李会方：《地方高等学校特色学科建设研究》，硕士学位论文，河南大学，2012年。

［17］莫晓辉：《高校学科发展关系论》，硕士学位论文，云南师范大学，2013年。

［18］张园园：《地方高校学科竞争力研究》，硕士学位论文，陕西师范大学，2015年。

［19］贺祖斌：《中国高等教育系统的生态学分析》，硕士学位论

文，华中科技大学，2004年。

[20] 郭树东：《研究型大学学科生态系统发展模型及仿真研究》，博士学位论文，北京交通大学，2009年。

[21] 陈映江：《高等学校学科生态位理论构建与应用》，硕士学位论文，甘肃农业大学，2011年。

[22] 熊磊：《大学学科生态系统及其建设策略研究》，硕士学位论文，中南民族大学，2011年。

[23] 蒲星权：《重庆高校市级重点学科生态位适宜度研究》，硕士学位论文，重庆师范大学，2014年。

[24] 葛少卫：《高校学科生态系统及其管理研究》，硕士学位论文，南京航空航天大学，2015年。

四 外文文献

[1] Bishop. Degrees and Professional Certification [J]. Ieee Security and Privacy Agazine, 2004, 2, (6).

[2] Cummins. Professional Issues – "Professional Masters Degrees in Language Disciplines" [J]. French Review Champaign, 2005, 79, (2).

[3] Carol Lynch. The Case for Professional Science Master's Degrees [J]. Bio Science, 2012, 62, (8).

[4] Fatima. Investment in Graduate and Professional Degree Education: Evidence of State Workforce Productivity Growth [J]. Florida Journal of Educational Administration & Policy, 2009, 3, (1).

[5] Frank. Accreditation and Quality Assurance for Professional Degree Programmes: Comparing Approaches in Three European Countries [J]. Quality in Higher Education, 2012, 18, (1).

[6] Flexner, Ahraham. Universities: American, English, German,

New York [J]. Oxford University Press, 1930: 230.

[7] Mary Selke. The Professional Development of Teachers in the United States of America: The Practitioners' Master's Degree [J]. European Journal of Teacher Education, 2001, 24, (2).

[8] Pratt David. Curriculum: Design and Development [M]. New York: Harcourt Brace Jovanovi-Ch, 1980.

[9] Robyn Barnacle. Research Degrees as Professional Education? [J]. Studies in Higher Educat-ion, 2011, 36, (4).

[10] Saupe Rosita. The Professional Master's Degree as a Preferable Model for Training in Family Health [J]. Interface-Comunicação, Saúde, Educação, 2005, 9, (18).

[11] Sheldon M. Schuster. Commentary: The Professional Masters Degree [J]. Biochemistry and Molecular Biology Education, 2008, 36, (5).

[12] STC. Innovation University: New University Roles In a Knowledge Economy [M]. Southern Technology Community, 2002.

[13] Walton C. Professional Education: Enrolments and Degrees [J]. The American Journal of Nursing, 1942, 42, (3).

五 电子文献

[1] 百度百科:《创新》, http://www.baike.baidu.com/view/15381.htm。

[2] 车如山、姚捷:《论应用型大学建设——基于潘懋元先生高等教育观的分析》,《高校教育管理》, http://www.cnki.net/kcms/detail/32.1774.G4.20151019.0951.046.html。

[3] 《创新》, [2013-08-10], http://www.baike.baidu.com/view/15381.htm。

[4] 《高校毕业生为何就业难》,[2013-08-12],http://job.chsi.com.cn/jyzd/jyxx/200612/20061230/733293.html。

[5] 国务院学位委员会教育部:《关于加强和改进专业学位教育的若干工作和意见》,http://www.moe.edu.cn/publicfiles/business/htmlfiles/moe/moe_823/200803/3077.html。

[6] 国务院学位委员会:《关于印发金融硕士等19种专业学位设置方案的通知》,http://www.moe.edu.cn/publicfiles/business/htmlfiles/moe/moe_823/201007/92739.html。

[7] 国务院学位委员会:《关于印发〈硕士、博士专业学位研究生教育发展总体方案〉、〈硕士、博士专业学位设置与授权审核办法〉》的通知》[EB/OL].http://ge.lzu.edu.cn/zyxw/wjzc/201104/1415.html。

[8] 国务院新闻办公室门户网站:《国务院关于加快发展现代职业教育的决定》,http://www.scio.gov.cn/ztk/xwfb/2014/gxbjhzyjyggyfzqkxwfbh/xgbd31088/Document/1373573/1373573_1.htm,2014-06-24/2015-05-12。

[9] 国务院新闻办公室门户网站:《国务院关于加快发展现代职业教育的决定》,http://www.scio.gov.cn/ztk/xwfb/2014/gxbjhzyjyggyfzqkxwfbh/xgbd31088/Document/1373573/1373573.htm,2014-06-24/2015-05-12。

[10] 教育部门户网站:《教育部、国家发展改革委、财政部关于引导部分地方普通本科高校向应用型转变的指导意见》,http://www.moe.edu.cn/srcsite/A03/moe_1892/moe_630/201511/t20151113_218942.html,2015-10-23/2016-02-24。

[11] 教育部:《2013年教育统计数据——高等教育学校(机构)数》,http://www.moe.gov.cn/publicfiles/business/htmlfiles/

moe/s8493/201412/182068. html, 2014 – 12 – 04/2015 – 05 – 12。

[12] 教育部：《2015 年教育统计数据——高等教育学校（机构）数》，http：//www. moe. edu. cn/s78/A03/moe_560/jytjsj_2014/2014_qg/201509/t20150901_204585. html, 2015 – 08 – 11/2016 – 02 – 24。

[13] 甘肃省教育网：《甘肃省"十二五"高等教育发展规划》，http：//www. gsedu. cn/redzt/ganssjytzggzt/jiaoyghgy/2012/03/25/1332640272943. html, 2012 – 08 – 15/2015 – 12 – 20。

[14] 甘肃省教育厅：《关于引导部分省属本科院校向应用技术型大学转型发展的通知》，http：//www. gsedu. gov. cn/Article/Article_29817. aspx, 2015 – 07 – 16/2015 – 12 – 20。

[15] 《经济转型》，[2013 – 08 – 12]，http：//www. baike. baidu. corn/view/1461385. htm。

[16] 兰州文理学院官方网站：《兰州文理学院概况》，http：//www. luas. edu. cn/home/3787. html, 2014 – 05 – 12/2015 – 12 – 21。

[17] 《求答"钱学森之问"培养创新型人才》，http：//scitech. people. com. cn/GB/1311127. html。

[18] 孙诚：《引导部分普通本科高校向应用型转变势在必行》，《中国高等教育》，http：//mp. weixin. qq. com/s?__biz = MzAwMzAxMjM5NQ = = &mid = 400631339&idx = 2&sn = 8800f27a566e5878ccbbf628abc07a71&scene = 23&srcid = 1118 3RDpq2O7qwPaDUpx0EMH#rd。

[19] The STS Forum：MIT's responsibility in a dangerous world [EB/OL]. http：//mitworld. mit. edu/video/93.

[20] 王旭东：《地方本科高校转型不能搞"一阵风一刀切"》，ht-

tp：//edu. people. com. cn/n1/2016/0112/c367001 - 28042785. html，2016 - 01 - 12/2016 - 02 - 20。

［21］《温家宝总理在全国教育工作会议上的讲话》，［2013 - 08 - 12］，http：//www. gov. cn/。

［22］袁贵仁：《把提高质量作为中国高等教育发展核心任务》，［2013 - 08 - 12］，http：//news. xinhuanet. com/。

［23］中华人民共和国教育部：《国家中长期教育发展规划纲要（2010—2020）》，http：//www. moe. gov. cn/publicfiles/business/htmlfiles/moe/moe_ 177/201008/93785. html。

［24］中华人民共和国教育部：《中华人民共和国学位条例》，http：//www. moe. edu. cn/publicfiles/business/htmlfiles/moe/moe_ 817/200407/1315. html。

［25］中华人民共和国教育部：《专业学位设置审批暂行办法》，http：//www. moe. edu. cn/publicfiles/business/htmlfiles/moe/moe_ 823/200410/3445. html。

［26］中华人民共和国教育部：《关于开展研究生专业学位教育综合改革试点工作的通知》，http：//www. moe. gov. cn/publicfiles/business/htmlfiles/moe/moe_ 836/201007/91987 html。

［27］中华人民共和国教育部：《关于下达2010年新增硕士专业学位授权点的通知》，http：//www. moe. edu. cn/publicfiles/business/htmlfiles/moe/moe_ 824/201009/97403. html。

［28］教育部：《国家中长期教育改革和发展规划纲要（2010—2020年）》，http：//www. moe. gov. cn/srcsite/A01/s7048/201007/t20100729_ 171904. html，2010 - 07 - 29/2017 - 12 - 18。

［29］国务院：《关于印发统筹推进世界一流大学和一流学科建设总体方案的通知》，http：//www. gov. cn/zhengce/content/2015 - 11/05/content_ 10269. htm，2015 - 11 - 05/2017 -

12-18。

[30] 教育部:《两部门实施"111计划"建100个世界一流学科创新引智基地》,http://www.moe.gov.cn/jyb_xwfb/s5147/201612/t20161201_290553.html,2016-12-01/2017-12-08。

[31] 甘肃民族师范学院官方网站:《甘肃民族师范学院简介》,http://www.gnun.edu.cn/xxgk/gywm/xxjj.htm,2010-06-28/2018-01-15。

后　　记

　　高层次应用型人才培养研究和地方院校转型发展研究都是目前我国高等教育领域的热点理论问题和实践探索主题，这两个问题已经成为目前中国高等教育的焦点，它不仅牵动着高等教育的各相关利益群体，更是受到中央政府的高度关注，甚至有些举措直接由中央政府提出。这从一定程度上反映了问题的重要性。在这种特殊的时刻，对于如此关键的问题进行探讨，既是十分必要的，也是非常重要的。然而，这一问题的复杂程度远非几部著作或者数十篇研究论文就可解决清楚的。本研究只是本书作者们近几年来持续关注这一问题的研究集成，是对前期研究的总结与回顾。

　　之所以将这两个热点问题集于一体进行研究，是因为高层次应用型人才的培养与地方院校转型发展二者息息相关，相辅相成，互为因果。首先，高层次应用型人才的培养离不开应用型院校，而在我国传统的大学里，大都注重学术型人才的培养，即理论型人才培养，仅靠这些老牌的学术研究型大学，不能很好地满足高层次应用型人才培养之需。其次，在以院校转型作为基本路径，大力发展应用型本科院校的过程中，需要引入大批双师双能型教师，进一步优化师资队伍结构。而高层次应用型人才的培养恰恰为双师双能型师资队伍建设提供了人力支持，进而为地方本科院校顺利实现转型发展提供强有力的支撑。因此，将以上两个问题集于一体进行研究，是必要的，也是非常重要的。

本书的分工为：前言（车如山）；第一章（季红波、车如山）；第二章（赵静、车如山）；第三章（姚捷、车如山）；第四章（第一节潘懋元、车如山；第二节车如山、季红波；第三节车如山、姚捷；第四节车如山、赵静；第五节车如山、季红波；第六节潘懋元、车如山）；第五章（邢曙、车如山）；车如山负责整体框架设计、审稿和统稿。

在书稿即将付梓之际，感谢中国社会科学出版社的领导，感谢责任编辑张林老师的辛勤付出，感谢所有参引文献的作者。

车如山
2019 年 3 月 20 日